Clár | Contents

Contents

Inside Innti: *A new wave in Irish poetry*

(Left to right): Nuala Ní Dhomhnaill, Michael Davitt, Gabriel Rosenstock, Liam Ó Muirthile. Photograph by Bill Doyle, with kind permission from Leslie Doyle

Inside *Innti*
A new wave in Irish poetry

in eagar ag

AILBHE NÍ GHEARBHUIGH

&

TRISTAN ROSENSTOCK

EDITORS

First published in 2023 by
Cork University Press
Boole Library
University College Cork
CORK
T12 ND89
Ireland

Library of Congress Control Number: 2023932105
Distribution in the USA: Longleaf Services, Chapel Hill, NC, USA

British Library Cataloguing in Publication Data
A CIP record for this book is available from the British Library.

ISBN 978-1-78205-568-6

Printed by Hussar Books, Poland.
Print origination & design by Carrigboy Typesetting Services
www.carrigboy.co.uk

COVER IMAGE – Surrender 1 by Noelle Noonan

www.corkuniversitypress.com

Under the Magic Hand of Chance: The genesis of *Innti*

ALAN TITLEY

Nobody can ever precisely point to when a revolution in literature begins. Just because Virginia Woolf said 'On or about December 1910 human character changed'[1] doesn't mean that she was right, which would have been unusual. Every big change is prepared by a myriad million of micromorphisms which pass without recognition. Yet, there is something to be said that the poets who collectively became known as the *Innti* poets started something that was quite different from that which went before, and which continues until now, and will beyond the immediate beyond.

It isn't that simple, of course. The second half of the 1960s is often seen as a revolutionary time. 'Revolution' may be seen to be too strong a word, as Gearóid Ó Tuathaigh will discuss, but there was certainly change which at the time seemed profound and in retrospect was seriously impactful. It is difficult to reconcile this cliché of profound change with the fact that seriously reactionary governments, presidents and regimes took root and dug in their heels just after the Prague and Paris and other springs which were much lauded at the time. It was nice to demonstrate against the safe distant war in Vietnam where babies burned and babies burned, but something close to home in the shape of Irish teachers and missionaries screaming about the genocide in Biafra was conveniently put to one side in a box in the corner outside the door. Revolutionaries are often more wordy as distinct from being as worldly as they think. University College Dublin for some unknown reason prided itself on a 'gentle revolution' which threw up (and the words are apt) some of the most reactionary and right-wing politicians and commentators of our time in later years. Yet, at the time, they imagined they would change the world.

Anybody coming to the university in the late 1960s was special to some extent. Free secondary school education had been announced by the minister for education, Donogh O'Malley, in 1966, and while the *Innti* poets were already in secondary school at the time, the atmosphere was one of upwards and onwards and the world is a bowl of possibilities. The age cohort from which the *Innti* poets came only provided about 25 per cent of Leaving Certificate students. Those who completed secondary schooling in those years need not to have been privileged, but they were exceptional.

While people rightly moaned the state of competent literacy in Irish in the 1960s, they might have reflected on the fact that more people probably read Irish with confidence in that decade than ever before in the history of the world. Whoever did Irish for the Leaving Certificate in the second half of that decade was required to read a few books right through from the beginning, into the middle and on to the very end. While this may have annoyed reformers of the curriculum, it had the unspoken advantage of getting pupils to think. It was also the first generation which had a decent literate competence in the language who did not know that they were caught between the silliness of illiteracy and the banality of universal social media.

Despite subsequent commonly held beliefs, contemporary Irish poetry had been added to the curriculum for many years. Seán Ó Ríordáin's 'Cúl an Tí' was taught in primary schools within a few years of its composition. Liam Gógan's wonderfully eerie 'Na Coisithe' was also introduced at that level. Pádraig de Brún's 'Valparaiso' was commonly recited, and although a translation of Oliver St John Gogarty's poem of the same name, it is more widely known than the original. Máirtín Ó Direáin and Máire Mhac an tSaoi appeared on secondary school syllabuses, as did some others who had written some brilliant individual poems, but did not subsequently develop or continue their art or sullen craft.

Much of the credit for the beginning of these changes in the perception of modern poetry must go to Seán Ó Tuama, who edited a very influential short anthology, *Nuabhéarsaíocht*, in 1950.[2] It is a collection of the best poems of the previous ten years, contains less than a hundred pages of text (and the pages are very small), showing the work of twenty-one poets of whom more than half are represented by only one lonely poem. It is also noteworthy that the book title does not make great claims for what it contains. It is *bhéarsaíocht* (verse) rather than the more fancy higher-order word *filíocht* (poetry). This is largely because Ó Tuama had his own very exacting standards, and his own very personal understanding of what a poem should be. Not everyone would agree with his rather confining circumscribing of the nature of a poem, but it is honest and steeled with integrity. To be fair, the anthology contains some verse in ballad form, others in traditional metres, one translation, a long poem, plus the well-wrought, more common modern lyric. This in itself is a testament to the fact that much more vibrant and variant poetry was being written than is often supposed.

In his introduction Ó Tuama marks 1939 as the true beginning of modern poetry in Irish, or more accurately, poetry written in a modernist manner, as all poetry is modern to its own time. In that year the literary competitions of An tOireachtas³ began again, encouraging new writing in every genre. Three years later the literary magazine *Comhar* was founded by students and graduate students of the Irish universities, and it continued to publish the most lively and experimental writing from that time until the present day.

Credit should also be given to Séamas Ó Céilleachair, a native speaker of Irish from the Cúil Aodha west Cork Gaeltacht, who brought out two anthologies of modern poetry before the new wave of the late sixties. These were *Nuafhilí 1 (1942–52)*⁴ which was published in 1956 and *Nuafhilí 2 (1953–63)*⁵ which appeared just on the cusp of *Innti* in 1968. These were interesting as they included poetry of a more traditional turn and the new makings which Ó Tuama was promoting. Ó Céilleachair partly came from the background of Dámhscoil Mhúscraí Uí Fhloinn, an annual court of poetry which sat in Cúil Aodha once a year, and in which poets could write about anything they wished, which they did with style, but usually the same one. While he was certainly a bridge across the forms, he was also a midwife to the new. Those interested in the then contemporary poetry would have been well aware of his work.

In the early and middle 1960s, those years immediately before the *Innti* students arrived, *Irisleabhar Mhuighe Nuaghad*, the annual Irish journal of Maynooth, dedicated itself entirely to literary criticism. This was under the influence and the direction of Breandán Ó Doibhlin, a young priest and member of the French department of the university, who had already published a revolutionary and poetic novel *Néal Maidne agus Tine Oíche* in 1964. In the same year Breandán Mac Aodha published a collection of new writing in *Cnuasach 1966*,⁶ yet again with the intention of encouraging the dissemination and enjoyment of the new literature which was being produced. An American scholar, Frank O'Brien, wrote a book-length study of modern and contemporary Irish poetry entitled *Filíocht Ghaeilge na Linne Seo*⁷ which appeared in 1968, and combined a historical overview with a deep critical examination of the three most prominent poets of the time, Máirtín Ó Direáin, Seán Ó Ríordáin and Máire Mhac an tSaoi. The book generated some controversy, as his critical methods did not receive favour from the Irish critical fraternity which at that time had not been colonised by Anglo-Francophone mind-corsetting theory, but the very fact of it being discussed and argued over added to an intellectual milieu which was newly exciting for debate about literature.

This is to say, the phenomenon that became the *Innti* poets did not grow out of a vacuum. Irish literature was not a desert, poetry was not dead, and talk about it could be vibrant. This lively discourse reached anyone with ears to hear and an imagination to wonder. The four poets who are most closely associated with *Innti* were not themselves from the Gaeltacht, nor were native speakers of Irish in the usual sense of that term. However, Michael Davitt, the main instigator, inspiration and driver of the project, went to an all-Irish school, the North Monastery in Cork city; Liam Ó Muirthile, also from the city, was educated at Coláiste Chríost Rí which taught many of its subjects through Irish, although not all; Nuala Ní Dhomhnaill spent much of her youth in the Kerry Gaeltacht because of family connections; while Gabriel Rosenstock was more inspired by the literature from an early age, of which he had a very proficient acquaintance.

They would not have been unaware of at least part of this ferment, quite unlike the tale told by the scholar and critic Eoghan Ó hAnluain who said that he had no idea there was such a thing as modern Irish poetry when he went to UCD over a decade previously. This comment was a throwaway one during a lecture on Michael Davitt which he was giving at the annual Comhdháil Litríochta or Literary Conference in NUIG a few years before he died. He was contrasting the excitement around the new poetry with his own experience when a certain lecturer came into the first-year Irish class and began to declaim bardic poetry in its full and throaty and uncompromising diction with every 'ug' and 'uggug' and 'ugguggug' as he put it. My memory is that he said that each one of the two students on his right and on his left got up and vanished. He never saw them again.

The *Innti* generation were fortunate in other ways also. It is often said that the sixties were a special period of liberation, of freedom, of the breaking of bonds. While this is true, it can often be exaggerated. Being young and going to university is always a time of breaking loose, of letting the wild in. If it isn't, it is entirely wasted. While it can be disputed, the disputation would be wrong, that the popular music of that decade was more exciting and artistic than the crude rock of the fifties and the imitation bands of the seventies, not to mention the electronix which followed. The

Rolling Stones may have little more than a three-chord trick, but they had energy, drive and a revolutionary manic beat which belied their more fancy background; The Beatles, although their best years were done, married clever lyrics verging on the poetic with a magical musical drive; while Bob Dylan kept changing shapes and styles, showing why he was deserving of the Nobel Prize for Literature in 2016. Some people did prefer the dull whinging of Leonard Cohen who made the clever career move from being a poet to being a songwriter, but his presence thankfully did not have the dynamic that the others did.

Irish folk music had also undergone a quick uplift and transmogrification. Anyone who listened to the Walton's radio show in the early 1960s would have thought that Irish ballads were full of mush and blarney where Maggie and Johnny met and courted on the stile outside the sty. 'How Can You Buy Killarney?' sung by Josef Locke was the apex of balladry, only surpassed by 'Too-Ra-Loo-Ra-Loo-Ra' when crooned by Bing Crosby. A sign of the cultural cringe might be that The Clancy Brothers first found fame in the United States with their lively rendition of forgotten songs which became instantly recognisable again at home. Since they made it in America, they must be good, the hunch went, and they spawned a whole clatter (sometimes literally) of copycat balladeers, many of them of an excellent quality. The Dubliners, while part of the same revival, more correctly grew from a native city folk tradition which had been buried under schmaltzy layers of saccharine smoochings telling that Dublin could be heaven with coffee at eleven in the wonderland of Grafton Street. It was unlikely that Luke Kelly would have returned from England and electrified ballad singing unless something else was a-stir.

Davitt, Ní Dhomhnaill, Ó Muirthile and Rosenstock would have encountered this in UCC. While there is a (sometimes) friendly rivalry between Cork and Dublin, there is no way that they are separate cultural or political entities. The Dubliners' songs were sung with gusto throughout Ireland, and I heard many Cork singers blasting out 'Seven Drunken Nights' in a Dublin accent. On the other hand, the taoiseach of the time, Jack Lynch, was from Cork, and while he was most likely impervious to most kinds of culture, he brought a knowledge of the southern city to a wider audience. Music was coming in from all sides and increased access to multiple radio stations broadened and developed new tastes. Even record players would have been rare except in some middle-class homes ten or fifteen years before, so an explosion of exposition to the world, or at least the Anglo-American one with its own diversity, added to our own mix. It should also be remembered that the notorious book censorship that had been common since Victorian times and tightened with our own laws had become greatly relaxed in the mid-1960s not long after the Chatterley Trial and Brendan Bowyer's next LP. Neither Edna O'Brien nor D.H. Lawrence had to be smuggled in on the ferry from Fishguard or under jackets from Newry and read by torchlight beneath the sheets. This liberation also added to the feeling that anything could be done.

Our poets were also fortunate to arrive at a time when the arts were still central to a normal education and when acquaintance with literature was not just an extra stool in the furniture of the educated mind. It was the pith of the education system, at least in the literary subjects. They were doubly fortunate in that one of their Irish lecturers, Seán Ó Tuama, saw modern and contemporary writing as a vital part of the Irish degree course. This was somewhat unusual, as a degree in Irish could often be weighted towards linguistics and earlier forms of its rich tradition, although it is also true that such a degree was required to cover every branch of learning in its broad ken. Ó Tuama also had the advantage of being a poet and a playwright, thus bringing the singular insight of the practitioner into his teaching, as Louis de Paor will recount in his essay in this volume.

Add to this that Seán Ó Ríordáin, generally seen as the most revolutionary and innovative of the whole modern poetic movement, also had a position in the Irish department at UCC. Although he rarely gave lectures, being shy and uncertain of himself before the public, he was always available to students to talk, to discuss, to muse and to gabble. This could have been an explosive imaginative encounter for aspiring writers if they realised it at the time. Just think what it would be like for the greatest living poet in your language to be sitting in a room down the corridor or up the road and all you had to do was knock on the door and talk to him! The students of Trinity College had this privilege in being taught by Máirtín Ó Cadhain,[8] the greatest prose writer of his time, and they seemed to be well aware of how wonderful this was. It might have been easier for them as Ó Cadhain was a much more forceful character, while Ó Ríordáin would be far more difficult to get to know.

A much more forceful character in a different disposition was Seán Ó Riada, a composer, scholar, performer and arranger of both classical and Irish music. He had revolutionised Irish music with his own playing and with his new ensemble Ceoltóirí Chualann.[9] The old piano-accordion dictatorship of the céilí band was banished and we heard anew what it might have been like to listen to music as it had been in previous centuries, except that this was even more eclectic and diverse. The harpsichord replaced the piano and the harp, the bodhrán and the bones superseded the drum, the fiddle could be heard for once, and the uillean pipes were introduced with a musicality of chanting and droning that the dreaded war pipes could never reach. He also performed with the great sean-nós singer Darach Ó Catháin of whom it could be said would have sung the blues in another time and place. He later added the sweet and soaring voice of Seán Ó Sé who could sing almost anything, from recently written songs to those of the nobility before the conquest. Ó Riada had a magnetic personality, and even if one did not do music as a subject, his influence was pervasive throughout the UCC campus.

There is a further consideration. Anyone interested in literature as a young person is not easily tied by tradition. A reader will gobble up anything and everything. New writers swim into view and pass on their way. One circle has a fashion of books that another does not. They swap and move around and introduce one another to different universes. Everything is possible and there is nothing that is not to be snatched at. All has to be tasted and tried. A curriculum sits there like a big unmoveable beast and all around it the most interesting flies are murmuring. Nobody knows onto whose head they will land or into whose ears they will make their buzz. There is no adequate metaphor to capture the young writerly mind – it certainly was never a tabula rasa, nor a blotting paper, nor a churn into which literary liquids can be poured. It is, itself, a place of wonder, excitement and possibility.

These were also the years when the North began. While far from Cork, the violence of the crushing of the civil rights marches and the subsequent turmoil and repression and street violence was never far from TV screens. It was as if a hidden corner of Irish life had suddenly been exposed to people who hitherto wished to forget about it. Real politics had returned to Ireland for the first time since the Civil War and added another dimension to public discourse. Although physically cut off from the reality, it impinged upon art, even tangentially in those opening years, as Clíona Ní Ríordáin will discuss in her essay.

Nobody can ever really comprehensively tell what happened, probably not even those who took part. There was undoubtedly already an Irish-language yearly publication in the university, *An Síol*, which was the journal of An Chuallacht, the Irish-language student association of UCC. Unlike *Irisleabhar Mhá Nuad* (in its later spelling) which had now for some years dedicated itself entirely to criticism, anything could be chucked into it with fairly predictable results. There was also another magazine for students, *Motus*, which published in both English and Irish, but was not what was ideally needed. Beyond this, there was also the feeling that *Comhar* had gone into temporary decline, which it occasionally did, and was not as receptive to new writing as it used to be.

Outside the college the ferment continued. The idea of a Merriman School was mooted in 1968, and the first Scoil Gheimhridh or Winter School took place in Nenagh in early 1969 in honour of the eighteenth-century author of 'Cúirt an Mheán Oíche'. It was entitled 'Filí Éireann go hAointeach', roughly 'The Poets of Ireland All Together in One Place', which was quite apt, because if it was not exactly true it was a huge gathering for its time. Seventy poems were read by thirteen different poets and nobody nodded off. It was probably the only time that Seán Ó Ríordáin, Máirtín Ó Direáin and Máirtín Ó Cadhain were together in one place, reading and debating. Much of the younger crowd were there too, and no doubt the excitement was infectious.

It was from this great stir of thought and poesy that Michael Davitt founded *Innti*. Although others are linked with it as a 'movement', he is the one given credit for the actual physical artefact. It was published as a broadsheet, which itself seemed like a clarion call. Magazines which can be stuffed into pockets or forgotten in back packs are legion, but even the appearance of a scroll was itself revolutionary. It conjures up the older idea of somebody unrolling a parchment and declaiming it out to the public. Davitt had obviously done his work as the original broadsheet contained poems from established poets, new poets, unheard of poets, and poets who would never pen anything again. The result was electrifying, and poetry not only became a public and a popular art in a very real sense at least for a goodly few years, but also established the idea of a poetry reading as both an entertainment and a cultural event.

The reason why Davitt, Ní Dhomhnaill, Ó Muirthile and Rosenstock are inevitably linked is not only because they happened to be students of Irish in UCC at the same time, but because they regularly read together. They also had cultivated a close linguistic and emotional link with the Corca Dhuibhne Gaeltacht and, unlike previous generations who had gone there for inspiration and linguistic sustenance, they hung out with the younger people of the area rather than with the older speakers. This gave them an extra vibrancy which informed the mould-breaking drive of their poetry.

This apparent unity, however, was only ever on the surface. They were four determinately different people with strikingly different personalities.

These distinctions should have been clear at the outset, but were often blurred by the depiction of 'a school'. Seán Ó Ríordáin, who was acquainted with them from the beginning, had no doubt that they were a school, but at the same time did not speak with one voice. In a number of his articles in *The Irish Times* in 1973 and 1974 he approaches the subject in his own quietly certain way. Having said that the Irish poets of the forties and fifties were all individuals, he adds that 'Ach scoil is ea Davitt, Rosenstock etc.' ('But Davitt, Rosenstock etc. are a school'). He goes on to say that they were not confined or defined by 'the cause' of the Irish language, they were far too bold for that. He then asks the big question: 'Ach an mairfidh a saothar? Tá sé beagán luath le rá go fóill. Daoine óga is ea iad.'[10] ('But will their work survive? It is too early to say. They are young people.')

But he also spoke about them one by one. He writes that Nuala Ní Dhomhnaill's poems are 'suaithinseach' (remarkable/distinctive). She takes on the persona of Mór – well spotted so early – and says with little doubt: 'Dar liom go mbeidh teacht thar na dánta so fós.'[11] ('In my opinion we will hear about these poems again.')

In his review of *Scríobh 1*, the literary journal edited by Seán Ó Mórdha, he says of Davitt that his six pieces require that we inevitably search for poetry in his work. He questions whether those memorable lines 'agus titeann an oíche ort gleann/ ar ghleann' ('and the night falls glen by glen') are poetry or just a gimmick, but he seems to answer it in reference to another piece which describes cars coming over the Conor Pass 'ina nduine is ina nduine' ('one by one') where he insists that it is a phrase which captures the imagination; and then without any reservation he follows it announcing that another one, 'Leannáin', is quite simply poetry.[12] Of Liam Ó Muirthile he says that he exudes fresh inspiration. His manipulation and handling of the language is sharp. He references images that should not be forgotten. And then, 'Má oibríonn sé, déanfaidh sé an beart.'[13] ('If it works, it will work well.')

These musings on three *Innti* poets were written before any of them had brought out a collection, so his judgements were based on what had been gleaned from journals and magazines. His reflections on Gabriel Rosenstock had the advantage of a book of poetry, *Susanne sa Seomra Folctha*, which appeared as early as 1973, when the poet was only twenty-four years of age. It has been described as 'cheeky', but many other adjectives could be drawn down also. Ó Ríordáin supplies his own. He says that he is well known for ascribing writers to different classes or types. He had called Máirtín Ó Cadhain Rabelaisian, and it stuck. You can almost hear him searching for a word to attach to Rosenstock, and then he nails it: 'Baineann Rosenstock le haicme eile, na scríbhneoirí sátanacha ...'[14] ('Rosenstock belongs to a different category of writers – the satanic ones'). While we struggle to understand what precisely he means by this, he attempts to elaborate: 'Faighim boladh na túise ar shaothar Rosenstock ...'[15] ('I find the smell of incense from Rosenstock's work, the incense of Satanism. I sense the hellish background ... You can feel the international air, multilingual, sophisticated ... Satanism does not cause any surprise. It is the norm. It is a kind of civilisation. Its opposite is crudity, simple-mindedness, hypocrisy ... It is a mentality that makes poetry out of words ... If the words were leaking the mentality would be lost.')[16]

These were the considered opinions of the greatest Irish poet of his time, of a mind which read beneath the pelt. We can see that he was intuitively perceptive. It was a poet's gut understanding of his own art set down in his own diffidently acute way. While time would allow each of them to grow and flutter and skite off in the only way their imagination and burnished art could bring them, we can see how he had spotted the fledgling wings in those years hidden from the future now known.

It is interesting that in many of the standard anthologies of modern Irish poetry from the 1970s onwards it is precisely those early poems which often take pride of place. This is not so much a criticism of their later work, as an acknowledgement of the shock of the new. The first voices set the tone, and the first voices were as authentic as the last. Their own myths, or signature tunes, were there from the beginning, as is nearly always the case.

There is now a belief that the 1960s was a decade in which everything was bursting out all over. There was a new coming, of course, as there always is. It was good then to be alive, but it always is. Those were the days, my friends, but they too did end and not live forever but for days, although many days. But making the point that the *Innti* poets were just a product of their generation would yield too much to the reductionist simplicities of sociology. In the end they were all individual poets who came together under the magic hand of chance. The times were with them regarding the loosening of the bonds, the fellowship of youth, the sense of freedom to give two or more fingers to accepted norms, but in the end for all the shapes that are thrown, the work must be done. Each of these poets did the work, but in entirely different ways. The comradeship of a movement waned, and they were each left on their owny-o in a big braw world of many-coloured poets who had been energised by their example. In the end, the parts were much greater than the sum, but it was the force and drive and originality of that sum that gave them purchase in the sullen heart of the world.

Séamas Ó Céilleachair's *Nuafhilí 3* appeared in 1979,[17] the third of his anthologies which attempted to capture the best of its time, this one covering the years since 1963. It contains fifty-four poets, most of whom are of the same time as *Innti*, or after their initial burst onto the scene. It shows that the generation who broke the mould and released the line and fractured the quatrain were not entirely on their own. But they were the standard-bearers who proclaimed the new faith, more than merely first among equals. There would have been a lively modern Irish poetry if they had never existed, but it would have been so much more dull, so more beige, so more splattered without the knot of a defining centre. The subsequent journal appearing as *Innti* irregularly for the next twenty years was the trumpet of Irish poetry for more than a generation. This is also a testament to their importance.

Réamhrá

AILBHE NÍ GHEARBHUIGH agus TRISTAN ROSENSTOCK

Ba sa bhliain 1970 a seoladh an chéad eagrán den iris *Innti* – i bhfoirm mórbhileoige – agus ba iad na filí Michael Davitt agus Gabriel Rosenstock a bhunaigh an iris, i dteannta a gcarad Con Ó Drisceoil, le linn dóibh triúr a bheith ag freastal ar Choláiste na hOllscoile Corcaigh. Mar fhreagra ar choimeádachas irisí na linne a bhunaíodar *Innti*, 'agus guth a thabhairt don stuif nua a bhí tagtha chun cinn,'[1] amhail is gur bhraitheadar srianta ag an saghas filíochta bhí á fhoilsiú ar *Comhar* agus *Feasta*. In imeacht na mblianta, samhlaíodh beirt eile go mór leis an iris freisin, na filí Liam Ó Muirthile agus Nuala Ní Dhomhnaill, i ngeall ar na hoícheanta móra filíochta ag a mbídís ag léamh i dteannta Davitt agus Rosenstock i gCorcaigh.[2] Ó shin i leith, seasann *Innti* don cheathrar seo i súile mórán daoine. Shocraigh eagarthóirí an leabhair seo go bhféachfaí go háirithe ar shaothar an cheathrair seo, bíodh is go gcloisfear ó bheirt atá luaite mar 'athghlúin' *Innti* freisin, Louis de Paor agus Colm Breathnach. B'fhiú a thuilleadh cíoradh a dhéanamh ar a saothar siúd, ach cinneadh anseo díriú go príomha ar bhunús na hirise. Is éard a chuirimid romhainn sa leabhar seo ná cíoradh a dhéanamh ar an ithir shaibhir as ar eascair *Innti* féachaint cérbh iad na cúinsí éagsúla a d'fhág gur bhláthaigh glúin nua filí ar a gcuid téarmaí féin.

Ceistítear sna haistí seo a raibh i gceist le 'filí *Innti*' agus tugtar dúshlán cuid de na seantuiscintí atá againn i dtaobh na bhfilí seo. In 1974 d'fhógair Seán Ó Ríordáin ina cholún in *The Irish Times* gur 'scoil' filíochta a bhí i bhfilí *Innti* a raibh 'drochmheas ceartchreidmheach acu ar sheanaimsireachas agus meas ceartchreidmheach dá réir acu ar an rud nua.'[3] Is cosúil gur shamhlaigh lucht critice iad sna téarmaí céanna, sa mhéid is gur chaith go leor acu le filí *Innti* mar ghrúpa nó 'scoil'. Tabhair faoi deara an focal 'they' ag Seán Ó Tuama thíos ag é ag tagairt do thréithe an ghrúpa:

> They tend to ignore dogma, or at least any authoritarian traditional mode of thinking; though the language in which they compose is that of a tiny minority, they wish to see themselves as normal Irish people

partaking in a common culture at the end of the twentieth century. It is no wonder then, that they take an interest – sometimes over-selfconsciously – in many of the distinctive features of that culture from rock and roll to haiku, from valium to ecology.[4]

Tá Tadhg Ó Dúshláine den tuairim gur aithin filí *Innti* iad féin 'ó thosach go mba chraobh de réabhlóid idirnáisiúnta iad ... an fonn éirí amach in aghaidh an tseanoird'.[5] Tá anáil na réabhlóide sin le sonrú ar iris *Innti*, rud a mhíníonn Alan Titley go glé i mbrollach an leabhair seo, ach caitheann sé amhras ar an nóisean gur ghluaiseacht aontaithe, aonintinneach a bhí i bhfilí *Innti*.

Is minic a shamhlaítear gur fásach cultúrtha a bhí in Éirinn sa tréimhse roimh spleodar na seascaidí, ach bhí obair nach beag déanta ag daoine agus eagraíochtaí áirithe a chuir go mór le saol intleachtúil, eacnamaíoch agus ealaíon na tíre sna daichidí agus sna caogaidí. Má bhí leoithne saoirse ag teacht aniar ó Mheiriceá sna seascaidí trí cheol Bob Dylan agus ón nGluaiseacht um Chearta Sibhialta, bhí cumhacht ollmhór agus tarraingt nach beag ag an Eaglais Chaitliceach go fóill sa tír agus na sluaite fós ag dul sna hoird rialta. Ina aiste thomhaiste léannta ar ghnéithe de shochaí na hÉireann roimh bhunú *Innti*, léiríonn Gearóid Ó Tuathaigh dúinn nach leor 'stark binary terms' chun cur síos a dhéanamh ar na hathruithe móra a thit amach in Éirinn sna 1960idí.

Má shamhlaítear frithchultúr na 1960idí le *Innti*, is gá aird a thabhairt ar shacraimintí an fhrithchultúir, *sex, drugs and rock 'n' roll*. Is maith mar a oireann an nath d'aiste Chaitríona Ní Chléirchín agus an t-iniúchadh a dhéanann sí ar an gcollaíocht i bhfilíocht *Innti*. Agus í ag baint leas as saothar Cixous agus Kristeva mar lionsa critice, féachann sí ar an teannas idir an t-amharc fireann agus an t-amharc baineann i saothar Davitt, Uí Mhuirthile, Ní Dhomhnaill agus Rosenstock. Laistiar den anailís seo, tá an cultúr (patrarcach) as ar fáisceadh na filí agus an smacht a bhí ag an Eaglais Chaitliceach ar chúrsaí collaíochta i sochaí na hÉireann.

Is díol spéise é an ceangal a shamhlaíonn Louis de Paor a bheith ann idir an frithchultúr agus an Ghaeilge sa tréimhse seo: 'Dóibhsean a raibh suim acu sa bhfrithchultúr a bhí ag teacht chun cinn i measc daoine óga go speisialta, dob fhéidir an Ghaeilge a shamhlú le traidisiún a bhí as alt le cultúr aonghnéitheach an chinsil.' Díríonn sé go príomha san aiste sin ar an gcomaoin a chuir Seán Ó Tuama ar litríocht na hÉireann agus ar shaol cultúrtha Chorcaí, ag cur san áireamh 'an díogras a chaith sé ag agóidíocht ar son na teangan agus lucht a labhartha' ar bhonn náisiúnta.

Bhí an Tuamach ina chrann taca do chúrsaí éigse i gColáiste na hOllscoile Corcaigh agus aithnítear an ról tábhachtach a bhí aige mar dhuine a mhúscail spéis sa litríocht ina chuid mac léinn. Bhí baint ag an Tuamach, agus ag daoine eile, le ceapachán Sheáin Uí Ríordáin i gColáiste na hOllscoile Corcaigh in 1969.[6] Ina theannta sin, bhí duine de mhórchumadóirí na hÉireann, Seán Ó Riada, ag baint ceoil as an gcampas agus ag cur go mór leis an meas a bhí ag daoine ar an gcultúr dúchais. Go deimhin, is í an inscríbhinn a chuir Davitt i gcóip phearsanta an Ríordánaigh d'*Innti 3* ná: '[C]uimhnigh gurb iad do dhánta féin agus ceol Sheáin Uí Riada is mó is cúis léi bheith ann.'[7] Má d'imir an Tuamach, an Riadach agus an Ríordánach tionchar mór ar shaol na hollscoile, meabhraíonn Gearóid Denvir gurb é Davitt 'ceann feadhain na réabhlóide sin' i measc ógfhilí Chorcaí. Rianaíonn sé an *Zeitgeist* i saothar Davitt in aiste a chuimsíonn cuid mhór de na gnéithe is tábhachtaí den bhfreacnairc a bhain le *Innti*.

Níl aon amhras ach gur lárnach an áit atá ag Coláiste na hOllscoile Corcaigh i nginiúint *Innti*. Bunaíodh an iris, mar a dúirt Michael Davitt, d'fhonn ardán a thabhairt 'don dream a bhí bailithe timpeall ansin i gColáiste Chorcaí', ardán a bheadh éagsúil leis na 'hirisí Gaeilge eile a bhí an-choimeádach [...]'.[8] Ní nach ionadh, feictear saothar le mic léinn Choláiste na hOllscoile Corcaigh ar leathanaigh na hirise, ach níor theoranta do Chorcaigh a bhíodar agus dánta le Máirtín Ó Direáin, Mícheál Ó hUanacháin agus Tomás Mac Síomóin sa chéad dá eagrán. De réir a chéile, bhí filí i gcéin ag seoladh ábhair chucu, Derry O'Sullivan i bPáras, Seán Hutton i Londain, agus Pearse Hutchinson i Leeds. Díol suntais gné idir-ghlúine na bhfilí agus gur éirigh le h*Innti* saothar a mhealladh ó fhilí seanbhunaithe na hÉireann, an Ríordánach agus an Direánach, mar shampla. Ní foláir nó gur thug a gcuid tacaíochta don iris an-mhisneach do na filí óga a raibh saothar leo taobh leis na fathaigh filí ar leathanaigh na hirise. Bhí an chuimsitheacht seo an-tábhachtach i meon na n-eagarthóirí:

> Thuigeamar ó thús go raibh slí inár soitheach don uile tháthchuid de bheatha agus de mheon an duine; an dán úr dea-dhéanta ba sheol dár soitheach il-luchtaithe. Bhí cead ar bord ag a lán lán, bíodh sé bachlógach nó bláfar, creidmheach nó díchreidmheach, dúchasach nó deoranta, inbhreathnaitheach nó sílteagascach, traidisiúnta nó ceannródach, canúnach nó caighdeánach [...][9]

Láthair eile an-tábhachtach i gcomhthéacs *Innti* is ea Corca Dhuibhne, mar a bhfuair filí óga *Innti* cur amach ar an gcanúint áitiúil. Déanann Pádraig Ó Cíobháin cur síos ar an gceangal sin a bhí ag filí *Innti* le Corca

Dhuibhne in aiste bhreá leis anseo. Ba mhór an tarraingt a bhí ag an nGaeilge do mhic léinn Choláiste na hOllscoile Corcaigh le linn do lucht *Innti* a bheith ar an ollscoil, de réir Davitt:

> An buntáiste mór a bhí ag an saol Gaelach, ó thaobh tharraingt agus mhealladh na mac léinn de ná go raibh rabharta faoi athbheochan an cheoil dhúchasaigh: na seisiúin bhailéad agus uirlise go mór sa bhfaisean; an Riadach i mbarr a mhaitheasa [...] agus bhí tarraingt na háite thiar – ba leor léiriú beag díograise le cois an chúpla focal chun do scoláireacht bhliantúil go Corca Dhuibhne a ghnóthú, gan de chostas ort ach fiacha toitíní, pórtair, *Alka Selzer* – agus dul i muinín na hordóige.[10]

Tá tuairim Rosenstock ar an 'áit thiar' i bhfad níos tomhaiste, mar a mhíníonn sé i gcomhrá leis na heagarthóirí, cé gur léir go ndeachaigh gnéithe áirithe den gcultúr dúchais i bhfeidhm air:

> Corca Dhuibhne was a revelation in many respects. Listening to Seán de hÓra for the first time was a hair-raising experience. Of course, there's always the danger of embracing what you might call 'native exoticism'. There was never going to be a physical Shangri-La for me, not in Corca Dhuibhne or in India [...] I felt a bit lost in Corca Dhuibhne, to tell you the truth.

Is faide siar agus is doimhne, b'fhéidir, a théann ceangal Nuala Ní Dhomhnaill le Corca Dhuibhne ná an triúr eile, ó cuireadh siar í ag aois a cúig chun cónaí lena haintín i gCathair an Treantaigh. Bíodh is go bhfuil go leor scríofa ag scoláirí faoi thábhacht an chultúir dúchais i bhfilíocht Ní Dhomhnaill, is iontach mar a rianaíonn Ríóna Ní Fhrighil na nascanna traschultútha atá ina saothar san aiste 'An Domhan Thoir agus Filíocht Nuala Ní Dhomhnaill'.

Focal ab ea 'innti' a chloistí go minic i gCorca Dhuibhne agus ar bhéalaibh áirithe i dTigh Kruger, mar a mhíníonn Pádraig Ó Cíobháin ina aiste siúd. Meabhraítear 'caithfeam dul ionat' an Ríordánaigh chomh maith,[11] an gá le tumadh sa Ghaeilge lena sealbhú. Tugann Robert Welch suntas don ngreann graosta atá le tuiscint i dteideal na hirise, ach feiceann sé brí eile ann chomh maith, gur saghas filleadh ar an dúchas atá i gceist:

> *Innti* means 'into her', a broad enough joke reflecting the jockeying laddishness of the young male poets who were in the majority, but it also implies a getting back into the motherlode, into the origin, a

recovery of the ancient female entity, both hag and young queen, of Irish tradition.[12]

D'fhéadfaí ciall ghnéasach a bhaint as an ainm a bronnadh ar an bpreas: PIT (Preas Innti Teoranta) – ball gnéis mná – nó d'fhéadfaí é a léamh i gcomhthéacs thuiscintí Welch thuasluaite.

Agus í ag trácht ar an ngrianghraf a ghlac Bill Doyle de cheathrar *Innti* ar Thrá Chill Iníon Léinín, maíonn Nuala Ní Dhomhnaill gur 'token woman' a bhí inti i measc na bhfear. In agallamh a dhein sí le heagarthóirí an leabhair seo, luann sí an t-atmaisféar patrarcach a bhí i réim i gColáiste na hOllscoile Corcaigh le linn di a bheith ina hiníon léinn ann agus gur tugadh cead cainte d'fhir sna léachtaí níos minicí ná do mhná.[13] Bhí i bhfad níos mó fear ná mná ag freastal ar an gcoláiste taca an ama seo, dar ndóigh, agus ba líonmhaire i bhfad na fir a bhí ina léachtóirí.

I gcomhthéacs na tráchtaireachta seo ar chúrsaí inscne, is mithid tagairt a dhéanamh don ómós cuí a thugann an Cíobhánach do na *Prima Donnas* ban a bhí ina mná tí ag lucht UCC agus iad ag fanacht sa Ghaeltacht.

Maidir leis na banfhilí féin, ní raibh saothar le haon bhean in *Innti 1*. D'inis Nuala Ní Dhomhnaill d'eagarthóirí an leabhair seo gur lorg Con Fada Ó Drisceoil ábhar uaithi don eagrán ach ba mhó an bhaint a bhí aici le Béarla taca an ama sin agus í sa Chéad Bhliain den gcéim. Bhí dán léi in *Innti 2*, áfach, agus ceann le Pádraigín Ní Chochláin, a bheadh ina hOllamh le Béarla i gColáiste na hOllscoile Corcaigh ina dhiaidh sin. Faoi *Innti 3* agus an foilseachán i bhfoirm irise anois, bhí scóip ní ba mhó ann agus feictear dánta le Ní Dhomhnaill, Máire Mhac an tSaoi, Eithne Strong agus Rita E. Kelly (i gcomhpháirt le hEoghan Ó Tuairisc).

Tá suntas tugtha ag Louis de Paor agus ag scoláirí eile do líon na mbanfhilí a tháinig chun cinn sa tréimhse 1980 go 2000.[14] Is cinnte go bhfuair mná ardán áirithe ar leathanaigh *Innti* ach bhí bunú theach foilsitheoireachta Coiscéim (1980) chomh tábhachtach céanna i gcur chun cinn shaothar na mban. Thug réamhtheachtairí ar nós Mháire Mhac an tSaoi agus Chaitlín Maude misneach do na mná a tháinig ina ndiaidh, ní foláir. Is léir freisin gur ghríosaigh na mná a chéile: 'Is manna sa bhfásach dom iad' a dúirt Ní Dhomhnaill agus í ag tagairt do shaothar Biddy Jenkinson agus Áine Ní Ghlinn in agallamh in *Innti 12*. San eagrán céanna, tá dánta le Bríd Ní Mhóráin, Áine Ní Ghlinn, Eithne Strong, Ní Dhomhnaill, Biddy Jenkinson agus Deirdre Brennan mar aon le haiste le Rita E. Kelly. Fós féin, is líonmhaire go mór dánta le fir in *Innti 12* agus, go deimhin, i ngach aon eagrán eile. Ní nochtann staitisticí foilsithe iomlán an scéil, áfach; mar shampla, níl aon chuntas againn ar líon na mban a chuir dánta faoi bhráid na n-eagarthóirí, le hais líon na bhfear. Ní léir go raibh polasaí eagarthóireachta ar leith i bhfeidhm in *Innti* i dtaobh fhoilsiú banfhilí ná, go deimhin, filí aeracha, ach tá saothar leo le fáil in *Innti*, rud a dhearbhaíonn fógra cuimsitheachta eagarfhocal *Innti 7*, go raibh 'slí inár soitheach don uile tháthchuid de bheatha agus de mheon an duine'.[15]

Bhí ról an-tábhachtach ag beirt bhan eile le scéal *Innti*, is iad sin Proinsias Ní Dhorchaí, a raibh baint aici le heagarthóireacht *Innti 4, 5, 6*, agus Máire Nic Fhinn (Davitt) a bhí freagrach cuid mhaith as leagan amach agus dearadh slachtmhar na hirise, gan trácht ar an obair phrofála a rinne sí. Is mór an feall é nach bhfaigheann Nic Fhinn a thuilleadh creidiúna as a cuid oibre, go háirithe agus 'high production values' na hirise á moladh go minic.[16] Déanadh cúram ar leith de leagan amach an dáin agus ba ghnách gur tugadh imeall flaithiúil don dán a bhí mar fhráma mórthimpeall air.

I measc na ngnéithe is suntasaí d'*Innti* tá an t-ardán a tugadh do shaothar físealaíontóirí ar chlúdach agus ar leathanaigh na hirise. Feictear saothar mhórealaíontóirí na tíre in *Innti*, Pauline Bewick, Brian Bourke, Pat Muldowney agus Michael Mulcahy ina measc, agus bhí saothar le healaíontóirí óga Choláiste Ealaíne is Deartha Crawford in *Innti 9*.

Earra is ea an iris atá nithiúil, ar féidir féachaint siar uirthi agus breithiúnas a thabhairt uirthi, murab ionann agus na hoícheanta móra filíochta atá mar dhlúthchuid de sheanchas *Innti*. Samhlaíonn Pádraig de Paor ceangal láidir idir na *happenings* nó na heachraí ealaíne a bhí ar siúl sna Stáit Aontaithe agus san Eoraip. 'Iarracht an ealaín a thógáil anuas ón tseilf ardnósach nua-aoiseach úd a rinne ornáid álainn gan éifeacht di, agus í a instealladh le lán na cumhachta a bhíodh aici go traidisiúnta – an chumhacht dul i bhfeidhm ar shaol an duine – go fisiciúil fiú.'[17] Tá sé seo ag teacht leis an tábhacht a leag bunaitheoirí *Innti* ar chraobhscaoileadh na filíochta, mar a mhíníonn Davitt:

> Sna seascaidí ansin, tús na seachtóidí, nuair a bhíomar ag gabháil d'*Innti* bhíomar níos cóngaraí don rud 'pobail', rud atá sláintiúil dar liom. Is é sin go mbímis amach os comhair daoine ag aithris filíochta ag ócáidí sóisialta seachas an rud beag liteartha seo. Má tá faic i ndán don bhfilíocht caithfidh an pobal í a chloisint níos mó.[18]

Ní mór tábhacht seo an phobail a thuiscint i gcomhthéacs lucht labhartha mionteanga, go háirithe sna cathracha, mar ar thug imeachtaí *Innti* deis do phobal na Gaeilge teacht le chéile agus aithne a chur ar a chéile. Ní foláir nó go raibh bús áirithe ag roinnt leis na hócáidí seo, a bheadh inchurtha, b'fhéidir, le hoícheanta an *Pop-Up Gaeltacht* a bhfuil an oiread ratha orthu le blianta beaga anuas.

Bhí 'seacht mbliana leapan' ag an iris idir *Innti 3* agus foilsiú *Innti 4* sa bhliain 1980, agus i measc na nguthanna nua a bhí ag teacht chun cinn an t-am sin, bhí Louis de Paor agus Colm Breathnach, beirt a shamhlaítear go mór mar 'athghlúin' *Innti*. Is spéisiúil an cuntas a fhaighimid ón mBreathnach sa leabhar seo ar a aistear pearsanta féin ar chonair na filíochta: 'mura mbeadh *Innti* ann, táim deimhin de go mbeinn im fhile Gaeilge pé scéal é, ach bhí tionchar mór, ar a shon sin, ag lucht *Innti* ar mo chuid filíochta'. Tugann sé ómós san aiste seo do Davitt go speisialta, agus is maith mar a aithníonn sé an t-instealladh spride a thug lucht *Innti* don nGaeilge: 'Thugadar abhaile leo an Ghaeltacht, thugadar amach as an réigiún oifigiúil í agus isteach ina ngnáthshaol laethúil. Bhí an teanga lárnach don gcúram, b'í an teanga a bhí ag tiomáint na hiarrachta ó thaobh a saothair uilig de.'

D'éirigh le filí *Innti* an teanga a thabhairt isteach ina ngnáthshaol laethúil, ach ní fhágann san nach raibh teannas idir an Ghaeilge agus an Béarla, ná go deimhin, idir an t-eispéireas cathrach a bhí acu féin agus taithí a muintire faoin tuath. Déanann Peter Sirr amach go n-eascraíonn an chuid is fearr d'fhilíocht Uí Mhuirthile as an teannas seo ina aiste thuisceanach ar a shaothar anseo.

Ar champas na hollscoile, dar ndóigh, bhí deis ag lucht éigse, idir Bhéarla agus Ghaeilge, cur agus cúiteamh. Chomh fada siar le 1974, rinne Eoghan Ó hAnluain suntas den teagmháil a bhí ag filí *Innti* le filí an Bhéarla, le hais na glúine a chuaigh roimpi.[19] Is díol spéise é go bhfuil dánta le Theo Dorgan in *Innti 10* agus le Gerry Murphy (Gearóid Óg Ó Murchú) in *Innti 13* toisc an t-aitheantas atá bainte amach acu araon mar fhilí Béarla.

Déanann aiste Chlíona Ní Ríordáin cur síos ar na bealaí inar chuaigh an ghlúin sin d'fhilí na Gaeilge agus d'fhilí an Bhéarla a bhí i gCorcaigh i bhfeidhm ar a chéile. Léiríonn sí spleodar na héigse sa chathair ag an am mar aon le bríomhaireacht phobal na Gaeilge i gCorcaigh. Má bhí lucht *Innti* díograiseach i leith na Gaeilge, ní dream iad a bhí cúng, mar a aithníonn Ríona Ní Fhrighil ina haiste sa leabhar seo: 'Bhí an t-ómós don dúchas taobh leis an oscailteacht i leith an Bhéarla, an dáimh le cúrsaí aistriúcháin, an tsuim i litríochtaí i dteangacha eile agus an bhéim ar an choinsias shóisialta le tabhairt faoi deara ar mheon eagarthóirí agus údair *Innti* ón tús.'

Tugann Ní Fhrighil suntas do na haistriúcháin a dhein Ní Dhomhnaill ó theangacha eile agus is mór an bhaint atá ag an aistriúchán le tograí filíochta an Mhuirthiligh agus Rosenstock. Go deimhin, tá comaoin faoi leith fágtha ag Rosenstock ar litríocht na Gaeilge as líonmhaire a shaothair aistriúcháin. D'fhéadfaí a mhaíomh go bhfuil neamhaird tugtha ar bhunshaothar leis de bharr an raidhse aistriúchán a thagann óna pheann. Éiríonn linn aithne níos fearr a chur ar *personae* fileata Rosenstock trí lionsa an chleasaí in aiste Phádraig de Paor sa leabhar seo.

Is mó focal a spreag an iris *Innti* – friotal fileata, allagar ardaigeantach, cúlchaint, léirmheasanna, cur agus cúiteamh. Tá os cionn leathchéad bliain ann ó foilsíodh an chéad eagrán d'*Innti* agus os cionn 25 bliain ó foilsíodh an t-eagrán deireanach. Ag caint dó in 1986, d'fhógair an scoláire Eoghan Ó hAnluain nach raibh aon amhras 'ach gurb é scéal na filíochta Gaeilge, cuid mhaith, ó 1970 amach, scéal *Innti*'[20] agus b'fhíor don ráiteas sin ar feadh i bhfad. Is tráthúil anois é iniúchadh a dhéanamh ar *genesis* na hirise seo agus cur leis an bplé ar an lorg atá fágtha ag an iris ar litríocht na Gaeilge, plé nach bhfuil ach ina thús.[21]

D'fhéadfaí dán an Ríordánaigh in *Innti 1* a léamh mar chomhairle do na filí óga a bhí fairis i gColáiste na hOllscoile Corcaigh, agus é á ngríosadh, b'fhéidir, le dul i mbun pinn. Is é an tátal a bhaineann Seán Ó Coileáin as an dán seo nach bhfuil 'aon bhrí a thuilleadh le holc ná maith, ceart ná mícheart, ach an t-ábhar a thabhairt leat sa tslánchruinne.'[22] Beannacht atá á cur aige ar fhilí *Innti*, ba dhóigh leat, an rud atá istigh iontu agus an saol atá farstu a chur i bhfriotal:

> Ná fan le malairt aigne,
> Ní fhanfar leat má fhanann tú.
> Ná fan le ham tráthúil,
> Ná bíodh do shúil
> Le bréithre beannaithe.
> Beir air anocht is doirt
> Gach beag, gach mórmhothú,
> Gach carthanacht,
> Gach aimride,
> Gach gangaid leis,
> Ní lot go tost.
> Ná caill ar d'aigne,
> Fág í neadaithe
> I mbréithre in aice leat,
> Dá fheabhas, dá ainnise,
> Cuir ainm ar

Gach ar ghaibh trí d'shúil, trí d'chluais anocht, trí d'aigne:
Cum tranglam
Má chaitheann tú,
Dolabhartha,
Ach cuir snaidhm ar shnáth sin d'aigne.[23]

Is iomaí snáth a bhaineann le scéal *Innti*, agus is éard atá fúinn sa leabhar seo snaidhm a chur ar chuid acu.

New Turns: A perspective on intergenerational shifts in independent Ireland, 1958–1973

GEARÓID Ó TUATHAIGH

In any consideration of pulses of creativity or the spark of individual genius, historical determinism is a treacherous terrain. This essay does not seek to provide a definitive framework within which to assess the particular episode of artistic creativity associated with the *Innti* project, still less to 'explain', in any fundamental sense, the cultural temper of the times in which the *Innti* poets emerged. What is proposed, rather, is a selective consideration of certain economic, social and cultural developments in Ireland from the 1950s to the early 1970s that may provide an enabling context for addressing what the *Innti* project signified in its own time.

The issue of periodisation is a thorny one for historians (and not for them only): that is, the criteria to be adopted in segmenting the past into interludes or periods that have a plausible integrity in making the process of change over time manageable and intelligible. It is, of course, a highly provisional undertaking. Yet, it is widely accepted in commentaries on modern Ireland that the period c.1958–73 has a particular integrity and significance.[1] The end date marks the year of Ireland's accession to the European Economic Community (EEC), the pivotal importance of which requires no elaboration. As for the starting date, in the history of independent Ireland, the year 1958/9, and specifically the publication of T.K. Whitaker's *Economic Development* (accompanied by the government's First Programme for Economic Expansion, based heavily on the Whitaker analysis), is widely accepted by commentators as constituting a critical moment in the break with the project of intensely nationalist, protectionist, self-sufficient Sinn Féinism ('de Valera's Ireland', in later shorthand); the moment when the economically stagnant, culturally introspective and socially claustrophobic Ireland of de Valera gave way to the open, expansionist Ireland of Lemass.[2] Key elements of the new dispensation would include: economic growth based on a competitive open economy, demographic recovery (with dramatic consequences for the age profile of the population), a strengthening climate of confidence, allied to an expanding space for personal freedoms. These would be the social objectives officially valorised from the 1960s.[3]

Whitaker himself played a key role in underlining the historic significance of his defining statement. Indeed, in the actual text of *Economic Development* the young Whitaker defined the nature and the gravity of the crisis that he felt himself compelled to address:

> After 35 years of native government people are asking whether we can achieve an acceptable degree of economic progress. The common talk among parents in the towns, as well as in rural Ireland, is of their children having to emigrate as soon as their education is completed in order to secure a reasonable standard of living.[4]

Or, in the more provocative terms he employed in a memo to cabinet a year earlier:

> Many others besides myself have experienced for some time past a sense of anxiety and urgency about Ireland's economic (and political) future ... the Irish people are disappointed ... they are falling into a mood of despondency. After 35 years of native government can it be, they are asking, that economic independence is unattainable and that the political independence achieved with such sacrifice must wither away.[5]

Whitaker's response to this crisis was, therefore, seen by its author as a political intervention. The claims made for the importance and the impact of this critical intervention would come thick and fast – from historians, economists, journalists and others – in the decades that followed. In a *festschrift* for Whitaker (the first of several), edited by John McCarthy and published in 1990, Ronan Fanning assembled a selection of the main voices paying homage to the 1958 *démarche* as the key intervention that changed the course of modern Ireland's economic and, indeed, social history. Thus, Oliver MacDonagh, reflecting in 1968:

> ... although it is a dangerous concept to handle, certain stages are best characterised as the suppression of one generation by another ... all the

evidence to hand suggests that 1959 also marked a decisive change in national power and attitude.[6]

Or, in 1979, Joe Lee:

> There seems to be general agreement ... that the 1960s marked some sort of watershed in Irish history. This appears to be one of those pivotal periods when a society swings on its axis to face in a new direction.[7]

When it comes to specifying what exactly was novel or original in the Whitaker intervention, and why its impact deserved to be considered so decisive, a number of thorny questions arise. Some of these questions came early, but they have been posed insistently and with an increasingly sharp critical edge during the past two decades.[8] In order to understand why such questions have been posed, regarding Whitaker's document of 1958/9, we need to remind ourselves of certain salient historical facts. Nobody questions the existence of a severe economic and social crisis in Ireland in the 1950s. The key facts are not in dispute: zero or derisory economic growth, chronically high unemployment, exacerbated in the deflationary interludes following balance of payments crises in 1951 and again in 1956. There was a cumulative decline of 12 per cent in employment in the period 1951–8, and the soaring emigration rate signalled a demographic crisis: during the 1950s over 410,000 Irish people emigrated, the vast majority of them to Britain. The fragile Gaeltacht enclaves of the Atlantic rim were ravaged by this exodus. The population of independent Ireland in 1961 had fallen to 2.8 million, the lowest in the history of the state.

If not quite the dogs in the street, then certainly all the licensed soothsayers were unanimous that they were witnessing a society in crisis – perhaps in terminal decay.[9] The sense of anxiety at the immediate crisis (demographic and economic) was palpable. But Whitaker and his team sought to diagnose the roots of structural failures in Irish economic performance and to prescribe for their remedy. Yet, as critics have pointed out and as the historical record attests, a large part of the analysis of the problems addressed in *Economic Development* had already been done in the decade or more before 1958; certainly the main weaknesses of established economic policy (the protectionism established in the 1930s) had been identified from the 1940s. Moreover, many of the key instruments and agencies of correction and of later economic growth were already in place by the late 1950s.[10]

The main claim for the decisive impact of the 1958/9 'new departure' would seem to rest on three principal grounds: its coherence, the authority of its authorship, and the timing of its publication. It drew on, and drew together, earlier analyses and its author was a non-political, senior civil-servant, an economist, with no evident political bias. Its timing was especially fortuitous. By the late 1950s there was a strong measure of political consensus in support of its main tenets. Political volatility had accompanied the economic turbulence of the fifties: four general elections within a decade, 1948–57, each followed by a change of government, told its own story. After the failure of all parties (singly and in combination) to find a formula for sustained economic growth throughout the fifties, there was a general willingness among the political class to move in a new direction.

There was also a feeling that an intergenerational shift was taking place in independent Ireland. Some of the old guard – veterans of the revolutionary and early Free State era – were leaving the political stage: de Valera, Dick Mulcahy, Bill Norton, W.T. Cosgrave. Some of the old bitterness of the Civil War legacy went with them, or at least was weakened by their departure. As Fianna Fáil began (in 1957) what would be a further unbroken sixteen years in government, the new men (exclusively so for most of that period) and the new confident style (the men in the 'mohair suits', as they were called) would epitomise this intergenerational shift.[11] De Valera's 'national aims' – the ending of partition, by persistent denunciation, and the restoration of Irish, by persistent exhortation – were not formally abandoned or renounced, but would feature very little in the rhetoric of patriotic endeavour now favoured by Lemass.

If the historic significance of 'Whitaker' seems generally secure in the light of what preceded it in the fifties, its precise impact on the undoubted changes occurring in the Irish economy in the sixties remains open to debate. That the early sixties witnessed an economic recovery is undeniable: population stabilisation in 1966 was followed by modest growth; an improvement in the economic growth rate and in inward investment; a rising standard of living and enhancement of social provision and educational opportunity; a general quickening of the pulse of confidence and a rise in morale, acknowledged by most commentators, contemporary and later. The need to avoid the pitfall of 'post hoc, propter hoc' applies here. Thus, critics have pointed to key assumptions in Whitaker's document that proved unfounded (e.g. on agriculture and capital expenditure) and to technical shortcomings in successive economic 'plans'.[12] They have also stressed the exceptionally favourable external factors (ready availability of mobile investment capital) and the generally buoyant conditions for growth in Irish manufacturing in the early 1960s. But deeper structural problems – for example in agricultural productivity and in the indigenous manufacturing sector – were not addressed and would surface repeatedly in later international studies of the weaknesses of the Irish economy (e.g. Telesis, 1982[13]). Indeed, by the later 1960s – notwithstanding a new commitment from the later 1950s to providing better-quality analysis (through Central Bank commentaries, ESRI reports and a growing community of professional economists) and better-quality leadership within the civil service (through An Foras Riaracháin) – the challenge of preparing for entry to the EEC was proving disruptive of the existing manufacturing base, to say nothing of the impact of rising expectations on industrial relations.[14]

Yet, the concept and, to a degree, the practice of planning – based on the collection of reliable data, careful analysis, the setting of multi-annual targets and devising the mechanisms required for their achievement – was, for a time, adopted across a range of state activity, not only in the strictly economic sphere but in the service of some wider societal goals. External forces, together with technical shortcomings and lapses in political will and constancy, would repeatedly threaten this commitment to planning. Moreover, as Mary Daly, among others, suggests, vested interests, ingrained habits and institutional inertia would remain stubbornly formidable forces in resisting, deflecting and delaying reform across a range of social policy issues involving state responsibility.[15]

Nevertheless, some of the fruits of the 1960s spurt of state activism and planning would have an enduring impact. In education, in particular, the sixties brought decisive changes. The mood of change was evident from early in the decade. A Commission on Higher Education was established (1960); reports completed on the second-level curriculum (1962); in 1962 a major survey on future demands in Irish education was commissioned, in association with the Organisation for Economic Cooperation and Development (OECD): its report, *Investment in Education* (1965), would be a landmark document for future thinking and policy in education. In 1963, the education minister (Patrick Hillery) announced plans for the establishment of new kinds of institutions: comprehensive schools at second level and regional technological colleges for advanced technical education. Then, dramatically, in September 1966 the new minister for education, Donogh O'Malley, announced plans to introduce free secondary education the following year. This, in short order, generated a sharp increase in numbers accessing second-level education.

Numbers in third level were rising throughout the sixties, reflecting rising expectations and improved economic prospects in Ireland. As access to third level widened, with scholarships boosting the meritocratic element of the new entrants, the balance of attitudes began to shift. From a relatively narrow path of opportunity for a privileged minority, with careers in the professions the beckoning norm, many of the more socially diverse new entrants began to experience university as an opportunity for self-exploration and development. Awareness of the flowering of 'youth culture' in other countries, mediated through mass media, together with enhanced employment options promised by the expanding economy, provided potent stimuli to widening horizons of ambition. At second and third level there was also a new emphasis in government policy on science, technology and business qualifications (with a nod to European modern languages), to drive economic modernisation and equip a labour force to meet the opportunities and challenges of imminent EEC membership. The educational landscape in 1973 was significantly altered from what it had been in 1958.[16]

The Catholic Church – the church of the great majority in the state – retained a powerful position in Irish social life throughout the sixties. Indeed, in education (schools) and health (hospitals and related facilities) it would retain its ownership and general stewardship for many decades to come. But, while its congregation remained, by European standards, exceptionally observant until late in the century, there were signs by the late sixties that the cultural wind was starting to shift. Vocations to the religious life peaked in Ireland in the mid-1960s. The huge surge in enrolments in second-level schools (and the more diverse provision just beginning to grow in this area) would, in time, ask questions of the practical operational capacity of religious personnel to run their schools on a day-to-day basis. In 1970 religious orders accounted for 3,700 second-level teachers; by 1998 this had fallen to 740.[17] But all churches remained vigilant in ensuring denominational distinctions – in teacher-training institutions and in school ethos – long after the enrolment surge (and the new state initiatives) of the 1960s and early 1970s had set in train the long-term reconfiguration of the Irish education system.

If the 1960s brought enhanced opportunities in education and employment for young people, the decade was not marked by major advances in the area of women's rights. Catholic social teaching on the family and on the special role of women in the home had been encoded in constitutional and statute law: examples of inequality included the bar on married women continuing in employment in the public service, the exclusion of women from jury service, and widespread pay inequality in both public and private sector. Women's organisations, such as the Irish Countrywomen's Association (ICA), had lobbied for change, though with limited success.[18] It was principally outside pressure, from the UN and the EEC and other European institutions, that counted with the Irish government: signing undertakings that committed the state to equal pay was a condition for membership of certain organisations to which Ireland aspired. Domestic vested interests fought tenaciously to resist or evade such undertakings. However, as the projected date for entry to the EEC approached, pressure increased to move Ireland into good standing on women's equality issues. In December 1969 the Commission for the Status of Women was established. It reported in February 1973 with a raft of recommendations for achieving equality, notably in employment, pay and conditions. It took time for many to be implemented, but in 1973 the marriage bar for women in the public service was removed, while in 1974 an anti-discrimination act relating to pay was passed.

The more radical wing of second-wave feminism – the Irish Women's Liberation Movement – with its more dramatic tactics of public protest and political interventions, would not make its full impact until the early 1970s. But from the early 1960s 'women began to develop a renewed consciousness of the ways by which they were oppressed ... Edna O'Brien struck out against censorship with the *Country Girls* trilogy, which also sent out a signal that Irish women were fretting under the repressive codes governing sexuality, language and decorum'.[19] With a cohort of media-savvy activists, the Women's Liberation Movement extended the rights agenda to personal freedoms, fertility and reproductive rights and sexual choice, in addition to a focus on deserted wives and single mothers. Its agenda had been taking shape from the 1960s, and its anger growing at the attitudes towards women dominant in the prevailing culture of the expansionist, change-embracing Ireland of Lemass, as the later memoir of one of its founders recalled:

> The sixties were a good time for the boys. Lemass's Ireland was flourishing, business booming, high hopes. There was money around and employment and optimism ... [but] anger was mounting under the surface as the decade went on. It was female anger, subtle, veiled, but there ... It was a hangover, an almighty international hangover. It was a hangover which clearly said: 'OK, the awful fifties are gone, things are going right for a change. Going right for the boys. What about us?'[20]

For many reformers, 'things going right' increasingly meant ending the prohibitions imposed and the inhibitions induced by the Catholic Church's influence on social policy, attitudes and behaviour in Ireland, particularly in respect of personal and sexual freedoms. This particular field of conflict would absorb huge energy and generate bitter division for decades. There was more involved, of course, than the challenging of an elite – the Catholic hierarchy – long-practised in the high politics of state influence. Values deeply held by the population at large were at stake, as were class and sectional interests. In the case of divorce, for example, the concept of the family in society and the historically rooted Irish preoccupation with property and inheritance rights were not exotic notions needing to be explained by any clergyman. At every step of this contest (contraception, divorce, going on to the decriminalising of homosexuality, same-sex marriage and eventually abortion), during the half-century after 1970, the official position of the Catholic Church eventually gave way before the advancing tide of liberalisation. This underlines the larger issue of the extraordinary decline of the Catholic Church as a cultural presence across the whole of Irish life in the past half-century. This could not have been anticipated in the cultural landscape of 1970, however promising the seeds of liberal reform may now seem in retrospect.[21]

The influence of the Second Vatican Council (1962–5) is occasionally cited in this story of 'the end of Catholic Ireland'.[22] The Catholic Church in Ireland was not particularly exercised by major theological dispute or speculation during or in the immediate aftermath of the Vatican Council. Its bishops were generally determined to protect the faithful from any unsettling questions. In time, theological and pastoral issues did excite debate, chiefly among concerned Catholics, clerical and lay: the idea of the 'church' as the 'people of God' invited an examination of authority. Changes in ritual and liturgy had an impact on the devotional culture of the general faithful. Moreover, gradually from the mid-1960s, early ecumenical overtures seemed to promise improved trust and better relations between the churches in Ireland. But in considering the huge fall-off in vocations to the religious life, the declining congregations of observing Catholics, the draining away of church influence on civic discourse (including ethics and public morality) in the past half-century, it may be that the Vatican Council was less a key determinant of this transformation than, for example, the divisive impact of *Humanae Vitae* (1968), the corrosive impact of successive scandals and, most crucially, the underlying changes in attitudes and behaviour that accompanied widening educational, employment and travel opportunities for young people and the communications revolution that saw Ireland absorbed into the entertainment and consumption zone of Anglophone popular culture.[23]

Decisive shifts in popular culture – values, attitudes, behaviour, styles – are not readily attributable to particular events, however noteworthy, or to discrete periods. The jaunty alliterative references to the 'swinging sixties' mask a richer, more complex historical experience in Britain.[24] Likewise in Ireland, we should not look for a sudden, abrupt lurch from the demoralised stagnation of the 1950s to the bright innovative uplands of the 1960s. For one thing, the 1950s was not a cultural desert in Ireland.[25] Apart from the impressive list of landmark works produced by individual Irish artists, the fifties was the decade that saw the founding of the Wexford Opera Festival, the Dublin Theatre Festival, the Lyric Players in Belfast, the Cork International Film Festival, the Amateur Drama Festival at Athlone, Comhaltas Ceoltóirí Éireann, Gael Linn and An Damer theatre. Moreover, given its geocultural location, Ireland was already firmly lodged in the wide highway of transatlantic popular culture before de Valera left for the Park. Rock and roll and transistor radios had landed in Ireland in the fifties. Furthermore, the massive 1950s Irish emigration to Britain had strengthened a cultural loop across the archipelago – with shared registers in soccer, popular music and dress fashion.[26]

This is pertinent to assessing the early cultural impact of the Irish national television service, Telefís Éireann, now RTÉ. Launched on New Year's Eve 1961, RTÉ is widely credited with accelerating the drive towards 'openness' in 1960s Ireland. A hybrid, with public and commercial sources of funding, RTÉ, despite intermittently close government attention, gave general obeisance to the Reithian imperatives for a public service broadcaster: to inform, educate and entertain.[27] The service certainly contributed richly to informing and educating the Irish public, about the world and about themselves, including their thoughts, opinions and attitudes on social and personal matters that had not been much ventilated publicly by an earlier generation. A young cohort of talented Irish-speakers formed part of the new staff recruited to the fledgling television service from 1962, and, together with an already established group of journalists and radio broadcasters within the organisation (many of Gaeltacht origin), they would produce quality programmes in Irish while, in many cases, remaining involved in other aspects of the language revival project. However, in terms of its general entertainment remit, the new service largely surfed the Anglo-American wave of popular culture – in film, music, dance, drama and 'light' comedy – with a modest Irish inflection where there was evidence of favourable audience response, notably in sport.

None of this should surprise. Ireland was an integral link in the circulatory flow of Anglo-American cultural production and consumption by the mid-1960s: its celebrity signposts, The Beatles and Jim Reeves, pirate radio, Mary Quant and Carnaby Street, with a local Irish inflection provided by a platoon of showbands 'sending them home sweatin' from dance halls the length and breadth of the country. But the resilience and adaptability of traditional arts and cultural forms should not be underestimated: the GAA responded to the changing landscape and prospered, while Comhaltas went from strength to strength, attracting a new youth following and re-occupying the public performance space of many Irish towns.

In truth, it would be reductionist to characterise the dynamic of cultural change in 1960s Ireland in stark, binary terms: young progressives (for change) faced by old traditionalists (resisting change). There were dissident clerics advocating change (e.g. to the censorship laws, or questioning *Humanae Vitae*) and young people in the ranks of the traditionalists. Reforms didn't always require the storming of the barricades: the enlargement of individual rights was a marked feature of the judicial activism of the Supreme Court in the sixties.[28] The censorship of publications laws (long the bane of writers and liberal critics) were significantly eased in 1967, and yet writers (e.g. Edna O'Brien, John McGahern) continued to suffer from the censorious attitudes to the discussion of sexual themes still prevalent in the wider society. In the changing complexions of Irish social life, an unstable mix of cultural accommodations was at play.

And yet the key feature of the cultural change in the 1960s was the increasing presence and strength of youth in the public forum, where the present and the future of Irish society would be discussed. It may not have been the case of one generation suppressing its predecessor, as MacDonagh suggested; but yet there was a sense that youth assertiveness – questioning, challenging the status quo, demanding, creative, disruptive youth – was the presiding spirit in much of the energy in the cultural scene in the 1960s. Youth impatience with the pace of social change – and, for some, with its direction – was clearly gathering momentum in Ireland in the later 1960s. Only the wilder spirits, perhaps, were brandishing Mao's 'Little Red Book', but a wider wave of youth assertiveness washed over the universities, the new mass media, and even political parties. The challenging voices were emboldened by a new openness facilitated, in particular, by television. With more young people remaining in Ireland (and remaining longer in education), the cultural no less than the demographic balance within the population shifted. Deference or exit were no longer the only options. The afterglow of the brief Kennedy presidency – and of his 1963 Irish visit – continued to warm youthful idealism.

By the later 1960s, a growing cohort of the assertive Irish young responded to the civil rights wave on both sides of the Atlantic, to the marches and street protests and sit-ins, to the revolutionary moment of Paris 1968 and to the prominence of the idealistic young in movements in many countries demanding change and a fairer society.[29] And it wasn't only in campus protests, but on the streets of Northern Ireland and in the long-neglected Gaeltacht communities of the Atlantic seaboard that 'civil rights' would prove a rallying cry for the impatient young, and not for them only. The early gestures towards ecumenism between different religious communities would be only one of the myriad promising seeds of social and cultural change in the Republic that would be sucked into the deepening maelstrom of the Northern Ireland conflict, as it moved from civil rights agitation, met with violent resistance, to a more elemental kind of conflict from late 1968 forward.

If by 1970 the economic climate pointed to a future of free trade, with Ireland firmly lodged within an EEC setting, and social changes working their way through Irish society, the sheer ferocity of the darkening Northern Ireland conflict would demand a painful re-examination of ideas and attitudes on identity, nationality, democracy and legitimate authority. This would profoundly affect diplomatic relations, political and legal systems and virtually all aspects of civic life in the Republic, not to speak of the horrific loss of life and the poisoning of all aspects of communal life visited on Northern Ireland for three decades, before new accommodations brought some respite in the late 1990s.[30]

Before concluding, let us briefly consider how the Irish-language community (within and outside the Gaeltacht, native-speakers and those who had chosen Irish as the medium for much of their everyday lives or as the medium for artistic expression) featured in the overall patterns of change in the years under review. Not surprisingly, there was considerable alignment. The crisis of the 1950s, and the exodus of predominantly young people, decimated communities in the west of Ireland, including Gaeltacht areas. The crisis of morale affected attitudes to the long-proclaimed official commitment to the restoration of Irish as the main vernacular. The disillusion with the rhetoric and results of protectionism was pervasive. Undeniable evidence of acute social dislocation in surviving Gaeltacht enclaves made any official talk of the revival of Irish being powered by continuing Gaeltacht vitality sound perverse.

In 1956 the government created a separate Department for the Gaeltacht, defined its boundaries (inaccurately), and followed this with a new agency, Gaeltarra Éireann, dedicated to establishing small-scale industries and creating employment in the Gaeltacht. In 1958, with de Valera heading out of active politics, the Fianna Fáil government established a commission to examine and recommend on how best to accelerate progress in the restoration of Irish as a daily vernacular. Its membership included many dedicated revivalists and its final report was published in January 1964. It reaffirmed the case (in ideological/identity terms) for the restoration, declaring that there could be no survival without revival, and made a raft of wide-ranging and worthy recommendations for extending the use of Irish in administration, the media, the churches and social life, and for improved services and support for the Gaeltacht communities.[31]

But in the years in which the commission was sitting, the world and Ireland had not stood still. De Valera had been succeeded by Lemass, and the declared national objectives now stressed economic progress as the new patriotism. Of the two traditional 'national aims', Lemass adopted a new strategy for progress on ending partition (opening a dialogue with Stormont); but he was never taken with the Irish-language revival project. Some individual ministers were supportive of the language, as indeed were many individual public servants. But the state apparatus in general now had other priorities. The tide had gone out on state-led 'restoration'. The main opposition party, Fine Gael, in tune with a new lobby group – the Language Freedom Movement (LFM) – adopted a policy that sought to end 'compulsory Irish' for passing the Leaving Certificate and for public service employment; effectively advocating for the relegation of Irish to optional status in the education system and in public life.[32] In the spate of initiatives in education in the sixties, Irish-language supporters noted an inexorable retreat from revivalist objectives, the decision to close the preparatory colleges in the Gaeltachtaí in 1961 being a portent of what was to come. And, for all the new optimism on economic progress and the efforts of Gaeltarra Éireann, the continuing decline of the Gaeltacht underlined overall state neglect.[33]

It was hardly surprising, therefore, that the government response to the recommendations of the commission (published as a white paper in early 1965) received a critical reception. The infirmity of its commitment to urgent practical steps was a disappointment to the general body of supporters of the language and was strongly denounced by the more radical activists. Among the latter was a group of largely young, initially Dublin-based, activists (called *Misneach*), inspired intellectually and mentored in political intervention by the writer and university lecturer Máirtín Ó Cadhain.[34] Public protest, pamphlets and public statements, direct confrontation of government ministers, sit-ins and, in time, a hunger strike were among the tactics employed in a rolling campaign, in which the failure of the state to address the comprehensive neglect of the contracting Gaeltacht and the retreat from any effective effort at wider language restoration was denounced as symptomatic of a wider betrayal of the vision of the revolutionary leaders of 1916. The fiftieth anniversary of the rising in 1966 provided the occasion for highlighting this critique of the failures of the current leaders of the Irish state to live up to the ideals of 1916.[35]

Across the various strands of the Irish-language movement, particular ire was reserved for the Department of Education, for what was considered its indifference, at best, to the emerging evidence of decline, not only in the number of Irish-medium schools but of standards of proficiency in Irish being achieved across the school system. There was no shortage of expert advice, draft programmes or reports on how the situation could be improved, in accordance with international best practice in language teaching. Neither was there any disagreement that reforms should be centred on placing greater emphasis on the spoken language. Yet, throughout the 1960s promising initiatives in all these areas repeatedly foundered on the rocks of what Séamas Ó Buachalla described as 'inertia and policy confusion' in the department.[36]

The Ó Cadhain kindergarten included activists with wider revolutionary objectives, with ideological positions on the left in the intense debate then taking place within the Irish republican movement. But Ó Cadhain's lifelong involvement in the struggles of the Gaeltacht communities – notably in his own native Connemara – strengthened the links between the *Misneach* support groups and the Gaeltacht-based Cearta Sibhialta na Gaeltachta activists whose campaign for key services and a dedicated authority (údarás) for the Gaeltacht gathered momentum in the later 1960s.[37]

What must be emphasised is the interlocking circuits of anger, idealism and creativity that energised successive waves of Irish-language advocates in the 1960s and early 1970s. Some of those graduates, active from the 1940s (in An Comhchaidreamh[38]) and in the entrepreneurial Gael Linn movement from the early 1950s, may have come to enjoy a kind of 'eminence' by the 1960s, but they were not detached from the new radical wave or from involvement in Gaeltacht projects and protests. Likewise, the rising cohort of Irish-speakers – dedicated to literary and other artistic creativity or to media production – was fully engaged with the contemporary world, while insisting that the struggle for the rights and the future of the vulnerable Gaeltacht communities should be an integral aspect of that engagement. New revivalist initiatives sprouted: these included Scéim na gCeardchumann and Seán Ó Tuama's Fabianesque An Comhar Poiblí, both in Cork,[39] and which will be discussed later in this volume by Clíona Ní Ríordáin. Within the longest-established language revival organisation, Conradh na Gaeilge, there was something of a shift in tone in the mid-1960s, when a new leadership group emerged, anxious that the league should take a more robustly critical approach to government failures in the revival effort.[40] Nor was it all angst and agitation. Seán Ó Riada's genius reached a wide audience, some of whom came to engage further with the Gaelic tradition, including the language. Likewise, Cumann Merriman (founded 1967), with its unbuttoned mix of scholarship and sociability, attracted an eclectic following beyond the dedicated revivalists who formed its officer corps.

By the late 1960s the contours of public debate on a number of key issues in the progress of the Irish national state seemed relatively clear. Ireland's future lay 'in Europe', as a small 'open' trading economy, attractive to foreign direct investment (FDI) and generally agile in surfing favourable international economic trends. The challenge of adaptation to international competition in an increasingly free-trade environment was being vigorously debated. The broader debate on cultural change likewise seemed increasingly to be centred on the elusive notion of choice: whether in terms of personal freedoms, consumer choice, or the eclectic consumption of popular culture. Certain long-dominant cultural institutions – the Catholic Church, the GAA, Fianna Fáil – still seemed formidable, commanding the allegiance of a broad spectrum of the public. But the challenging collectivities – notably among the young – were increasingly vocal and increasingly being listened to. The agenda, as it were, of public debate on the future direction of independent Ireland's search for the 'good life' seemed to have taken a definite shape during the 1960s.

A shadow, however, lay across this agenda of ambition in the Irish Republic; the darkening shadow of conflict in Northern Ireland. The promise of a gradual thawing of Ireland's internal 'cold war' (partition), signalled by the Lemass–O'Neill visits of the mid-1960s and the cross-border initiatives that followed, did not survive the decade. The long-smouldering resentment of nationalists, at injustices denied adequate remedy by a stubborn resistance to change within Ulster unionism, finally ignited into an outbreak of civil strife and violence that would drag on for three decades. Its seismic impact on all aspects of life throughout the island forced many of the debates on future progress and cultural change – that had been ripening in the Republic throughout the 1960s – into new channels, compelling not only political elites and the commentariat but ordinary men and women in the wider society to address questions of identity and political accommodation that, for many, would prove perplexing and challenging.

By the early 1970s this interrogation of cherished beliefs, traditional rhetoric, received historical wisdom and imagined futures was already well under way. It would be protracted and, for many, painful. But it was an interrogation that could not, and did not, take place in an Irish bubble. The world at large would change at an astonishing pace in the decades following Irish accession to the European Economic Community.[41]

Máirtín Ó Cadhain died in autumn 1970, leaving a deep void in Irish prose writing and in the collective morale of the entire Irish-speaking community. His death seemed to mark the end of an era. *Misneach* did not survive him. But by then the 'civil rights' watchword had ignited upheaval in Northern Ireland and generated purposeful mobilisation in the Gaeltacht. For the laureate figures of poetry in Irish – Máirtín Ó Direáin, Seán Ó Ríordáin, Máire Mhac an tSaoi – there would soon be evidence that they would not lack successors. The arrival of the *Innti* cohort marks a key junction between two generations. The apprentice poets of 1970 would have profound respect and a deep affection for the incalculably rich linguistic and imaginative 'táin' of the Gaeltacht: but there would be neither inhibiting reverence nor cultural escapism. Corca Dhuibhne would not constitute for them, as it had for Ó Ríordáin, a consoling sanctuary or retreat from the contemporary urban world which was their daily habitat and for the imaginative exploration of which they had chosen Irish as their medium.[42] In a world in flux, Irish-language writers contemplated their circumstances and their future across a shifting arc of emotions – ambition, assertiveness, anxiety. They looked out on the world, pondered their responses to it, and determined to find their voices as the 1970s opened.

Sex, Drugs and Rock 'n' Roll: An chollaíocht i saothar *Innti*

CAITRÍONA NÍ CHLÉIRCHÍN

Bhain oscailteacht úr maidir le cur in iúl na collaíochta i saothar *Innti*, is é sin le rá i saothar Nuala Ní Dhomhnaill, Michael Davitt, Liam Uí Mhuirthile agus Gabriel Rosenstock, a bhí i gcodarsnacht le coimeádachas ghluaiseacht na Gaeilge ag an am. Bhí meon na hEorpa agus an domhain mhór chomh maith le héirí amach na mac léinn i bParás in 1968 ag dul i bhfeidhm ar na filí óga agus a saoldearcadh agus iad ag freastal ar Choláiste na hOllscoile Corcaigh i ndeireadh na seascaidí. Theastaigh uathu dánta a scríobh a bhí macánta maidir le taithí na colainne agus na collaíochta agus iad ag ceistiú luachanna coimeádacha. Ba é an cultúr a bhí ann in Éirinn ná cultúr a chuir collaíocht na ndaoine – go háirithe collaíocht na mban – faoi smacht agus faoi chois leis na céadta bliain. Bhain tost agus náire leis an cholainn agus an chollaíocht agus an caidreamh collaí taobh amuigh den phósadh. Bhí meon na sochaí ag athrú diaidh ar ndiaidh ach níor chóir dúinn dearmad a dhéanamh ar an dóigh ar caitheadh le mná agus cailíní a d'éirigh torrach taobh amuigh den phósadh. Níor bhain sé sin leis an Eaglais Chaitliceach amháin ach leis an tsochaí phatrarcach chomh maith agus le meon an stáit. Ní raibh an fhrithghinúint dleathach go dtí 1985 mar shampla.

Bhain treascairt le saothar *Innti* ón tús agus cur i gcoinne na n-údarás. Mar a deir Nuala Ní Dhomhnaill in agallamh liomsa i 2008: 'Theastaigh uainne dánta a scríobh a mbíodh baint acu le *sex, drugs and rock n' roll*.' Bhain sé le fuinneamh na hóige agus le meanma na hóige ach níos mó ná sin, bhain sé le hoscailteacht, macántacht agus barantúlacht chomh maith le sárú na luachanna coimeádacha. Seo mar a chuir Liam Ó Muirthile síos ar *Innti*: 'Like many campus initiatives of its time, *Innti* turned the course of poetry in Irish toward the demotic and formal experimentation. It admitted a frank sexuality, and presented a brazen, youthful face to the world.'[1]

Ba mhaith liom amharc go sonrach san aiste seo ar an dóigh a gcuireann an ceathrar filí seo an chollaíocht in iúl agus ar éifeachtaí chur in iúl na méine collaíochta ar an teanga fhileata i saothar na bhfilí seo. Baineann neamhchinsireacht le caint ar an cholainn agus an chollaíocht i bhfilíocht *Innti*. Tá easpa náire i dtaobh feidhmeanna na colainne le brath ar an-chuid dánta le filí *Innti* le tagairtí do lacht na dúile. Is í an argóint atá ag Cixous ná 'Má dhéantar cinsireacht ar an cholainn, déantar cinsireacht ar an anáil agus ar an urlabhra san am céanna.'[2] Is féidir a mhaíomh gur arm a bhí sa náire chun collaíocht na mban is na bhfear i sochaí na hÉireann a chur faoi smacht ar feadh i bhfad, ach is geall le hinbhéartú ar an chliarlathas phatrarcach an bhéim a chuireann filí *Innti* ar an cholainn. Léiríonn oscailteacht a gcur in iúl maidir leis an cholainn agus an chollaíocht agus colainn na mban an ghluaiseacht fhuascailteach ó thost ar chaint ar an cholainn go dtí ceiliúradh ar an cholainn.

Is ar an chollaíocht bhaineann agus ar an mhian chollaí bhaineann a dhíríonn Ní Dhomhnaill dar ndóigh, agus ba mhaith liom comparáid a dhéanamh idir an dóigh a gcuireann sí an chollaíocht bhaineann in iúl agus an dóigh a gcuireann na fearfhilí a gcollaíocht fhireann in iúl. Luann na filí seo ar fad lachtanna na colainne in áiteanna ina saothar agus iad ag plé leis an chollaíocht ar bhealach a léiríonn go bhfuil siad i dtiúin le nádúr lachtach neamh-chomhfhiosach na colainne agus na collaíochta agus leis an taobh baineann iontu féin mar fhilí. Tosóidh mé le hanailís a dhéanamh ar an chodarsnacht idir an amharc baineann agus an amharc fireann agus ina dhiaidh sin díreoidh mé ar thábhacht an lachta mar léiriú ar mhian chollaí na bhfilí.

AN TAMHARC BAINEANN V AN TAMHARC FIREANN: CASADH BUNOSCIONN NÓ DIÚLTÚ DON DÉNÁRTHACHT?

Cuireann Gabriel Rosenstock síos ar an amharc fhireann ina shaothar luath sa chéad chnuasach aige: *Susanne sa Seomra Folctha* (1973). Sa dán 'Deireadh Seachtaine na Martinis Dry', tá Susanne nochta don tsúil fhireann

> Susanne sa seomra folctha
> Ag striopáil –
> Píosa craicinn –

Cnuasach tábhachtach a bhí sa leabhar seo toisc gur thug sé aghaidh ar an chollaíocht agus ar an earótachas ar bhealach oscailte. Mar a deir Cathal Ó Searcaigh ina réamhrá ar *Margadh na Míol in Valparaíso: The flea market in Valparaíso*:

It is a landmark book ... an erotically charged volume; bursting with an irrepressible urge to defy, to challenge settled habits of decorum in style and subject matter. The luscious nude sitting in a steamy pose on the irreverently green, white and gold cover indeed a bold statement of intent ... With a certain licentious mirth this cover was saying that the time has come for Caitlín Ní Uallacháin to find her G-spot and exult in a lush Gaelic libido.[3]

Is é an t-aon fhadhb leis seo ná nach bhfaigheann Susanne í féin cead cainte ná ní thugtar guth don taithí chollaí a bhíonn aici agus í ag aimsiú a G-spota. Ina ionad sin, déantar oibiacht di, agus amharctar uirthi trí shúile an fhirinn. Ina choinne sin, i bhfilíocht Ní Dhomhnaill tugtar guth don bhaineann agus bíonn deis ag an bhaineann amharc ar an fhireann agus cur síos air mar oibiacht earótach.

Feictear an t-amharc fireann ainmhíoch arís sa dán 'Radharc' ag Rosenstock. Amharcann sé ar an bhean trí shúil fhallaláranach anseo i mo thuairim.

> Lomnocht a bhís
> ag cuardach do lionsaí tadhaill
> is chromas síos
> chun cabhrú leat
> is bhís chomh gearr-radharcach sin
> nár thugais faoi ndeara
> nach aon mhionghlioscarnach
> faoi chathaoir nó faoin mbord
> a bhí á lorg agam
> ach radharc éagsúil ort
> is tú ar do cheithre boinn
> mar ainmhí ar strae i gcoill
> is ba dhóbair gur dí-dhaonnaíodh mé
> ach gur tháinig do radharc chugat arís. (NMLF, 49)

Baineann an t-iompú bunoscionn leis an amharc baineann ar an fhear mar oibiacht earótach i dtraidisiún an *écriture féminine*. Tá brí shíceach dhifriúil ag baint leis an tsúil bhaineann agus nach casadh bunoscionn simplí ar an tsúil fhallalárnach atá i gceist. Tá difríocht an-mhór idir an t-amharc baineann agus an t-amharc fireann toisc an t-ionradh a bhaineann leis an tsúil fhallalárnach. Ní súil a dhéanann polladh ná treá atá sa tsúil bhaineann san fhilíocht seo agus tá difríocht shíceach idir an t-amharc baineann agus fireann. Ní casadh bunoscionn simplí atá i gceist leis an bhean ag amharc ar an fhear mar oibiacht earótach mar tá brí shíceach eile leis an tsúil bhaineann.

Baineann Ní Dhomhnaill feidhm as an ghreann leis an léiriú ar an cholainn fhireann mar oibiacht anghrách i ndánta mar 'Fear' agus 'Gan do chuid Éadaigh'. Iompaíonn sí na steiréitíopaí bunoscionn le tuin íorónta na ndánta seo. Tugann Ní Dhomhnaill féin '*Striptease poems*' ar an dá dhán seo.[4] Ní íobartach ná oibiacht an bhean a thuilleadh ach roghnóir, tosaitheoir agus suibiacht neamhspleách a bhfuil mianta aici. Seo mar a osclaíonn 'Gan do chuid Éadaigh'. D'fhéadfaí a áiteamh anseo go bhfuil ceiliúradh á dhéanamh ag an bhean féin ar a cáilíochtaí baineanna a chuireann íomhá na mná arís eile mar fharasbarr a bhfuil a fear faoi smacht aici agus glór dá réir aici, seachas mar sclábhaí nó searbhónta grá an fhir:

Is fearr liom tú
gan do chuid éadaigh ort –
do léine shíoda
is do charbhat,
do scáth fearthainne faoi t'ascaill
is do chulaith
trí phíosa faiseanta
le barr feabhais táilliúrachta. (F, 66)

Luann Ní Dhomhnaill na codanna ar fad de cholainn an fhir a thaitníonn léi:

Do ghuailne leathan fairsing
Is do thaobh
...
do dhrom, do bhásta singil
is i do ghabhal
an rúta
go bhfuil barr pléisiúrtha ann.

Dar léi go bhfuil 'lúfaireacht ainmhí allta' sa chorp seo atá 'gan mhaisle, mháchail, nó míbhua'. Cuireann sí craiceann a leannáin i gcomparáid le síoda, rud a deirtear níos minice faoi chraiceann na mban. Tá iompú bunoscionn ar an amharc fhireann agus oibiachtú á dhéanamh aici anseo:

Do chraiceann atá chomh dorcha
is slim
le síoda go mbeadh tiús veilbhite
ina shníomh
is é ar chumhracht airgid luachra
nó meadhg na habhann
go ndeirtear faoi
go bhfuil suathadh fear is ban ann. (F, 66)

Cé gur fearr léi é gan a chuid éadaigh, molann sí dó iad a chur air ionas
nach ndéanfadh sé 'leath ban Éireann a mhilleadh is a lot' leis an radharc.
Dán thar a bheith greannmhar é ina labhrann an file le 'glór uasal le híseal'
leis an fhear seachas mar atá déanta ag fir ar mhná ar feadh na gcianta.

Dán '*striptease*' eile is ea 'Fear'. Arís eile is sampla maith é den chumhacht
atá ag an bhean sa dán seo toisc go bhfuil an file ag tabhairt orduithe
don fhear. Sna línte: 'Is siúil chugham trasna/An urláir ar dheis/Go bun
na leapan', tá an fear á ísliú go mór aici anseo. Tá macallaí cinnte de na
samhailteacha a úsáidtear in 'Gan do chuid Éadaigh' anseo a léiríonn go
bhfuil cur chuige ar leith á leanúint aici agus an téama seo á ríomh aici ina
cuid filíochta, seachas díreach dánta eisceachtúla ó am go chéile:

Bain díot do chuid éadaigh,
ceann ar cheann
...
is siúil chugham trasna
an urláir ar dheis
go bun na leapan
chun go bhfaighead deis
mo shúile a shíneadh
thar an niamh dorcha id chneas
thar na míorúiltí is áilleachtaí
i do chabhail. (F, 64)

An t-amharc nó an '*gaze*' baineann atá againn anseo agus arís molann sí
áilleacht an fhir, ag déanamh oibiachtaithe air, mar a dhéanfadh ealaíontóir
ar mhainicín:

A Fhir atá chomh fada
as do ghéag

chomh leathan as do ghualainn
is do thaobh,
fainge fionn fireann
ó bhaitheas go bearradh iongan
is do bhall fearga
cumtha dá réir, (F, 64)

Sa mhír seo, chonacthas gur tugadh guth don tsuibiacht labhartha bhaineann agus don mhian chollaí bhaineann i saothar Ní Dhomhnaill ó pheirspictíocht na mban de leis an amharc baineann ar an fhear mar oibiacht earótach, an casadh bunoscionn agus an *jouissance* baineann a léiríonn an séimíoch. Eilimint mhothúchánach atá sa séimíoch a fhreagraíonn do rithimí agus do thiomáintí na colainnsícé agus a shonraítear i gceol na teanga. Sonraíodh an difear idir an t-amharc baineann i saothar Ní Dhomhnaill agus an t-amharc fireann i saothar na bhfear. Sa chéad mhír eile, déanfaidh mé anailís ar an dóigh a léirítear an mhian chollaí bhaineann agus fhireann i saothar *Innti*.

AN MHIAN CHOLLAÍ

Tugann an scoláire Nic Dhiarmada suntas den 'tslí oscailte' ina ndéanann Ní Dhomhnaill 'collaíocht na mban a nochtadh agus a cheiliúradh ina cuid dánta.'[5] Sonraíonn Ríóna Ní Fhrighil an tuairim chéanna faoin oscailteacht seo i leith na colainne i bhfilíocht Ní Dhomhnaill: 'Is comhartha sóirt de chuid fhilíocht Ní Dhomhnaill an oscailteacht i leith na colainne agus cúrsaí collaíochta, go háirithe mianta collaí na mban.'[6] Ainneoin go bhfuil trácht déanta cheana ar an oscailteacht seo i leith na colainne, is beag plé atá déanta ar éifeachtaí na méine agus na hoscailteachta sin ar an teanga atá ag Ní Dhomhnaill, mar atá lachtanna na colainne agus an dóigh ina dtéann siad i bhfeidhm ar an teanga. Is léir gur cuid thábhachtach den mhian chollaí bhaineann fhiseolaíoch is ea an oscailteacht agus na lachtanna. D'fhéadfaí a mhaíomh gur cuid lárnach den mhian chollaí bhaineann shíceach iad chomh maith agus go ndéanann Ní Dhomhnaill iad a athláithriú san fhilíocht aici.

Sampla maith de seo is ea an dán 'Mór: Dúil'. Sa dán seo cuirtear an dúil nó an mhian bhaineann fhiseolaíoch in iúl ar bhealach an-soiléir. Mian shíceach atá sa mhian chollaí bhaineann bunaithe ar an inmheánú, ar an oscailteacht agus an 'súlach'/lachtanna. Cuireann an fear ocras ar an tsuibiacht bhaineann 'lena mhealbhóg' agus is beag nach dtiteann sí i laige ag amharc ar a 'thorthaí úra'. Feictear dom go mbaineann Ní Dhomhnaill feidhm as eilimint an ghrinn agus í ag cur na dúile in iúl anseo: 'oop-la!/ barrathuisle,/Mór ar lár'. D'fhéadfadh muid 'oop-la!' a léamh mar chur in iúl fhórsa treascrach suaiteach na méine is na mothúchán a iompaíonn an domhan réasúnach bunoscionn. Tá an tsuibiacht féin 'ar lár' sa líne dheireanach toisc fórsa na méine nó an *Eros*, mar a fheictear sa dán:

> An fear
> lena mhealbhóg
> ag cur ocrais orm;
> na torthaí úra
> fém shúile
> ag tarrac súlach
> óm cheathrúna
> is an smuasach
> as croí mo chnámha;
> ag lagú
> mo ghlúine
>   go dtitim
>   *oop-la*!
>   barrathuisle,
>   Mór ar lár. (DSF, 22)

Scríobhann Ní Dhomhnaill faoin cholainn bhaineann, agus ón cholainn bhaineann faoi bhean ag déanamh oibiachta den cholainn fhireannach, rud a chítear sa dán 'Oileán'. Léiríonn O'Connor go gciallaíonn labhairt faoin cholainn bhaineann, labhairt faoi oscailteacht an 'mise' scoilte ag eilimintí scanrúla an neamh-chomhfheasa chomh maith: 'Writing about a woman's body, a female taking a male for erotic object, a divided self trying to remain open to the sometimes terrifying personified elements of her unconscious.'[7]

Cuireann Irigaray in *This Sex Which Is Not One* an-bhéim ar na lachtanna agus ar iarracht teacht arís ar mheicnic na lachtanna atá curtha faoi chois agus a luíonn taobh thiar de mheicnic na n-ábhar crua sa chuntas síocanailíseach traidisiúnta ar an mhian.[8] Chíonn muid an bhéim chéanna ar lachtanna na colainne i saothar Ní Dhomhnaill. Mar shampla, labhrann Ní Dhomhnaill ar na lachtanna corpartha sna dánta 'Feis', 'Póg' agus 'Dúil'. Déanann an dán 'Póg' an mhian bhaineann a cheiliúradh go hoscailte 'i bhfriotal an ghnáthchomhrá laethúil chomhaimseartha agus labhraíonn sí i slí oscailte neamhbhalbh',[9] mar a shonraíonn Nic Dhiarmada. Go deimhin, de réir Nic Dhiarmada, 'd'fhéadfadh an dán seo feidhmiú … mar eochair ar mhapa fhilíocht na mban sa ré chomhaimseartha maidir le cúrsaí grá agus collaíochta de'.[10] Tá sé seo fíor i gcomhthéacs pheirspictíocht Kristeva agus teoiriceoirí feimineacha eile toisc go bhfuil (a) bean ag caint, (b) bean ag cuimhneamh ar fhear mar oibiacht earótach, agus (c) bean ag labhairt go macánta faoin mhian agus easpa méine a bhraitheann sí. Sa chontrárthacht idir an phóg mhíshásúil réalaíoch agus an chuimhne ar an phóg eile, léirítear an mhian agus an easpa méine: 'Níor bhraitheas faic.'

> Ach nuair a chuimhním
> ar do phógsa,
> critheann mo chromáin
> is imíonn
> a bhfuil eatarthu
> ina lacht. (DSF, 52)

Thiocfainn le Nic Dhiarmada nuair a deir sí i dtaobh an dáin seo: 'Ní dhéantar iarracht ar aon tarchéimniú ansin, tá freagra agus mothú an fhile fréamhaithe go huile is go hiomlán sa chorp – agus is gné lárnach é seo sa saghas scríbhneoireachta a bhíonn á moladh ag lucht na Fraince.'[11]

Tagraíonn an focal 'lacht' do mhúcas (ronna/smuga) na dúile daonna. Sa dán '*Mór*: Dúil', tagraíonn Ní Dhomhnaill don súlach idir a ceathrúna:

> An fear
> lena mhealbhóg
> ag cur ocrais orm;
> na torthaí úra
> fém' shúile
> ag tarrrac súlach
> óm' cheathrúna (DSF, 22)

Uiscí baineanna na méine ag nóiméad an *jouissance* a athláithrítear go céadfaíoch sa dán seo a léiríonn an radharc baineann agus an tadhall inmhianaithe.

Sonraítear an oscailteacht chéanna i dtaobh na collaíochta i saothar Uí Mhuirthile agus cé go scríobhann sé ó pheirspictíocht fhireann, tá sé i dtiúin le nádúr lachtach na dúile baininne. Tá sé tábhachtach dó go mbainfeadh a leannán pléisiúr as an chaidreamh collaí agus go mbeadh súnás aici.

Tagraíonn Liam Ó Muirthile don lacht baineann ina dhán 'Mil Fhraoigh':
'Sil do mhil fhraoigh' a thugann sé ar chomhartha seo na méine baininne.

> A choirpín meala
> luíodh lus na gealaí choíche eadrainn
> is blaisim an fáinne óir ar ré úr
> nuair a leadhbaim sil do mhil fhraoigh. (FF, 548)

Cuirtear an bhéim anseo ar an phléisiúr agus an dúil bhaineann
agus baineann an file leas as téarmaí tagartha an dúlra. Tá an file fireann
oscailte don taobh baineann ann féin agus don taobh baineann dá neamh-
chomhfhios, rud a chiallaíonn go dtuigeann sé an tsící agus an cholainn
bhaineann. 'Suaimhneas' agus 'seal i nead compáin' atá uaidh seachas creach
ná slad. Tá séimhe le sonrú sa chuireadh a thugtar don bhean 'teas na fola a
roinnt más áil leat'. Cuirtear béim ar chomhthoil agus ar an phléisiúr agus
an cion a roinnt. Is cinnte go bhfuil dúil láidir fireann le brath anseo 'na
beacha a chruinnigh fiáin le tamall im cheann' ach le chéile a dhéanfaidh
an bheirt leannán an dúil fhiáin a ruaigeadh. Léirítear ómós agus grá don
cholainn bhaineann agus do lacht bhaineann na dúile. Cuireann sé síos ar
an lacht bhaineann mar mhil, níl aon déistin ná náire ag baint leis agus tá
sé sásta a leannán a leadhbadh le pléisiúr a thabhairt di. Cuirtear an bhéim
ar na céadfaí seachas ar an amharc fhireann agus tá easpa náire ag baint le
pléisiúr comhroinnte na colainne.

I ndán le Michael Davitt dár teideal 'I gClochar na Trócaire' tagraíonn
sé don 'drúcht' mar lacht colainne agus é ag samhlú caidreamh collaí le bean
rialta.

> mo dhán go hard ag maistreadh drúchta
> i gcoim do shléibhe fraoigh. (D, 68).

Braithim níos lú den ómós don cholainn bhaineann i ndán seo Davitt
ná mar a bhí léirithe i 'Mil Fhraoigh' le Liam Ó Muirthile. San áit a bhfuil
Ó Muirthile ag caint ar theas na fola a roinnt, 'más áil leat' tá Davitt ag
rá: 'Raghainn níos faide anois dá ligfeá dom.' Tá níos mó den ghreann ag
baint le dán Davitt agus é ag caint ar chaidreamh collaí atá bunaithe ar
fhantaisíocht fhireann agus ar na riachtanais chollaí atá aige mar fhear.
Díríonn sé air féin agus ar a phléisiúr féin cuid mhór cé go bhfuil dúil
chomhroinnte eatarthu dar leis. Baineann imeartas focal leis an chaint ar an
'rud doimhin' agus tagraíonn sé don achar ama a mhairfeadh an caidreamh
collaí. Is rud a 'ligfeadh' sí dó a dhéanamh uirthi, dar leis.

Tá ár súile gafa cheana tríd ó bhun
Go barr go tarr, dátheangach.
Nílim ag caint ar aon rud achrannach doimhin
Ach ar rud éigin neamhachrannach doimhin
Nach mairfeadh ach fiche neomat,
Fiche cúig ar a mhéid. (D, 63)

Ba chóir a lua anseo gur minic a chothaíonn lachtanna corpartha déistin ach feictear gur ceiliúradh ar bhaineannacht atá san fhuil mhíosta mar shampla, san am céanna i ndánta áirithe de chuid fhilí *Innti*. Is féidir teoiricí Julia Kristeva i dtaobh na hainniseachta mar a leagann sí síos é in *The Powers of Horror: An essay on abjection*[12] a úsáid chun iniúchadh a dhéanamh ar eilimintí mí-ordúla na colainne san fhilíocht agus chun amharc ar an dóigh ina bhféachtar ar mhná agus ina gcuirtear mná i láthair uaireanta mar neacha ainnise (san ealaín/litríocht) toisc na lachtanna a sceitheann ón cholainn bhaineann go saorshruthlach, m.sh. fuil mhíosta agus briseadh na n-uiscí le linn toirchis. Deir Kristeva linn go seasann an fhuil mhíosta don dainséar a thagann ón taobh istigh den fhéiniúlacht (shóisialta nó chollaí); bagraíonn sí ar an chaidreamh idir fir agus mná taobh istigh den tsochaí agus bagraítear ar fhéiniúlacht gach aon inscne i láthair na difríochta inscne, tríd an inmheánú.[13] Spreagann an fhuil mhíosta uafás cultúrtha cé gurb é an t-ábhar beo a choinníonn an bheatha ag gabháil ar aghaidh. Diúltú atá san uafás roimh an fhuil mhíosta nasc corpartha na suibiachta leis an mháthair agus le húdarás na máthar a aithint.

Sa dán 'Riastaí na Fola' le Liam Ó Muirthile, is 'séala buan ar mo chroíse agus orainne go brách' iad riastaí na fola a fheiceann sé ar na bráillíní i ndiaidh dó grá a dhéanamh lena leannán den chéad uair. Is comhartha í an fhuil anseo gur chaill an bhean óg a maighdeanas agus gur briseadh a himéin tar éis na comhriachtana. Seachas náire ar bith a bheith ag baint leis na riastaí fola is séala grá iad dar leis an fhile fhireann. Cuireann sé béim ar a bheith 'foighneach' agus 'mánla' léi dá céad uair ionas go n-éireodh léi féin pléisiúr agus sásamh a bhaint as an ghníomh chollaí. Léiríonn sé tuiscint ar an cholainn bhaineann sa dóigh seo, go mbíonn am ag teastáil go minic chun na céadfaí a mhúscailt.

Gheallas duit go mbeinn foighneach agus chreideas ionat
bhraitheas an meall teann paisiúin réidh le brúchtaíl
ach a bheith mánla a mhuirnín led choirpín meala taobh liom
is ligean dár gcúrsa imeacht leis go dtiocfaimis ar aon rian. (FF, 550)

Cuireann sé síos ar an ghníomh comhriachtana mar 'feannadh' a bhfuil sult agus fuascailt leis don bheirt araon.

> Níorbh aon bhleaist chaithiseach ar deireadh thiar é
> ach feannadh leathuair a chloig a scaoileadh an tsnaidhm
> fós féin cuimhneodsa le háthas ar do chéadgháire áthasach
> nuair a fuasclaíodh an phairilís mhall i gcúl do chinn. (FF, 550)

B'fhéidir go raibh 'bleaist chaithiseach' uaidh féin ach bhí sé foighneach lena leannán, rud a chiallaigh go raibh seans aici pléisiúr a bhaint as an eachtra agus snaidhm an teannais chollaí a scaoileadh.

Cuireann Gabriel Rosenstock béim ar an ghné shácráilte sa chaidreamh collaí idir fireann agus baineann. Bhí an méid seo le rá aige faoin chollaíocht i saothar *Innti* nuair a chuir mé agallamh air le déanaí:

> Ceann de na míthuiscintí a bhaineann le téama seo na collaíochta, i dtaca leis an bhfilíocht de, ná seo a leanas: má deirtear inniu go raibh dearcadh Piúratánach ag an Eaglais (agus bhí) agus ag an bpobal trí chéile dá réir sin – seachas pobal na Gaeltachta, mar tá fréamhacha an Phiúratánachais sin i Sasana, an tír a raibh baint aici le bunú Mhaigh Nuad – cuimhnigh nach Piúratánach atá an Eaglais chéanna i dtíortha eile, tíortha trópaiceacha abraimis. Is deacair a bheith Piúratánach má tá tú ag imeacht thart faoin ngréin gan mórán balcaisí ort. Ar aon nós, is beag reiligiún nach leagann béim áirithe ar an ngné shácráilte de chúrsaí gnéis. Nuair a scríobhas dán dar teideal LSD, ní ag ceiliúradh *sex, drugs & rac 'n roll* a bhíos-sa ach go háirithe, ach ag iarraidh an ghné shácráilte sin de chúrsaí gnéis a chur i bhfriotal na linne ag an am:
>
>> lig dom do lámh a phógadh
>> i sáipéal bán an uaignis ... (SSF, 21)

Dánta na hóige! Agus mar lón léitheoireachta agamsa ag an am bhí Timothy Leary, Ram Dass, Chogyam Trungpa Rinpoche, Carlos Castenada, Alan Watts agus gúrúnna eile na seascaidí. Táim féin sna seachtóidí anois! An bhfuil aon chuid den eispéireas sin atá ionam fós, agus a gcreidim ann? Cinnte tá – creidim sa ghné shacráilte a bhaineann lenár gcaidreamh gnéis; creidim san uaisleacht aigne agus meoin a fhaightear sna dánta grá (faoi thionchar *amour courtois*), an meon céanna a fheicim sa seánra filíochta atá á chleachtadh agam le cúpla bliain anuas, is é sin an *tanka*; creidim chomh maith sa ghrá a ndéantar ceiliúradh air sa traidisiún Súfaíoch agus sa traidisiún *bhakti*. Má mheas daoine áirithe ag an am gur leathstriapach ab ea Susanne (i.e. *Susanne sa Seomra Folctha*), is ina n-aigne féin a bhí an striapach. Ba bhandia domsa í! (Lúnasa 2020)

AN *JOUISSANCE* – SÚNÁS

Ba mhaith liom díriú sa mhír seo ar na bealaí ina léiríonn filí *Innti* an *jouissance* nó an súnás fireann agus baineann. Cuireann Liam Ó Muirthile agus Gabriel Rosenstock béim ar an ghné shácráilte sa chaidreamh gnéis agus is amhlaidh i gcás Ní Dhomhnaill chomh maith sa dán 'Feis'. Luann Ó Muirthile an 'doirteadh síl' a shileann uaidh i gcolainn a leannáin sa dán 'Ionatsa':

> a mbeidh díom dá bhfuil anois
> in éirí is i ndoirteadh síl,
> sileann uaim i do lár.   (FF, 484)

Sáraítear na teorainneacha idir an bheirt leannán anseo, idir an mise agus an tusa/eile agus is geall le nóiméad misteach spioradálta nó 'paidir' í an chomhriachtain anseo.

> Ionatsa is ea a bhím
> ...
> tríotsa amháin go dtaga sé   (FF, 484)

Tá an bhéim i saothar Uí Mhuirthile ar an aontacht agus an tumadh isteach sa bhaineann agus san *anima*. Cuireann sé síos ar nóiméad an tsúnáis anseo agus is cineál *jouissance* é ach cuirtear an bhéim ar eispéireas an fhirinn.

Sa dán 'Tríod Chorp', léiríonn Ó Muirthile an aontacht shíceach a eascraíonn as an aontacht fhisiciúil chollaí ionas go ndéantar 'farraige' den bheirt san aontú den dá chuid den neamh-chomhfhios; an *animus* agus an *anima*. Claochlaítear an forainm réamhfhoclach 'ionat' go 'ionainn':

> Tríod chorp taistealaím
> gach ball mire díom.

Braonacha ar bharr toinne mé
ag sileadh i ngach scairt ar leith
go huile ionat.
Farraige sinn ...
Atáimid báite ionainn. (FF, 488)

Léirítear sárú teorainneacha idir suibiachtaí sa chaidreamh collaí go
sonrach anseo agus is léir go bhfuil an-tábhacht leis an taobh baineann nó
an *anima* i sícé an fhirinn. Maíonn Jung gurb é an t-uisce agus, go háirithe,
an fharraige atá mar shiombail den neamh-chomhfhios: 'The sea is the
favourite symbol for the unconscious, the mother of all that lives.'[14] An í
an fharraige (an t-uisce agus na lachtanna dá réir) a bheathaíonn neamh-
chomhfhios an ghrá? Amharcann Jung ar an uisce fosta mar scáthán ina
dtéann an duine i ngleic leis an neamhchomhfhios agus ina dtugann an
duine aghaidh air/uirthi féin:

> Water is earthy and tangible, it is also the **fluid of the instinct-driven
> body, blood and the flowing of blood, the odour of the beast,
> carnality heavy with passion** ... Whoever looks into the mirror of the
> water will see first of all his own face. Whoever goes to himself risks a
> confrontation with himself ... the meeting with oneself is, at first, the
> meeting with one's shadow ...[15] (*liomsa an bhéim)

Díríonn Gabriel Rosenstock ar an *jouissance* fireann ina dhán 'Ceacht
Eolaíochta'. Labhrann Rosenstock faoin dóigh ar mhaith leis 'dul as' ina
leannán agus iompú ina lacht .i. aontú leis an bhaineann.

Theastaigh uaim dul as ionat.
Ach táim ann i gcónaí. Soladach. Criostalach. Bán.
Dothuaslagtha. (MMV, 160)

Ar deireadh is léir go mbaineann an-tábhacht leis an síothlú aoibhnis sa
bhaineann dá shícé fireann.

Agus mé ag síothlú ionat [...] ag teacht is
Ag imeacht ionat,
Ann agus as gach re seal
Ag déanamh aitill agus aoibhnis ionat –
Go ndriogfar an fíorbhraon. (MMV, 160)

Sainghné bhaineann thábhachtach atá i bhfilíocht Ní Dhomhnaill ná an *jouissance* baineann nó an súnás baineann. Maíonn Ní Fhrighil go bhfuil roinnt mhaith de dhánta Ní Dhomhnaill: 'Póg', 'Feis', 'Fáilte Bhéal na Sionna don Iasc' agus dánta eile 'dírithe ar nóiméad an tsúnáis',[16] is é sin le rá, dírithe ar an *jouissance*. Leis seo a fhorbairt, is dóigh liom gurbh fhiú idirdhealú a dhéanamh idir an *jouissance* baineann a léirítear ann agus an *jouissance* fireann. Sa chuid seo den phlé, tá fúm na dánta seo a léamh go mion faoi sholas na dtuiscintí a chaitheann Cixous agus Irigaray orthu. Tagann sé seo le tuairim Nic Dhiarmada gur iarracht chomhfhiosach ar théacs baineann nó *écriture féminine* atá san fhilíocht seo.

De réir theagasc na bhfeimineach Francach, déantar oibiachtú ar an bhean tríd an dioscúrsa siombalach (struchtúr na teanga) agus is bealach é an *jouissance* do mhná a bheith ina suibiachtaí agus éirí amach i gcoinne 'dhlí an athar'. Shainmhínigh Julia Kristeva instinní na colainne a mhaireann in ainneoin an bhrú chultúrtha mar dhioscúrsa séimíoch, dioscúrsa atá rithimiúil agus instinniúil.[17] Nascann Cixous collaíocht na mban leis an dóigh ina scríobhann cuid acu *écriture féminine*, scríbhneoireacht bhaineann. I gcás na Fraincise, mar sin, is ionann scríobh na colainne agus réabhlóid sa teanga fhileata. Cé nach ionann cás na Gaeilge agus cás na Fraincise, sa dóigh nach raibh an tionchar céanna ag Ré na hEagnaíochta ar an Ghaeilge ó thaobh shéanadh na colainne chun tús áite a thabhairt don réasún agus don intleacht, fós féin, tá easpa sa traidisiún Gaelach maidir le taithí chorpartha na mban.

Dar le Kristeva, Cixous agus Irigaray, tá teanga na colainne lúcháireach. Baineann aoibhneas leis an mhian ag Cixous fosta agus is geall le *jouissance* teangeolaíoch atá á léiriú aici.[18] Deir sí go dtéann mná agus fir i ngleic leis an ord siombalach .i. an teanga ar bhealaí difriúla. Córas patrarcach í an teanga atá fallalárnach agus bunaithe ar chodarsnachtaí dénártha mar shampla Teanga/Tost agus tugtar luach níos mó don chéad téarma thar an dara téarma. An féidir an cholainn bhaineann a chur in iúl nó a athláithriú sa teanga? Conas an *jouissance* baineann a léiriú? Sa chóras fallalárnach, deir Cixous go mbíonn an chollaíocht i gcónaí sainmhínithe ag láithreacht an bhoid, agus chan rud é a bhaineann leis an cholainn bhaineann nó an pléisiúr collaí baineann ann féin. Nuair a scríobhann nó nuair a labhrann bean an ndéanann sí seo mar fhear? Dar léi nach bhfuil mná chomh seasta agus daingnithe, go bhfuil mná níos solúbtha, níos siltí.[19] Is é an t-uisce an eilimint bhaineannach, *par excellence*, dar le Cixous. Is cuid í den scríbhneoireacht chruthaitheach bhaineann a léiríonn an easpa smachta agus an cur thar maoil a bhaineann leis an mhian. Agus Ní Dhomhnaill ag scríobh faoin mhian, tá an tsuibiacht saor chun gluaiseacht ó shuíomh suibiachta amháin go suíomh eile nó a bhá, a chumascadh go haigéanach leis an domhan.

Tá an *jouissance* baineann fisiciúil, spioradálta agus mothúchánach san am céanna sa chur síos seo ag Ní Dhomhnaill:

> Osclaíonn rós istigh im chroí.
> Labhrann cuach im bhéal.
> Léimeann gearrcach ó mo nead.
> Tá tóithín ag macnas i ndoimhneas mo mhachnaimh. (F, 100)

Feictear dom go bhfaightear léargas ar thaithí na mná sa dán thuas; cur síos ar an ghrá agus an phian dho-ráite. Cuid lárnach den ghrá is ea an phian a thagann leis: meascán de phian is de phléisiúr is ea an taobh fisiciúil go minic. Anseo, áfach, déantar ceiliúradh ar aoibhneas na colainne baininne ach tugtar an leochaileacht le fios fosta. Tá débhríocht ag baint leis an rós de bharr na ndealg a bhíonn air, agus is minic é mar shiombail den dá thaobh den ghrá, .i. aoibhneas agus pian; an t-aoibhneas a bhaineann leis an chaidreamh collaí uaireanta ach pian na breithe chomh maith. Cuireann an file brait lachtanna na fulaingthe roimh a leannán mar íobairt. D'fhéadfaí a rá gur meatonaime ar an ghrá agus an dúil atá sna lachtanna seo. Faightear fís beagnach mistiúil den cholainn anseo. Tá cur síos ar an fhulaingt fhisiciúil agus mhothúchánach ar cuid lárnach í d'eispéireas corpartha baineann na dúile agus an ghrá sa dán seo ag Ní Dhomhnaill chomh maith. Cluintear ann macallaí ó thréanna an bhéaloidis, chomh maith le fulaingt Chríost:

> Leagaim síos trí bhrat id fhianaise:
> brat deora,
> brat allais,
> brat fola.
>
> Mo scian trím chroí tú.
> mo sceach trím ladhar tú.
> Mo cháithnín faoim fhiacail. (F, 101)

Léirítear an *jouissance* i bhfilíocht Ní Dhomhnaill le farasbarr agus scaoileadh, agus fuascailt fuinnimh sa fhriotal. Má bhíonn an *libido* ó smacht, imíonn an teanga fhileata ó smacht ar uaire chomh maith. Chítear anseo ag Ní Dhomhnaill go gclaochlaíonn paisean an ghrá chollaí an 'mise' agus an fhéiniúlacht go 'scian, sceach agus cáithnín', agus claochlaítear an cholainn le rian na ndeor, an allais agus na fola. Sáraítear teorainneacha an 'mise' sa ghrá collaí sna brait lachtanna a bhriseann amach ar an leathanach. Éirí amach atá san earótachas i gcoinne smaointeoireachta a thugann tús áite don tsuibiacht.[20] Sáraítear teorainneacha idir suibiachtaí ach ní bhíonn cothromaíocht chumhachta ann i gcónaí idir an tsuibiacht agus an oibiacht sa chaidreamh collaí. Is é an léamh a dhéanfainn air seo ná go dtugtar an chumhacht ar fad don leannán agus forlámhas ag an phaisean agus an mhian ar an fhile. Tá an chomhriachtain eacstaiseach anseo, is é sin le rá go dtugann sé an duine lasmuigh di féin. Is dócha go gcuireann an súnás an tsuibiacht ar ceal ar feadh tamaill. Mar sin, feictear go mbristear geasa an phatrarcais anseo le cur síos ar an *jouissance* (uathearótach) baineann.

Chítear i bhfilíocht Ní Dhomhnaill na heilimintí suaiteacha, spraíúla, rithimiúla agus mothúchánacha den teanga, a chuireann an *jouissance* in iúl. Níl aon chosc ar an tsúnás/*jouissance* bhaineann léirithe i bhfilíocht Ní Dhomhnaill leis an 'oop-lá, barrathuisle' sa dán '*Mór*: Dúil'. I bhfilíocht Davitt, Uí Mhuirthile agus Rostenstock chonacthas cur síos ar nóiméad an tsúnáis fosta ó pheirspictíocht fhireann ach léiríonn an tnúthán chun aontú ar bhealach leis an bhaineann ar bhonn lachtach sa 'doirteadh síl', sa 'mhaistreadh drúchta', sa 'sileadh' agus sa 'síothlú' agus sa 'leadhbadh sil do mhil fraoigh'.

CONCLÚID

Chonacthas san alt seo gur thug filí *Innti* guth don mhian chollaí bhaineann agus fhireann agus rinneadh comparáid idir saothar Ní Dhomhnaill agus saothar na bhfearfhilí. Sonraíodh an difear agus an chosúlacht idir sainghnéithe a bhain leis an léiriú ar an mhian chollaí ina saothar .i. an tAmharc Baineann vs. An tAmharc Fireann, an Súnás nó an *Jouissance* Baineann vs. Fireann. Léiríodh gur minic tagairt don lacht bhaineann i saothar na bhfear freisin agus rian rithimí na colainne baininne ar a gcuid filíochta. Rinneadh anailís ar an eilimint mhothúchánach a fhreagraíonn do rithimí agus do thiomáintí na colainnsíce i saothar na bhfilí ar fad. *Eros* agus *jouissance* baineann a shonraítear ina gcuid filíochta atá scríofa 'sa mhodh collaí' nó i modh Eros[21] toisc gur oibiacht phléisiúir[22] é an téacs féin acu. Altaíonn filí *Innti* pléisiúr na colainne, pléisiúr a chuireann an teanga féin thar maoil lena rithimí. Is é an rud a dhealaíonn saothar Ní Dhomhnaill ó shaothar na bhfearfhilí ná gur suibiacht na méine atá sa ghuth bhaineann a labhrann ina saothar siúd a threascraíonn an traidisiún fallalárnach a dhéanann oibiacht den bhean. Is minic gur sícé dhéghnéasach a labhrann i bhfilíocht Rosenstock, Uí Mhuirthile agus Davitt le meascán den *animus* agus den *anima*, agus cé go bhfuil na fearfhilí gafa leis an amharc fireann agus an súnás fireann i mo thuairim, éiríonn leo go pointe tumadh isteach sa neamh-chomhfhios bhaineann ina gcuid filíochta.

NODA DO SHAOTHAR NA BHFILÍ

D   *Dánta: 1966–1998* le Michael Davitt
    (Baile Átha Cliath: Coiscéim, 2004)

DSF *An Dealg sa bhFéar* le Nuala Ní Dhomhnaill
    (Indreabhán: Cló Iar-Chonnacht, 2011)

F   *Feis* le Nuala Ní Dhomhnaill
    (Maigh Nua: An Sagart, 1991)

FF   *An Fuíoll Feá* le Liam Ó Muirthile
    (Baile Átha Cliath: Cois Life, 2013)

NMLF *Ní Mian Léi an Fhilíocht Níos Mó* le Gabriel Rosenstock
    (Indreabhán: Cló Iar-Chonnacht, 1993)

RD *Rogha Dánta* le Gabriel Rosenstock
    (Indreabhán: Cló Iar-Chonnacht, 2005)

'Máistir Maith Maolshásta': Seán Ó Tuama agus filí *Innti*

LOUIS DE PAOR

Má bhíonn baint ag cinniúint le buíon ealaíontóirí a theacht chun cinn in áit áirithe ag am fé leith, is gnáth gur féidir cúiseanna eile a thabhairt chomh maith go mbeadh amanna agus áiteanna seachas a chéile oiriúnach don ealaín ar feadh tamaill. An réabhlóid pholaitíochta agus chultúir a thug dúshlán an oird bhunaithe i dtíortha móra iarthar an domhain sna seascaidí den gcéad seo caite, d'fhág sí a rian ar chúrsaí in Éirinn leis, thuaidh agus theas, sa Ghaeltacht agus sa Ghalltacht. Sa chóras oideachais, thug an borradh sealadach a tháinig ar chúrsaí geilleagair deiseanna oiliúna do dhaoine thar a mar a bhí acu cheana. Ó thaobh na Gaeilge de, bhí téagar intleachtúil i gcúrsaí craoltóireachta agus iriseoireachta ar an ardán náisiúnta agus cinnireacht láidir á soláthar ag eagraíochtaí éagsúla teangan. Dóibhsean a raibh suim acu sa bhfrithchultúr a bhí ag teacht chun cinn i measc daoine óga go speisialta, dob fhéidir an Ghaeilge a shamhlú le traidisiún a bhí as alt le cultúr aonghnéitheach an chinsil. Agus sa Ghaeltacht, bhí iarsmaí de mhodh maireachtana ná raibh múchta go fóill ag aintiarnas an aonchultúir a bhí á chraobhscaoileadh is á chur i bhfeidhm in Éirinn agus thar lear ag lucht cumhachta agus airgid.[1]

Más cinniúint thíreolaíoch a thug Michael Davitt agus Liam Ó Muirthile ó Chorcaigh, Gabriel Rosenstock ó Luimneach agus Nuala Ní Dhomhnaill ó Thiobraid Árann go dtí Coláiste na hOllscoile Corcaigh, bhí aeráid an choláiste féin oiriúnach don bhfilíocht agus don nGaeilge ag deireadh na 1960idí agus tús na seachtóidí. Bhí cumann Gaeilge na mac léinn, An Chuallacht, fé bhláth, fé stiúir Phádraig Hamilton agus deis foilsithe ag mic léinn in iris an chumainn, *An Síol*.[2] Bhí comhluadar bríomhar filí Béarla á spreagadh ag Seán Lucy i Roinn an Bhéarla agus iris dá gcuid féin acu, *Motus*, á chur in eagar ag Rody Campbell, 'Draoi roimh a am, nó míle bliain ródhéanach';[3] 'Bhíodh sé ag gabháil timpeall sráideanna Chorcaí agus casóg eireaball air agus hata ard agus cána aige go raibh bas airgid air'.[4] Bhí colún Sheáin Uí Ríordáin fé lántseol in *The Irish Times*, agus é le feiscint sa tsráid, '*a shy figure in a raincoat, his head bowed as if against a permanent gust*'[5] nó sa seomra léachta a bhí lán go barra de mhic léinn agus de mhuintir na cathrach is é ag caint. Bhí sé le feiscint go minic ar an aon stáisiún teilifíse amháin a raibh teacht air ag an chuid is mó de mhuintir na hÉireann agus deis ag mic léinn dul ag triall air ina oifig ó ceapadh ina léachtóir páirtaimseartha é sa bhliain 1969. Thug Seán Ó Riada uaisleacht agus gradam thithe ceolchoirme na hEorpa agus dúchas tíriúil na Gaeltachta le chéile ina shaol agus a shaothar sa tslí gur eisiomláir ealaíne agus pearsanta é dóibhsean a bhí ag iarraidh an dúchas agus an iasacht, an chathair is an tuath, an traidisiún is an dul chun cinn a réiteach ina saol agus a saothar féin. An meascán den uaisleacht údarásach agus den aiteas neamhleithscéalach a bhain lena theacht i láthair, bhí sé ag teacht le mothú na linne:

> he did things outrageously sometimes, which appealed: hammering nails into the piano in the Aula Maxima, a serene and mouldy place at the best of times, to achieve a more authentic Irish harp-sound; dressing his Ceoltóirí in evening suits with music-stands and sheet music for a concert in the City Hall ... and the sheets were never turned for the entire concert.[6]

Lasmuigh den ollscoil, bhí cúrsaí drámaíochta láidir fén gcathair, as Gaeilge agus as Béarla, agus grúpaí seanbhunaithe teangan i mbun oibre i gcónaí, mar a fheicfear in aiste Chlíona Ní Ríordáin.

Ní ar an imeall a bhí an Ghaeilge mar sin ach i lár slí sa chlaochlú aigne agus samhlaíochta a bhí ag teacht orthusan a bhí ag plé le cúrsaí teangan agus filíochta i gColáiste na hOllscoile Corcaigh:

> A complex pattern of influence was slowly weaving itself and the Irish language was itself becoming a medium of free expression for a whole lot of people. It was also an expression of freedom ... almost rebellion at times. [...] What seems to have happened, then, is that a group of young city and country people, most of whom had no Irish language background in the home, almost set up a language community in the urban environment.[7]

Luann Liam Ó Muirthile an tábhacht a bhain leis an seomra ranga sa réabhlóid sin a raibh an Ghaeilge ina croílár istigh, '*Seán Ó Tuama taught literature imaginatively, and added to that at the very least was Máirtín Ó Murchú's scientific approach to the Irish language.*'[8] Bhí cúrsa an Tuamaigh ar an ngrá cúirtéiseach ag teacht le mothú frithcheannasach na linne: '*A whole generation of Americans were trying to come to terms with war through love and a philosophy of peace … and in Cork were a generation coming to terms with themselves, helped along by the philosophy of courtly love.*'⁹ Leis sin, adúirt an Muirthileach, 'D'éirigh leis gnéithe de thraidisiún na Gaeilge a chur ag seinm ar chomhbhuille leis an ré.'¹⁰

Sa léirmheas a scríobh sé ar *Rogha Dánta: Death in the land of youth* (1997), d'aithin Michael Davitt leis an chomaoin a chuir an Tuamach ar na filí óga a tháinig féna anáil '*As father figure to my own generation of young poets who chose to write in Irish, he always demonstrated what is perhaps the purest form of artistic love: gentle, honest, tough […] The main focus of his life has been to give rather than receive critical attention.*'¹¹ Ag seoladh an leabhair chéanna sin i gCorcaigh, mhol Séamus Heaney an meascán den gcneastacht agus den ionracas a d'aithin scríbhneoirí agus léitheoirí ó thús deireadh a ré sa Tuamach, '*a presence among us whose geniality and vigilance make him partly a guardian angel of the spirit and partly a court of emotional and intellectual appeal*'.¹² Chuir Heaney leis an moladh sin ar ball, '*Seán was somebody whom I could talk to honestly and merrily and get honest and merry truths from in return. Sharp as a tack and full of knowledge.*'¹³ Tá an dá ghné den 'máistir maith maolshásta'¹⁴ soiléir sa mhéid sin, an díograis phearsanta is an ghéire intinne: b'fhiú an focal molta uaidh mar ná raibh aon dul uaidh aige féin, ba dhóigh leat, ach an fhírinne mar a thuig sé féin í a insint. Bhí an fhilíocht róthábhachtach le go mbeadh aon chur i gcéill ar bun ó thaobh an fhile ná ó thaobh an léitheora, aon dallamullóg, aon phlámás. '[D]á ndéarfadh sé "tá rud éigin ansin agat" faoi líne éigin filíochta a thaispeánfá dó, bhí leat,' adúirt Gabriel.¹⁵

Dob fhéidir a áiteamh gurb é Seán Ó Tuama, thar aon duine eile lena linn, a mhúin do léitheoirí Gaeilge conas dul i ngleic leis an litríocht dúchais agus leis an scríbhneoireacht nua-aimseartha ar shlí chruthaitheach chriticiúil. Chomh maith leis na filí sceimhlithe go mba riachtanas beatha dóibh a gcumas ealaíne chun teacht slán ón duibheagán laistigh is lasmuigh dóibh féin – Haicéad, Ó Rathaille, Ó Ríordáin – tá sé le tabhairt faoi deara go bhfuil guthanna na mban chun tosaigh ó thosach deireadh a chuid oibre, ó Eibhlín Dhubh Ní Chonaill go dtí Nuala Ní Dhomhnaill, ó 'Cúirt an Mheón-Oíche' is an *chanson de la jeune fille*, an chuid ba ealaíonta desna hamhráin ghrá sa traidisiún Gaelach, dar leis,¹⁶ go dtí saothar Bhiddy Jenkinson agus Áine Ní Ghlinn, a raibh '*a rare poetic integrity*' ag baint lena gcuid saothair, '*a completely individual sensibility*'.¹⁷ Sa mhéid gur shaothraigh sé múnla léitheoireachta a spreag léitheoirí chun an riastradh a bhraith sé féin ag teacht ar Christy Ring ar pháirc na himeartha nó ar Chaitlín Maude is í ag amhrán a chuardach sa bhfilíocht, thug an Tuamach tús áite do thréithe eile seachas iadsan atá in uachtar ina chuid filíochta féin mar a bhfuil daonnacht chiúin cháiréiseach i ngleic le huafás coitianta an bháis laethúil. 'An mar dhrámadóir mar sin a d'éirigh leat tú féin a iompó amach, do phutóga a chur amach?' a d'fhiafraigh Davitt de sa bhliain 1984. 'Is dócha gur fíor é sin,' adúirt an Tuamach, 'sa mhéid gur éirigh liom leanúint leis an drámaíocht ar shlí níos leanúnaí ná mar a d'éirigh liom a dhéanamh leis an bhfilíocht, mar shampla.'[18] Fén am gur tháinig Michael Davitt, Liam Ó Muirthile, Gabriel Rosenstock, Nuala Ní Dhomhnaill is a gcomhghleacaithe go dtí Coláiste na hOllscoile Corcaigh, bhí ainm Sheáin Uí Thuama in airde mar dhrámadóir cumasach a bhí ag plé le ceisteanna conspóideacha i gcúrsaí creidimh agus polaitíochta, i gcúrsaí sóisialta agus morálta, agus dúshlán na gcoinbhinsiún coitianta a bhí fós in uachtar in Éirinn sna caogaidí agus sna seascaidí den gcéad seo caite á thabhairt aige. '*Any thing that ruffled feathers was grist to Seán's mill,*' adúirt Dan Donovan, aisteoir agus fear amharclainne a d'fhág rian doimhin ar shaol cultúrtha chathair Chorcaí, agus a chaith breis agus 20 bliain ag obair leis an Tuamach ó bhunaíodar Compántas Chorcaí i dtosach na 1950idí nó gur éirigh an bheirt acu as sa bhliain 1973.[19] Tá a riansan ar na hocht gcinn de dhrámaí de chuid an Tuamaigh a léirigh Compántas Chorcaí idir 1956 agus 1970: *Moloney* (1956); *Gunna Cam agus Slabhra Óir* (1957); *Ar Aghaidh Linn, a Longadáin* (1959); *Ceist ar Phádraig* (1960); *Is é Seo m'Oileán* (1961); *Corp Eoghain Uí Shúilleabháin* (1963); *Judas Iscariot agus a Bhean* (1967); agus *Déan Trócaire ar Shagairt Óga* (1970).

Chomh maith leis an mianach treascartach atá iontu, tá aclaíocht an Tuamaigh i gcúrsaí teangan, foirme, agus stáitse soiléir sna drámaí sin. Drámaí stairiúla i bhfoirm véarsaíochta is ea an chéad dá cheann acu, a dhíríonn ar an teannas idir dílseachtaí contrártha sa duine aonair. Tá aithris ar '*the methods of interrogation and techniques of intimidation that the Nazis had used*' blianta beaga roimhe sin in *Moloney*, agus '*the twin strands of violence and negotiation that are still relevant in the Irish tradition*' chun tosaigh in *Gunna Cam agus Slabhra Óir*, '*a play of Shakespearean range where the powerful central dilemma is worked through to the very end [...] with devices like the Fool and the long meditative reflections of an tAthair Eoghan, which lend powerful philosophical comment to the central dilemma of the play*'.[20] Tá an choimhlint idir an intleacht is an tsamhlaíocht, idir eolaíocht agus ealaín, agus an áiféis a bhain leis an *théatre de l'absurd* a tháinig chun cinn tréis an Dara Cogadh Domhanda le brath in *Ar*

Aghaidh Linn, a Longadáin. Tá an suathadh a bhí ag borradh san eaglais Chaitliceach roimh an Dara Comhairle Vatacánach (1963–5) sa treis in *Ceist ar Phádraig*, '*a revue-type play with music and song* [...] *a lively romp*' a chuir an eaglais thraidisiúnta agus faisin nua i gcúrsaí creidimh i ngleic, '*a rather bothered St Patrick*' ar thaobh amháin agus Martin de Porres ar an dtaobh eile, 'the black saint from the West Indies, the pop saint as it were, the handsome, fashionable black man'.[21] Ar an dtaobh eile den scéal, bhí réalachas criticiúil Henrik Ibsen chun tosaigh in *Is é seo m'Oileán*: '*It attacked the smugness of the middle classes. The serving girl who has had a baby out of wedlock comes into conflict with various attitudes in a rather stolid middle-class family*.'[22] Sa dráma sin leis, nochtar frustráid na mban oilte meánaicmeach atá teanntaithe i gcúrsaí oibre agus i gcúrsaí caidrimh ag na rólanna seanabhunaithe atá leagtha síos dóibh. Tá an drochamhras agus an imní a shamhlaigh fealsúna nua-aimseartha na hEorpa le pearsantacht neamhshocair an duine aonair chun cinn in *Judas Iscariot agus a Bhean*, 'which linked the mental breakdown in the actor playing Judas with the character of Judas in the play'.[23] Bhí páirteanna ag Michael Davitt agus ag Nuala Ní Dhomhnaill sa dráma deireanach de chuid an Tuamaigh, *Déan Trócaire ar Shagairt Óga*, ina gcaitheann sagart óg aghaidh a thabhairt ar an mianach homaighnéasach ann féin tréis d'fhear a admháil dó sa bhosca faoistine gur dhein sé mí-úsáid ar leanbh.

Is léir gur fhág an tréimhse a chaith an Tuamach á thumadh féin i gcúrsaí amharclainne i bPáras sa bhliain 1955-6 rian doimhin ar a chuid oibre mar dhrámadóir go háirithe i gcúrsaí léirithe.[24] Chomh maith leis an aclaíocht stíle is foirme atá iontu, tá cúrsaí ceoil agus deartha fite fuaite le healaín na hamharclainne ina chuid drámaí agus tuiscint fé leith ar conas dul i bhfeidhm ar an lucht féachana. Is é Seán Ó Riada a chuir ceol le *Gunna Cam agus Slabhra Óir* nuair a léiríodh den gcéad uair é in Amharclann na Mainistreach i mí Dheireadh Fómhair 1956 agus le *Scéal ar Phádraig* nuair a léiríodh é in Amharclann an Damer le linn Fhéile Drámaíochta Bhaile Átha Cliath i Meán Fómhair na bliana 1961.[25] Úsáidtear '*Island in the Sun*', amhrán le Harry Belafonte, in *Is é seo m'Oileán* chun caitheamh an ama a léiriú: 'Níor mhiste,' adeir an Tuamach sna treoracha stáitse, 'cóiriúcháin dhifriúla den fhonn a úsáid de réir mar a bheadh oiriúnach do mheanma na míreanna faoi leith.'[26] In *Corp Eoghain Uí Shúilleabháin*, theastaigh uaidh go mbeadh dearadh na seite ag teacht le healaín Salvador Dalí agus gluaiseacht cheoil faoi struchtúr an dráma: '(a) *Allegro* neamhchúiseach (b) *Scherzo* buile (c) *Andanté* uaigneach'.[27] '*We used the music of* Der Mond/ The moon by Carl Orff, the Carmina Burana man,' adeir Dan Donovan faoi léiriú an dráma sin;[28] luaigh an Tuamach féin cóiriú clasaiceach ar fhonn traidisiúnta sna treoracha stáitse: '"Im Aonar Seal" á sheinm ar an gcorn francach tríd an dráma, agus ag tús gach míre'.[29] Ó thaobh cúrsaí deartha de, bhí baint mhór ag Pat Mac Sweeney, an t-ailtire a dhear Halla Chontae Chorcaí, '*a man of quick understanding and great imagination*', leis an obair a bhí ar siúl ag Dan Donovan, Seán Ó Tuama agus Compántas Chorcaí: '*He and Seán – and we all – sparked off one another. There was a kind of imaginative frisson between the three of us – through the writing, the acting and the setting*'.[30] Leis sin, dob fhéidir a rá go raibh Seán Ó Tuama chun tosaigh ar an gcuid is mó de dhrámadóirí a linne in Éirinn sa mheascán den gceistiú dána ar luachanna coitianta an phobail agus den saothrú nuálach a dhein sé ar ghnéithe físiúla, fuaime, agus fealsúnta d'ealaín an stáitse fé thionchar amharclann na Fraince go speisialta agus an staidéir a bhí déanta aige féin ar thraidisiún drámaíochta an Bhéarla ó Shakespeare go dtí TS Eliot.[31] Tá cur síos ag Máirtín Ó Murchú ar an lorg a d'fhág drámaí an Tuamaigh air féin agus a chompánaigh a bhí ag freastal ar choláiste ollscoile Chorcaí ag deireadh na 1950idí:

> drámaí Gaeilge ar chaighdeán chomh hard is a chonac riamh á gcur ar siúl. Ó na blianta sin, is cuimhin liom go háirithe *Gunna Cam agus Slabhra Óir* agus *Ar Aghaidh Linn, a Longadáin*. Ba chuid luachmhar dár n-oideachas é go léir, agus cuid nár bheag de shaothar teagaisc agus de shaothar cruthaitheach Sheáin Uí Thuama. Tá daoine ann adéarfadh gurb é an réimse ab éachtmhaire dá ghníomhartha uile é.[32]

Dóibhsean a bhí ag iarraidh dul i bhfeidhm ar phobal níos leithne ná an lucht léite, éisteachta agus féachana a bhíonn ag an bhfilíocht agus ag an Ghaeilge de ghnáth, ba mhaith an eiseamláir iad drámaí an Tuamaigh i gcathair Bhéarla a raibh cultúr na Gaeilge níos láidre inti sna 1950idí agus na 1960idí ná mar a bheifí ag súil, b'fhéidir.

Ní foláir nó tá cúiseanna éagsúla ann gur éirigh an Tuamach as cúrsaí drámaíochta sna 1970idí ach is deacair gan an phráinn i gcúrsaí teangan a d'eascair as cúinsí polaitíochta na hÉireann sa tréimhse sin a chur san áireamh. An meascán ait den gceann fé, den leisce, den mí-éifeacht, agus den doicheall i leith na teangan a threisigh sna blianta tosaigh den gcogadh sa Tuaisceart, a tharraing fíoch Sheáin Uí Ríordáin ar pholaiteoirí na tíre in *The Irish Times*, a thug ar Mhichael Hartnett cúl a thabhairt le Béarla ar feadh tamaill, thiomáin sé Seán Ó Tuama níos faide fós i dtreo na hagóidíochta ar son na Gaeilge agus na Gaeltachta. Bhí baint aige le grúpaí a bhí ag stocaireacht ar son na teangan ó thosach na seascaidí ar aghaidh ach chaith sé níos mó fós dá dhúthracht le cúrsaí oideachais, cultúir agus teangan sna seachtóidí agus na hochtóidí.[33] Ba léir dó fén dtráth san gur 'pleanáil mhion, fhoighneach, thuisceanach, pholaitiúil laistigh den gcóras daonlathach' a bhí ag teastáil feasta.[34] Sa chaint a thug sé ag Scoil Mherriman sa Ghaillimh i mí Eanáir 1983, labhair sé ar an mbaol a bhí ann ná mairfeadh an Ghaeltacht féin gan toil an phobail laistigh agus lasmuigh di a bheith ar son na Gaeilge. Mura mbeadh 'gradam agus beatha i ndán di ar fud na tíre ar fad', ar sé, níorbh fhéidir a bheith ag súil go gcloífeadh muintir na Gaeltachta 'le teanga púcaí'. Ábhar dóchais ab ea é, dar leis, gur éirigh le Conradh na Gaeilge aimsir na réabhlóide an meath a bhí ag teacht an uair sin féin ar an teanga sa Ghaeltacht a mhoilliú is a chur siar:

> Thug an Piarsach cuairt ar Bhaile Mhic Íre sa bhliain 1913 (i dtigh mo sheanmháthar a chuir sé faoi), agus is é an tuairisc a thug sé ar an g*Claidheamh Soluis* ina dhiaidh sin go raibh tuismitheoirí an cheantair *ag casadh arís* ar Ghaeilge a labhairt lena gcuid leanaí ó bhraith siad an borradh nua sa tír ... . Inniu féin – nócha bliain tar éis bhunú Chonradh na Gaeilge – tá Gaeilge éigin sa dúiche sin.[35]

Ó thosnaigh an Stát ag cúlú ón nGaeilge le foilsiú *An Pháipéir Bháin* sa bhliain 1966, is go mórmhór ó lagaigh an comhrialtas a tháinig i gcumhacht sa bhliain 1973 seasamh na Gaeilge sa chóras oideachais agus sa tseirbhís phoiblí, bhí dualgas fé leith ar a leithéid féin agus a lucht éisteachta, adúirt sé: '*Fat cats* na Gaeilge, na seanchait ramhra a tháinig chun cinn sa saol – go minic de bharr polasaí athbheochana an Stáit (is féidir linn díol as "fuiscí is beoir is *massage* ar bord" sa *Great Southern*) – agus go bhfuil an faobhar is an t-ampla chun réabhlóide imithe dínn.'[36] Má bhí dóchas éigin aige go raibh athrú meoin ag teacht chun cinn i measc an phobail sna 1990idí, bhí neamhshuim agus tost fhormhór mór na gcinnirí polaitíochta in Éirinn i leith na Gaeltachta '*utterly chilling*', dar leis:

> Were it a matter of the extinction of a species of tree or animal, alarm signals would be flashing, resources marshalled, action taken. But the imminent death of the last communities of Irish speakers – and with them a large segment of a 2,000 year old cultural experience – does not seem to engage the hearts and minds of those who now plan for our future in a federal Europe. Our political leaders are, above all, evasive.[37]

Chomh maith leis an obair chéadach a dhein sé i gcúrsaí drámaíochta, filíochta agus léinn mar sin, ní foláir an díograis a chaith sé ag agóidíocht ar

son na teangan agus lucht a labhartha a áireamh go hard i measc oidhreacht
an Tuamaigh.[38] Má bhí an obair mhionchúiseach fhadtéarmach a bhí ar
bun aige le Bord na Gaeilge (1982–5), An Chomhairle Ealaíon (1973–81)
agus an Roinn Oideachais (1979) as alt le mianach an scríbhneora agus an
mhúinteora ann féin, ba chuid riachtanach í den réabhlóid ar chaith sé a
shaol ar fad ag iarraidh í a thabhairt i gcrích: '*[T]he many thousands of us
who do speak [Irish] find it good, find it absolutely necessary for living a fully
integrated life in Ireland. There would be a great difficulty in persuading us
to let the language die, as a community language.*'[39] Ní hionann sin is a rá
gur éirigh sé as gnéithe eile dá chuid oibre sa tréimhse sin. Idir 1973 agus
1990, d'fhoilsigh sé *Saol Fó Thoinn* (1978) agus *An Bás i dTír na nÓg* (1988)
mar a bhfuil an chuid is fearr dá chuid dánta; anailís mhionchúiseach ar
Ó Rathaille is Ó Ríordáin in *Filí Faoi Sceimhle* (1979) agus ar na dánta
grá in *An Grá i bhFilíocht na nUaisle* (1988); aistí cumasacha ar Nuala Ní
Dhomhnaill, Alan Titley agus Michael Davitt atá i measc na n-iarrachtaí is
túisce a deineadh chun léamh criticiúil a thabhairt ar a saothar siúd.[40] Agus
ar ndóigh, chuir sé *An Duanaire: Poems of the Dispossessed 1600–1900* (1981)
le chéile, an leabhar is mó riamh, b'fhéidir, a tharraing aird ar fhilíocht na
Gaeilge. Sna blianta go rabhas-sa im mhac léinn fochéime i gColáiste na
hOllscoile Corcaigh (1978–81) thug an Tuamach grúpa againn siar go dtí
Gaeltacht Chorca Dhuibhne gach Nollaig chun freastal ar cheardlann
scríbhneoireachta féna stiúir féin. Ina measc san a bhí páirteach sna
ceardlanna sin, bhí Colm Breathnach, Aidan Doyle, Pádraig Ó Macháin,
Michelle O Riordan, Mícheál Ó Laoghaire agus daoine eile, idir fhir is
mná, nár lean den scríbhneoireacht ina dhiaidh sin.

Is é Michael Hartnett a bhí mar aoi-fhile againn an chéad bhliain, agus
dánta as *Adharca Broic* (1978) á gcur trí chéile againn taobh lenár saothar
féin. Tháinig Michael Davitt chugainn an dara bliain, cúpla mí tréis dó
fógra a chur in *The Cork Examiner* ag lorg dánta le haghaidh *Innti* a bhí
le teacht amach arís tréis seacht mbliana fé thost. Phléamar cuid mhaith
desna dánta a cuireadh i gcló ina dhiaidh sin in *Gleann ar Ghleann* (1981)
agus dánta de chuid an Tuamaigh féin, is bhíothas chomh hoscailte agus
chomh dian sa phlé ar na dánta sin is a bhíothas le obair na bprintíseach. Is
í Nuala Ní Dhomhnaill a bhí inár dteannta Nollaig 1981 sa tslí go rabhamar
i measc na léitheoirí is túisce, b'fhéidir, a mhothaigh an líonrith a chuir sí ar
léitheoirí ar fud an domhain ar feadh blianta fada ina dhiaidh sin. Nuair a
iarradh ar Sheán Ó Tuama a bheith ina stiúrthóir ar cheardlann náisiúnta
do scríbhneoirí Gaeilge a reachtáil i gColáiste Ollscoile na Gaillimhe sa
bhliain 1982, bhí Colm Breathnach, Aidan Doyle agus mé féin i measc na

scríbhneoirí a bhí páirteach in éineacht le Nuala Ní Dhomhnaill, Cathal Ó
Searcaigh, Liam Mac Cóil, Mícheál Ó Conghaile, Iarla Mac Aodha Bhuí, Seán
Ó Curraoin agus Peadar Ó Flatharta. Is é an Flathartach is mó a fuair moladh
ón Tuamach ar fhianaise a raibh léite agus pléite againn dá chuid scéalta sa
cheardlann is ní raibh éinne ag easaontú leis sa mhéid sin. Anuas ar an obair
throm a bhí ar bun aige mar sin ar son na teangan in oifigí is in institiúidí stáit,
bhí filíocht ar ardchaighdeán agus scoláireacht den gcéad scoth á sholáthar ag
Seán Ó Tuama agus glúin eile scríbhneoirí á griogadh aige sna seachtóidí agus
sna hochtóidí laistigh agus lasmuigh den seomra ranga.

Sa bhfreagra a thug sé ar léacht Mháirtín Uí Dhireáin do Chumann na
Scríbhneoirí in 1961, d'áitigh an Tuamach gur 'aidhm mhór shimplí amháin'
a bhí ag an nua-fhilíocht, ainneoinn na ndifríochtaí meanman a bhain léi i
dtíortha is i dteangacha éagsúla: 'a chuid mothúchán bunaidh a athnuachaint
ó bhonn sa duine daonna ar eagla go gcaillfeadh sé a ghradam'.[41] Ag labhairt
dó le Michael Davitt agus liom féin sa bhliain 1984, thug sé míniú simplí
ar an sprioc a bhí aige mar mhúinteoir litríochta: 'Iarracht a dhéanamh ar
ealaíontóirí speisialta a dhein claochlú ar thuiscint daoine a phiocadh amach
agus a thabhairt faoi ndeara conas a dheineadar an claochlú san.'[42] Is mar
gheall ar an acmhainn claochlaithe is féidir leis an saothar ealaíne a giniúint
sa duine atá ag freagairt dó ba chóir aird fé leith a thabhairt ar an gcuid is
fearr den ealaín, dar leis, agus an chuid is fearr de litríocht na Gaeilge, idir
shean agus nua, san áireamh. Is é a bhí uaidh mar sin ina chuid léachtaí
agus a chuid léirmheastóireachta ná fairsingiú ar mhothú is ar thuiscint an
léitheora: 'Mar bharr oideachasúil ar an taitneamh' a bhí le baint as na dánta
grá, mar shampla, 'bheinn ag súil go gcuirfí abhaile ar léitheoirí go bhfuil
tuiscintí íogaire iomadúla ann ar ghrá fear is ban – ar an ngrá a bhí, atá,
nó a d'fhéadfadh a bheith – de bhreis ar a dtuiscint féin'.[43] Chuir sé leis sin
san achoimre Béarla a thug sé ar a chuid oibre agus an aidhm a bhí léi in
Repossessions: Selected essays on the Irish literary heritage:

> In coming to an appreciation, not alone of the aesthetic achievements
> of major and minor traditional Gaelic poets, but also of the
> community values and cultural data present in the vast professional
> Gaelic literary output down through the ages, students of literature, as
> well as readers of poetry in general, could well find their awareness of
> life and of themselves deepened immeasurably.[44]

Sa mhéid sin ar fad, ba léir dó an chomaoin a chuir léachtaí Dhónaill Uí
Chorcora ar litríocht an Bhéarla air féin is é ina mhac léinn i gColáiste na
hOllscoile Corcaigh aimsir an Dara Cogadh Domhanda:

Is cuimhin liom fós, áfach, mar a bhraitheas go raibh sliogán m'aigne á bhogadh agus á oscailt aige lena chuid ceisteanna, lá i ndiaidh lae, agus gurb amhlaidh a bhíos ag cur eolais ar thuairimí agus ar thuiscintí – ar Shakespeare nó ar Wordsworth – a bhí teanntaithe istigh ionam féin roimhe sin.[45]

D'aithneodh mic léinn an Tuamaigh an gaol gairid idir cur chuige an dá mháistir sa chur síos a thug sé féin ar mhodh oibre an Chorcoraigh: 'Dhéanadh sé mar a bheadh méiríinteacht go ceanúil ar théacs gach dáin, phiocadh amach na príomhfhocail is na príomhshamhailteacha ar a raibh an bunmhothú nó an bunléargas bunaithe, thaispeánadh duit conas a d'oibrídís le chéile mar aonad slán ealaíonta.'[46]

Is fiú an méid sin a chur suas anuas leis an gcur síos atá ag Robert Welch ar chur chuige an Tuamaigh féin mar mhúinteoir litríochta:

> As a teacher in the classroom he would worry at a problem like this tirelessly, patiently, so that his seminars on poetry became intellectual anatomies of the relation, the necessary relation, between emotion (personal emotion) and form (traditional form). Any serious work of artistic creation, he would tell his students, resolves this apparent contradiction in new and surprising ways, but these will always be characterized by a human charge emanating from the personality of the author. [...] As a critic and as a writer, Ó Tuama seeks to set the balance trembling between the matrix (or matrices) of form – tradition, community, genre, convention, metric, place – and the individual, the personal.[47]

Is díol suntais é a mhinice a luaigh an Tuamach a chuid oibre sa seomra ranga mar bhunfhoinse dá shaothar criticis.[48] 'Dom chuid mac léinn' a thiomnaigh sé an t-aon leabhar criticis a d'fhoilsigh sé as Béarla is é á dhearbhú uair amháin eile an tábhacht a bhain leis an gcaidreamh cruthaitheach idir é is a chuid mac léinn maidir lena thuiscint féin a bhrostú.[49] Murab ionann is an cur chuige traidisiúnta nach n-éilíonn ón mac léinn ach éisteacht umhal agus cumas chun nótaí a bhreacadh ó bhéal an mháistir i mbarr an tseomra, shaothraigh an Tuamach comhrá criticiúil mar mhodh múinteoireachta a d'fhéadfadh tuiscint gach éinne a bhí páirteach ann a dhoimhniú. Mar mhúnla teagaisc agus taighde, ba dheacair é a shárú.

Thugas cuairt ar Sheán Ó Tuama in Ospidéal Naomh Seosamh tamall sarar cailleadh é. Bhíos tréis cóip d'aiste liom féin ar nuafhilíocht na Gaeilge a chur chuige tamall roimhe sin.[50] Bhí sé ar fheabhas, adúirt sé, 'ar shlí', ach bhíos dulta amú sa léamh a bhí déanta agam ar a chuid dánta féin á rá go raibh *Faoileán na Beatha* (1962) ar maos sa Chríostaíocht ach gur tháinig mothú láidir ainchreidmheach chun cinn ina chuid filíochta ina dhiaidh sin sa tslí gurb é cás an duine i láthair an bháis is gan teacht aige ar shólás an chreidimh a phríomhábhar feasta. Níorbh é sin a chúram in aon chor, adúirt sé, ach 'préamhacha'. B'fhíor dó. Ní hamháin go bhfuil sé sin le brath i gcuid desna dánta agus na drámaí is cumasaí dá chuid, agus san agóidíocht ar son na Gaeilge agus na Gaeltachta, tá an tábhacht neamhchoitianta a shamhlaigh sé le préamhacha breactha ar fud a shaothair chriticis. Sa nóta ómóis a scríobh sé ar bhás Thaidhg Uí Dhonnchadha a bhí ina Ollamh le Nua-Ghaeilge i gColáiste na hOllscoile Corcaigh nuair a bhí an Tuamach ina mhac léinn ann, bhí an méid seo le rá aige faoin eolas a bhí ag Torna ar an tseanlitríocht, is ar litríocht na Mumhan go háirithe, sarar chuaigh sé le gairm na scoláireachta:

> An saothar a dhein sé, mar sin, b'é an saothar ba ghiorra dá chroí é, litríocht a shinsear agus go háirithe litríocht a dhúthaighe féin a chur ar buanchoimeád. Féadaimíd a rá dá bhrí sin i dtaobh a chuid oibre uile go raibh *pietas* láidir laistiar de agus creideamh láidir roimis. Agus an scoláireacht ná bíonn ar an gcuma san – is tá go leór de in Éirinn inniu – níl ann ach baothaireacht léannta agus glór díomhaoin.[51]

Bhí Seán Ó Tuama trí bliana fichead an uair sin is é díreach ceaptha mar léachtóir cúnta i Roinn na Gaeilge i gColáiste na hOllscoile Corcaigh. Is léir cheana féin an fhreagracht a shamhlaigh sé le lucht léinn i leith an phobail dar díobh iad, idir bheo agus mharbh agus iadsan a bhí fós le teacht, '*what Mandelstam calls "the reader in posterity"*'.[52] Cé go bhfuil aistí cumasacha ar Joyce, Beckett, agus Synge i measc shaothar scoláiriúil an Tuamaigh agus tagairtí iomadúla aige do scríbhneoirí i dteangacha eile, ó Yeats go dtí Seferis, ó Mauriac go dtí Marquez, is í litríocht na Gaeilge is mó is cás leis ó thús a ghreise go deireadh scríbe. Ach oiread le Torna, ba é traidisiún Gaeilge na Mumhan litríocht a shinsear is a dhúthaí féin, cuid den oidhreacht agus den dúchas a shealbhaigh sé óna thuismitheoirí, Eibhlín Ní Éigearta (1893–1979) agus Aodh Ó Tuama (1890–1985), cainteoirí dúchais Gaeilge ó Ghaeltacht Chorcaí a raibh páirt lárnach acu sa réabhlóid a troideadh le linn a n-óige féin '*to render the present a rational continuation of the past*'.[53] Ní hé a athair is a mháthair amháin atá á gcaoineadh aige in 'Maymount: Tigh Victeoireach a Leagadh', adeir Séamus Heaney, ach '*an order of culture and dúchas whose moment may have passed but whose value will always be un-get-roundable and redoubtable and ineradicable as long as we have these lines*'.

Dheimhnigh dánta Uí Thuama '*the integrity of the tradition that runs from The Blackbird of Belfast Lough to [...] poems of unnerving strength, poems that stay in the mind because there is a kind of veteran knowledge underneath their momentary perceptions*'.[54]

Gné thábhachtach den múnla aigne agus teangan a shaothraigh Seán Ó Tuama is ea an nasc beo a bhí aige leis an nGaeltacht, i gcomhluadar a mhuintire i gcathair Chorcaí agus i nGaeltacht Mhúscraí lena óige, agus ina dhiaidh sin i gCorca Dhuibhne mar ar chuir sé aithne ar réaltaí an traidisiúin dúchais bhéil: Peig Sayers (1873–1958), Joe Daly (1909–92) agus Cáit 'Bab' Feirtéir (1916–2005). Tá cur síos ag Eoghan Ó hAnluain ar léacht a thug an Tuamach le linn an Oireachtais i mBaile Átha Cliath sa bhliain 1960. Bhí Éamon agus Sinéad de Valera i láthair, an t-ealaíontóir Seán Ó Súilleabháin is an léirmheastóir John Jordan, '*unobtrusively growling their inebriated approval*'. Ócáid shuaithinseach ab ea í, adúirt Ó hAnluain, dóibhsean a bhí ag iarraidh teacht ar shlí oiriúnach chun litríocht na Gaeilge a mheas agus a léiriú: '*Those of us who were trying to find an appropriate language to discuss Irish literature in Irish were offered a critical voice by him and not only in concise and adequate vocabulary but in articulation*'. Ba léir dó roimhe sin féin an gaol gairid idir Ó Tuama is Ó Corcora i gcúrsaí léirmheastóireachta, adúirt Ó hAnluain, ach níor thuig sé an rian láidir a bhí fágtha ag máistir eile ar ghuth fé leith an Tuamaigh nó gur airigh sé '*the self-same voice and rhythms and precisely shaped sounds in the remarkable tones of the late Bab Feirtéar*' blianta fada ina dhiaidh sin:

> I could hear and see then the precision of language and articulation which Ó Tuama had made his own and then transformed to an imaginative and intellectual medium for his own original readings of life and literature and for his own distinctive voice in poetry and plays. That remarkably individual yet rooted voice is to be heard in all his great scholarly works [...] His voice lies gently but insistently on the ear and asks persuasively to be heard.[55]

Ag cur síos dó ar a sheanachara tamall gearr roimh a bhás féin, luaigh an Tuamach an bua fé leith a bhí ag Bab Feirtéar in ealaín na teangan labhartha: 'Ag éisteacht leis an mBab a chaitheas formhór an tsamhraidh, míorúilt focal romham gach oíche dá dtagainn ...'[56] Tá ealaín dúchais bhéil na Gaeltachta, agus Ghaeltacht na Mumhan go háirithe, le háireamh go hard mar sin i measc na nithe a d'fhág a rian láidir ar mhodh machnaimh, labhartha, agus scríbhneoireachta Uí Thuama.

Cuid nach beag den tionchar a bhí ag an Tuamach orthusan a bhí ag iarraidh teanga agus traidisiún na Gaeilge a réiteach le cúinsí a linne féin ón dara leath den bhfichiú haois ar aghaidh ná an '*veteran knowledge*' a bhí préamhaithe chomh doimhin daingean sin sa duine a thug eolas na slí dóibh, fear a raibh a shamhlaíocht '*uniquely on edge between the obliquities of the modern and the irresistible of the immemorial*'.[57] Sa mhéid gur éirigh le 'cainteoir dúchais Gaeilge ó Bhlackpool, Cork'[58] an oiread san de phréamhacha teangan, litríochta, agus samhlaíochta a dhúthaí féin a bhuanú is a leathadh, ba oidhre é ar an réabhlóid a raibh a shinsir féin páirteach inti, ba eisiomláir é dóibhsean a bhí gafa leis an athnuachan aigne nár chríochnaigh go fóill.

'Mairim i Ré Chinniúnach': Gné d'fhilíocht Mhichael Davitt

GEARÓID DENVIR

Rugadh bunáite na glúine ris a ráitear *Innti* idir 1949 agus 1952. Rugadh Gabriel Rosenstock in 1949, Liam Ó Muirthile agus Michael Davitt in 1950, Nuala Ní Dhomhnaill in 1952, agus caitheadh an t-údar seo é féin ar an sop in 1950. Dá réir sin, chuaigh muid ar fad ag an scoil bheag sna 1950idí, ag an scoil mhór sna 1960idí luatha, agus ansin ag an ollscoil i ndeireadh na 1960idí agus i bhfíorthús na 1970idí. Seo an ghlúin a rinne a gcuid féin de chultúr coiteann a linne féin i '(m)bolg bláthgheal na seascaidí' ('Cuimhní ar Chorca Dhuibhne', D 132) agus a thionscnaigh réabhlóid i gcúrsaí liteartha, cultúrtha agus sóisialta in Éirinn Ghaelach a linne féin. Dhiúltaigh siad do bhóiní beannaithe áirithe de chuid a sinsear, scaoil siad amach an bobailín, agus chuadar, i dtéarmaí Duibhneacha, 'Ó Thuaidh!' Lena linn sin ar fad thug siad faoi na seantuiscintí ar fheidhm, ar nádúr agus ar mhianach na filíochta Gaeilge, agus d'fhéach lena treascairt agus lena hatógáil de réir a gcuid tuiscintí agus braistintí nua-aoiseacha féin, a dhiúltaigh do ghramadach an tseansaoil, ach a d'fhan faoi gheasa ag an bhé agus ag a hoidhreacht ainneoin chuile ainneoin. Is geall le forógra réabhlóide liteartha don ghluaiseacht ar fad é dán Davitt 'Ragham Amú', agus é ag baint mhacalla as an dán 'Guí' le hoide múinte agus rí-éigeas ghlúin *Innti*, Seán Ó Ríordáin:[1]

> dófam ár seascdhámh
> i dtine chnámh
> is scaipfeam an luaith
> ar choincleach an traidisiúin ...
>
> cuirfeam dínn
> an cian oidhreachtúil
> is ragham amú

tá an guth
ag tuar ré nua
ré an duine bhig ...

mairfeam faoi adhall (D 74–6)

Ba é Davitt ceann feadhain na réabhlóide sin, an reacaire, an fear seoigh a bhí ina ghlamaire faoi adhall i gceann an tí, an *Pied Piper*, mar a thug Seán Ó Tuama air:

Murach Michael Davitt creidim gur boichte go mór fada a bheadh soláthar na filíochta Gaeilge inniu, ná mar atá. Bhí an baol ann sara dtáinig sé ar an bhfód gur istigh i bpóirse caoch éigin a gheofaí filí na Gaeilge feasta, iad scartha amach ón saol mór, iad dírithe ar scríbhneoireacht ghreanta theibí mar a bhí mórán d'údair Laidne na Meánaoiseanna. Chas Davitt cuid mhaith de na filí óga i dtreo eile: ba é an *Pied Piper* acu é ... sna 1970idí. Chuir sé líonra orthu, mhúscail sé an chiall d'áiféis an tsaoil iontu; thug sé ó thábhairne go tábhairne iad, chuir sé *Innti* ar fáil dóibh, agus thug sé ar ais ar imeall an ghnáthshaoil iad. (1990: 157)

D'fhreastail glúin *Innti* ar an scoil náisiúnta in 'Éirinn Dhubh is Bhán' ('Próiseas', D 29) chaomhantach is chráifeach de Valera, ach má bhí blianta bunscoile sin na 1950idí duairc gruama go maith, d'athraigh an scéal agus an saol ina dtimpeall go mór agus iad ag freastal ar an meánscoil i dtús agus i lár na 1960idí, mar atá léirithe ag Gearóid Ó Tuathaigh ina aiste anseo. Le linn na haimsire seo a tharla na hathruithe ba shuntasaí agus ba sciobtha freisin, b'fhéidir, dar tharla riamh in achar gearr in Éirinn. Thiomsaigh Cláracha Forbartha Eacnamaíocha Sheáin Lemass agus T.K. Whitaker athruithe bunúsacha sochaíocha agus athrú meoin sa tír a rinne, in imeacht blianta beaga, sochaí nua-aoiseach de chomhthionól fuinniúil fuinte tuaithe Mháirtín Uí Chadhain. Chinntigh na forbairtí tionsclaíocha sna cathracha agus faoin tuath go raibh fostaíocht réasúnta fairsing ar fáil den chéad uair i stair an stáit, agus chinntigh an fhostaíocht sin nach amháin go raibh riar a gcáis níos mó ná ón láimh go dtí an béal ag cuid mhaith daoine, agus go háirithe daoine óga, ach ina theannta sin, go raibh ioncam discréideach freisin acu le caitheamh ar nithe 'neamhriachtanacha' mar chúrsaí siamsaíochta agus caitheamh aimsire. Ní timpiste ar bith é, dá réir sin, gur tháinig borradh céadach le linn an ama seo ar thionscail an cheoil, na hallaí damhsa agus na siamsaíochta, agus ar thionscal an fhaisin – gona

ndathanna sícideileacha á gcaitheamh ag popcheoltóirí mar *The Beatles* agus
The Rolling Stones agus ag sármhainicíní fearacht Twiggy, seachas dubh,
liath agus bán na 1950idí. Ba le linn an ama seo freisin a thosaigh muintir
na hÉireann ag taisteal thar lear ar an mórgóir agus iad ag dul ar phacáistí
saoire sa Spáinn agus sa bhFrainc seachas ar an mbád bán go Sasana agus
Meiriceá. Ba é seo freisin ré na bhféilte móra rac-cheoil agus popcheoil
faoin aer, leithéid Fhéile Woodstock i Nua-Eabhrac a tionóladh i Lúnasa
na bliana 1969, ar fhreastail os cionn 400,000 duine uirthi, más fíor, agus
Fhéile Glastonbury i Sasana a reáchtáladh i gcéaduair i Meán Fómhair
1970. Le linn na tréimhse seo freisin a bunaíodh riar maith stáisiún bradach
raidió a bhí dírithe go heisiach ar phopcheol agus ar chultúr coiteann na
linne, agus cluas le héisteacht orthu ag an ghlúin óg. Mar a deir Davitt ina
dhán 'Where Did We Go Wrong?', atá bunaithe ar theideal amhráin leis
an amhránaí Sasanach Petula Clark óna halbam *My Love* (1966), muidne
an ghlúin a bhíodh 'ag éisteacht le Radio Luxembourg /ar sheanghléas
craolacháin na cistine' (D 130), agus ba é an 'seana-ghléas raidió Pye ... an
mhíorúilt teicneolaíochta' sa dán 'Yeah!' a chuir an saol mór amuigh ar a
chluasa agus ar a shúile don fhile óg:

> mar a gcualamar ar dtúis '*An Poc
> ar Buile*', '*The Times They Are
> a Changin*'', agus an ceann go raibh

> *Yeah, Yeah, Yeah* ann,
> '*an assault on common decency*',
> dar le hAuntie Babe. (F 31)

Mhúnlaigh an raidió an tsamhlaíocht agus an chruinneshamhail nua
a bhí ag teacht chun cinn i measc aos óg na linne agus, ar ndóigh, ba é a
fhearacht chéanna é ag an teilifís ina dhiaidh le bunú Theilifís Éireann, a
raibh a gcéad chraoladh acu Oíche Chinn Bhliana 1961. Mar a deir Davitt
in 'Yeah', ba í an teilifís an 'Bhanríon dhubh is bhán/i gcoróin sa tseomra
suí' agus 'sinn ag feacadh/roimh an míorúilt nua' agus

> ag samhlú cad a bhí Bat Masterson a rá
> leis an leámharaic a bhí ag sá gunna
> i bpoll a chluaise. (F 33)

Ba é seo ré na m*Beatles* freisin, gona n-amhrán '*Yeah! Yeah! Yeah!*'.
Cuimhním féin go maith ar mhaidin Dé hAoine, 8 Samhain 1963, an

mhaidin tar éis chéad cheolchoirm na m*Beatles* i mBaile Átha Cliath. Chuaigh mé ar mo rothar suas Sráid Uí Chonaill chuig an scoil, Coláiste Mhuire, Cearnóg Pharnell, agus lorg na círéibe ón oíche roimhe fós ar na sráideanna. Cuimhním freisin ar chomhrá an lae chéanna sa scoil faoi na *Beatles*, bligeardaí na gruaige fada agus an phágánachais ainchríostaí i súile na mBráthar agus ár dtuismitheoirí araon. Dúirt an múinteoir Gaeilge linn an lá sin, agus muidne inár n-ainbhfiosáin óga shoineanta sa gcéad bhliain, go gcuirfeadh sé a raibh d'airgead an tsaoil aige go mbeadh dearmad déanta ar na *Beatles* (agus ar na *Rolling Stones*) in imeacht blianta beaga – murab ionann is an ceol traidisiúnta! Déanann Davitt ceiliúradh ar an gcuairt cháiliúil sin, agus ar fhís na nuaré, ina dhán 'Cuimhní Cré':

> I ndomhan ár ndéaga
> i mbaclainn abhainn na Laoi
> anuas ar na faichí coincréite
> sna haird os cionn crónán
> na cathrach
>
> do thuirling na ciaróga
> ina gcultacha greanta
> a ngruaig cíortha anuas
> a nguthanna
> a gceol leictreach
> lasta ar bís
>
> chonaiceamar fís
> i naoi déag seasca trí
> is níor creideadh sinn. (D 34)

Ba é popchultúr coiteann na linne an bia i sliogán na samhlaíochta ag filí *Innti* agus tá tionchar láidir gluaiseachtaí cultúrtha, liteartha agus ceoil na 1960idí agus na 1970idí le fáil ina saothar, mar is léir ar dhán mar '*Where Did We Go Wrong?*' ar geall le ruaig reatha trí cheol na linne é:

> B'shiúd leat ag éalú thar na fallaí amach
> ag tonnmharcaíocht leis na Beach Boys
> nó ar oilithreacht ifreanda le Jim Morrison
>
> Anois is arís chloisfeá nua-eisiúint
> a chuirfeadh sciatháin ar do chroí,

arbh fhada leat a chlos arís:
Blowin' in the Wind i seasca dó;
With Love from Me to You, seasca trí;
Every Time that you Walk in the Room, seasca ceathair.
Seasca cúig, *Like a Rollin' Stone*. (D 130)

Bhí tionchar soiléir freisin ar Davitt agus ar ghlúin *Innti* ag amhránaithe móra *folk* na linne, leithéidí Bhob Dylan agus Leonard Cohen, agus ag na *Beat Poets*, go háirithe Allen Ginsberg (an file mór Meiriceánach sa dán 'Ísle Uaisle', D 142) agus Jack Kerouac, gona n-éirí amach i gcoinne mheasúlacht agus chaomhantacht a linne mar a chonaic siad féin sin, agus gona mbéim ar éifeacht drugaí sícideileacha, ar shaoirse ghnéis, ar reiligiúin oirthearacha agus ar shaothar na bhfilí osréalacha mar William Blake Shasana agus Arthur Rimbaud na Fraince, duine de laochra móra liteartha agus smaointeoireachta Davitt. Gné eile fós de thionchar na m*Beats* ba ea láithriú beo na filíochta do lucht éisteachta, rud a chothaigh Davitt agus filí *Innti* in Éirinn trí léamha filíochta agus trí pháirtíocht sna hÉigsí éagsúla áitiúla a bhí coitianta ar fud na tíre, go háirithe sna 1970idí. Tagann an ghné seo dá saothar go breá le traidisiún béil na filíochta Gaeilge, agus bhí bua ar leith ag Davitt sa réimse seo, lena theacht i láthair mórthaibhseach ar stáitse, lena acmhainn dhána grinn, agus lena chumas athléamh agus aithris a dhéanamh ar chanúintí éagsúla agus ar shaintréithe pearsanta agus cainte daoine eile.

Baineann dán scigiúil cáiliúil Davitt, '(Positively) Sráid Fhearchair' (D 57–9), a bhfuil taifead breá déanta den fhile féin á reic go spleodrach le tionlacan ceoil nua-aimseartha[2] macalla soiléir as amhrán iomráiteach Bhob Dylan, 'Positively 4th Street', a taifeadadh i gcéaduair in 1965 agus a bhain áit ard amach sna cairteacha. Fearacht amhrán Dylan, ní dhéantar athlua ar theideal amhrán/dán Davitt i gcorp an téacs – go deimhin is é a thabharfadh cuid mhaith daoine air 'Tá mé bearáilte as an gClub, a Mhamaí'. Ní hamháin sin, ach is aoir é amhrán Dylan ar lucht an cheartchreidimh nár thaitin leo go raibh sé ag imeacht ón stíl *folk*, gona ngiotár fuaimiúil, i dtreo an rac-cheoil agus an ghiotáir leictrigh, san áit ar aoir é dán Davitt ar lucht ceartchreidmheach na cúise agus na rialacha dochta i gClub an Chonartha.

Ba mhór i gceist ag glúin na m*Beat Poets* i Meiriceá sna 1950idí agus na 1960idí úsáid drugaí éagsúla – idir alcól, channabas agus dhrugaí sícideileacha mar LSD – d'fhonn an bhé a dhúiseacht, d'fhonn féith na cruthaitheachta a chur ag gluaiseacht, d'fhonn léargais agus braistintí osréalaíocha a thionscaint agus a chur ar pár. Tá an tuiscint seo le léamh go soiléir ar riar dánta le Davitt. Deir sé sa dán 'An Cogar' agus é ag cur síos ar shaol an mhic léinn ollscoile:

> Tá cairde nua agam anois
> An leacht draíochta is an féar.
> Bead im fhear seoigh feasta
> Im laoch. (D 100)

Déanann sé cur síos in 'Beltenotte' ar 'thuras' in 1971 (arís, le linn a thréimhse ollscoile) ar an '(bh)féar ba chumhachtaí is ba dhúchasaí/a fhásadh riamh cois Laoi', féar a chothódh turas osréalaíoch a mheabhródh leagan nua-aoiseach den 'Amhrán Bréagach' ina chuid íomhánna siabhránacha meabhlacha meabhránacha:

> chuirfeadh fonn caide ar mháthairab
> fonn leathair ar chreatlach
> fonn urnaí ar aturnae
>
> dhéanfadh den nath ba neafaisí oll-léaspairt ... (F 36)

Seo, de réir an dáin, a spreagas an chruthaitheacht as a dtagann an fhilíocht:

> Is b'é an Beltenotte ár dtinfeadh,
> tobar gan tóin filíochta,
> fuascailteoir féidearthachtaí na samhlaíochta,
> néalíditheoir,
> rachtmhéadar. (F 37)

Gné eile de réabhlóid óige agus de fhrithchultúr na seascaidí ba ea teoiric an tsaorghrá a chuir in aghaidh an dearcaidh Iúda-Chríostaí ar chúrsaí gnéasachta, pósta agus inscne a bhí i réim i measc lucht ceannais measúil iarthar domhain fré chéile. Seo iad an dream, idir *Beats* agus *Hippies*, a chuir bláthanna ina gcuid gruaige, a chuaigh go San Francisco le linn Shamhradh an Ghrá in 1967, nó go Greenwich Village, a chas '*All You Need Is Love*' (1967) leis na *Beatles* agus a d'aontaigh leis an mana a bhí ag cumadóir an amhráin chéanna, John Lennon, agus a pháirtí Yoko Ono, '*Make Love Not War*'. Tá gnéasúlacht rábach thíriúil, fiú raibiléiseach, i bhfilíocht na mBeats agus i bpopamhráin na linne a dhéanas ceiliúradh spleodrach ar a bheith beo, ar a bheith ann ainneoin chuile ainneoin, agus tá an dearcadh céanna le fáil i bhfilíocht *Innti* fré chéile, agus go sonrach i saothar Davitt a deir go raibh sé ag iarraidh maireachtáil 'faoi adhall' ('Ragham Amú', D 76). Diúltaíonn sé don aigne chúng phiúratánach victeoiriach a bhí i réim in Éirinn le linn a óige i ndánta mar 'I gClochar na Trócaire' (D 68), 'Lúnasa' (D 82), 'Ár gCumann Diamhair' (D 63) agus 'Glaoch' (D 184–5). Rianaítear an cúrsa sin ó mhacghníomhartha soineanta theacht in inmhe gnéasúil an déagóra, á mhúscailt agus á ghriogadh ag an gceol, le linn chúrsa Gaeltachta i mBéal Átha an Ghaorthaidh:

> ar nós an chailín bhig dhuibh
> tar éis an Chéilí i mBéal Átha 'n Ghaorthaidh
> a thug cead duit do lámh a chur ar a cíoch
> is sibh ag siúl sa choill ...
>
> Go hobann bhís in aois na suiríochta
> ('*Where Did We Go Wrong?*' D 131)

Is spleodraí agus is téisiúla go mór fada dís débheathach an dáin 'Lúnasa' ina 'ruathar bóúil chun na taoide síos' ar thrá thréigthe i gCorca Dhuibhne, 'taoscán vaidce agus toit' á spreagadh:

> gur thiteadar i ngabhal a chéile ghoirt
> gur shnámh a chéile trí chaithir thonnchíortha
> faireoga tiarpacha le faireoga fastaímeacha (D 82)

Ní spraoi agus spóirt, ná ruathair bhóúla chun na farraige síos, ná ceol agus cóisireacha, ná ól agus drugaí, ná turais bhláfara go San Francisco uilig a bhí faoi rath i gcultúr na hóige le linn na 1960idí. Ré chorraitheach go maith a bhí ann i gcúrsaí polaitíochta ar fud an domhain, go mór mór i ngluaiseachtaí ó bhonn aníos, agus níor thaise don tír seo ach an oiread é. Bhí Gluaiseacht Chearta Sibhialta Mheiriceá, faoi stiúir Mhartin Luther King, an ghluaiseacht in aghaidh an chogaidh i Vítneam, agus an ghluaiseacht fhrithnúicléach i mbarr a ré i lár na seascaidí, agus an óige go mór chun cinn iontu, go mór mór sna hollscoileanna. Ina theannta sin, bhí an dara maidhm de ghluaiseacht an fheimineachais chomh maith le gluaiseacht na *Hippies* ag cur léamh ailtéarnach réabhlóideach ar an domhan ar fáil do ghlúin óg easaontaitheach a bhí ag iarraidh athruithe bunúsacha sochaíocha a bhaint amach. Tháinig gluaiseachtaí éagsúla radacacha sóisialacha ar an bhfód ar fud an domhain sa tréimhse seo freisin agus chuaigh réabhlóid na mac léinn sa Sorbonne i bPáras na Fraince, agus in áiteanna eile ar fud na hEorpa agus Mheiriceá, i gcion go mór.

Bhí macasamhail na ngluaiseachtaí seo ar fad le fáil in Éirinn chomh maith le linn do ghlúin *Innti* a bheith sa mheánscoil agus san ollscoil. Cuireadh tús le Gluaiseacht Chearta Sibhialta Thuaisceart Éireann (NICRA) in 1967 agus bhí bunáite na bhfilí óga fós san ollscoil ar Dhomhnach na Fola, 30 Eanáir 1972, agus iad i mbun a saothair luaith le linn thús na dtrioblóidí ó thuaidh. Bhí Leabhar Beag Dearg Mao Zedong á seachadadh ó dhuine go duine i gcoisíseal agus á léamh faoi choim i ngan fhios do na Bráithre i meánscoileanna ar fud na tíre i lár na seascaidí agus borradh faoi ghrúpaí óga radacacha sóisialacha sa tír ag an am, leithéidí Ógra Uí Chonghaile, Shaor Éire agus Pháirtí Cumannach na hÉireann, gan trácht ar an eite óg shóisialach i bPáirtí an Lucht Oibre. Le linn na mblianta 1968-9 bhí corraíl i measc na mac léinn i UCD agus TCD le linn imeachtaí agus eachtraí Réabhlóid Shéimh na Mac Léinn, faoi stiúir na Mac Léinn um Ghníomhaíocht Dhaonlathach sa dá choláiste sin. Bunaíodh Gluaiseacht Chearta Sibhialta na Gaeltachta in 1969 agus bhí riar de mhuintir *Innti* páirteach i gcuid mhaith de na feachtais a lean an ghluaiseacht réabhlóideach sin. B'shin ré na réabhlóide, na hagóide, an phicéid, na máirseála, na cúise, agus ar cheann de mhórchúiseanna lucht na Gaeilge ag an am bhí an feachtas ar son Scoil Dhún Chaoin a choinneáil oscailte i dtús na 1970idí. Ba ar mháirseáil agóide faoin gcás sin chuig Ardoifig an Phoist i mBaile Átha Cliath ar an 5 Aibreán 1971 a casadh Davitt, agus an mórfhile eile de chuid *Innti*, Liam Ó Muirthile, i gcéaduair orm féin agus iad tagtha aníos as Corcaigh don chúram. Cuimhním ar Davitt, ar a airde, ar a mhullach mór gruaige, comhartha cairtchláir le mana ina láimh, é ar imeall an tslua agus é á shá go glórach faoi smut Garda. B'shin aimsir an *heavy gang* nuair nach raibh aon fhaitíos ar Ghardaí áirithe an smachtín a úsáid, agus fuair an file freagra agus freagairt dá réir.[3] D'fhan an mac seo breá sábháilte i lár an tslua! Scríobh Davitt dán cáiliúil dá chuid taca an ama sin ina ndéanann sé tagairt don fheachtas, dán a foilsíodh i gcéaduair in iris na mac léinn i gColáiste na Tríonóide, *Lug*, in 1972 agus nótaí léirmhínithe leis:

> Ag an scrúdú béil ba mhór mo náire –
> Ceathrar ollamh is buachaill báire:
> R.A. Breatnach, flaith gan ainimh,
> Ó Murchú, an saoi ardtaitnimh,
> Ó Tuama, máistir maith maolshásta,
> Is Neasa Ní Sheaghdha, óigbhean bhláthmhar;
> Gur labhair an té ba bhinne béil,
> A bhánchneas ar dhath an aoil,

Adúirt an tOllamh gur lú mo shuim
Ina scoil féin ná i scoil Dhún Chaoin.
('Mac Léighinn Bhíos gan Oibriughadh', D 16)

Rinne mórimeachtaí náisiúnta agus idirnáisiúnta i réimse seo na
gníomhaíochta polaitiúla, sóisialta agus cultúrtha radacú nár bheag ar riar
suntasach den aos óg le linn na 1960idí agus na 1970idí, agus níor thaise do
phobal na Gaeilge ná dá chuid filí é. Cothrom an ama a raibh Máirtín Ó
Cadhain ag gearán ina léacht cháiliúil *Páipéir Bhána agus Páipéir Bhreaca*[+]
(1969: 36–7) faoi liricí deasa neamhurchóideacha ocht líne na nuafhilí
nach raibh maith ná maoin iontu i gcomórtas le tathag agus dearbhluach
réalaíoch an phróis a chleacht sé féin, bhí Davitt agus glúin *Innti* ag dul i
ngleic le saol iarbhír na freacnairce mar a chonaic siad féin é ina gcuid
macgníomhartha filíochta. Léiríonn Davitt a thuiscint óganaigh ar an
dearcadh láidir náisiúnaíoch a chothaigh an oiliúint a fuair sé i gcóras
oideachais an ama ina shaothar ó thús. Sa mbunscoil dó, tugadh na daltaí ar
fad chuig an bpictiúrlann leis an scannán nua-eisithe le Seán Ó Riada, *Mise
Éire*, a fheiceáil – mar a tharla i scoileanna náisiúnta na tíre ar fad ag an am,
mo scoil féin i mBaile Átha Cliath san áireamh. Ba iad Gael Linn, ar chaith
Davitt na blianta ag obair acu, a d'eisigh an scannán in 1959, agus i ndán
i gcuimhne ar an mbunaitheoir, Dónall Ó Móráin, admhaíonn Davitt an
tionchar a bhí ag an scannán air:

... Bhíos fós im dhalta bunscoile
nuair a phlódamar isteach sa Lee Cinema chun féachaint
ar scannán stairiúil éigin darb ainm *Mise Éire*. D'fhágamar
an phictiúrlann inár réabhlóidithe, ár gcroíthe sráide
smiotaithe ag ceol an Riadaigh.
('An Ceannasaí', F 42)

Bhí an bhunfhealsúnacht chéanna roimhe freisin i meánscoil na
mBráithre Críostaí, mar is léir ón dán 'Próiseas', agus fiú is go bhfuil a
theanga ina phluic aige ar bhealach sa dán, tá an leagan amach stairiúil agus
polaitiúil soiléir. Bhí an Bráthair Ó Muirí ag iarraidh gasra oibre a chur le
chéile agus bhí súil ag an fhile:

go mbeinn i measc na bhFear a roghnófaí chun fónamh
ar son na hÉireann, nó bás a fháil ar a son, fiú, ar nós
Kevin Barry. (F 29)

Roghnaíodh é le dul i mbun na hoibre agus ba é a thoradh:

> ... is mó ná mór agam go rabhas sa ghasra deichniúir
> a roghnaigh an Bráthair Ó Muirí le seasamh sa bhearna bhaoil
> chun bás a fháil ar son na hÉireann. (F 29)

Tagraíonn Davitt go rialta d'eachtraí ón dioscúrsa poiblí polaitiúil in Éirinn agus thar lear in imeacht a shaothair – mar shampla, i ndánta mar 'Do Bhobby Sands an Lá sular Éag Sé' (D 43–4), 'Ó Mo Bheirt Phailistíneach' (D 47), 'An tOthar' (D 110–12), 'Sos' (D 178), 'Do Mhac Póilín a Mharaigh an tIRA' (D 179), agus 'Doirse' (F 23). Is léir tríd síos gur súil radacach reibiliúnach atá sé a chaitheamh ar a bhfuil ag tarlú ina thimpeall agus gurb é dearcadh ó bhonn aníos 'an duine bhig' ('Ragham Amú', D 75) mar a fheictear sin i gcuid mhaith d'idé-eolaíocht shóisialach agus de chultúr coiteann na 1960idí atá sé a chur chun cinn. Deir sé, mar shampla, in 'Beltenotte', atá suite ó thaobh ama i dtús aimsir na dTrioblóidí sna Sé Chontae:

> B'in naoi déag seachtó a haon:
> milliún míle ó thuaidh bhí na Sé Chontae trí thine,
> d'adaigh an splanc aduaidh ár gcroíthe tinteánacha ó dheas
> is dhein reibiliúnaithe sráide dínn:
> 'Dún Dáil Éireann! Oscail Scoil Dhún Chaoin!' (F 36)

Ní hamháin go dtéann Davitt i ngleic le himeachtaí sa spás poiblí freacnairciúil inar mhair sé, ach fuineadh cuid mhaith dá shaothar, de shaothar fhilí *Innti* ó dheas, agus de shaothar filí eile de chuid na glúine céanna, mar Mhícheál Ó hUanacháin agus Tomás Mac Síomóin, as tuiscint chathrach agus uirbeach ar an saol, murab ionann is bunáite na nuafhilí Gaeilge a chuaigh rompu, agus faightear ann na braistintí agus an chruinneshamhail a mbeifí ag súil leo ó 'bhligeardaí sráide' na cathrach. Ainneoin go mba thuairim choitianta i measc cuid mhaith d'aos critice na Gaeilge roimh aimsir *Innti* go mba litríocht tuaithe a bhí go bunúsach i litríocht na Gaeilge agus nach bhféadfaí cur síos ceart a dhéanamh ar shaol na cathrach sa teanga dá réir, admhaíonn Seán Ó Tuama in aiste cheannródaíoch faoi Davitt:

> Tá friotal nua éifeachtach múnlaithe aige cheana féin atá oiriúnach don scríbhneoir Gaeilge a thógtar i gcathair in Éirinn i ndeireadh an 20ú haois.[5]

Tá mianach sin na cathrach le sonrú ina shaothar ón tús. Feictear é i gCathair Chorcaí a óige ag baint solamair as an saol, ag leanacht an fhaisin is deireanaí, ag caitheamh *drainpipes*, siombail reibiliúnach chultúr cathrach na seascaidí, seachas 'treabhsar táilliúirthomhaiste cearnógach uchtdúbailte scóipiúil dubh' a athar ('Treabhsar m'Athar', F 26), ar siombail é de shaol duairc Éire iarchogaidh na 1940idí agus na 1950idí. Murab ionann is *comely maidens* agus *sturdy youths* de Valera, bhí mianach an Bhligeaird Sráide, an *Teddy Boy*, an *Corner Boy*, sa déagóir óg a bhí ag teacht in inmhe sa ré nua, é 'ag bhácaeireacht/Cnoc an tSamhraidh síos chun an Choliseum,/gan barr cleite isteach/ná bun cleite amach ('Lacha & Gran', F 22) agus é teann as a chultúr cathrach:

> Ealaín ar leith ab ea
> bheith id *Chorner Boy*
> cumasc den mhéirleach
> den séipeálaí
> den oirfideach sráide
> den íolbhristeoir
> den bhfairtheoir
> den ghigealó
> den teifeach a fuair bheith istigh
> sa chomharsanacht ar choinníoll
> ná leagfadh lámh ar aon iníon
> de chuid na gcomharsan.
> ('Cúinní: do Liam Ó Muirthile', F 38)

Is é an cultúr spleodrach scaoil-amach-an-bobailín céanna a bhí roimhe i mBaile Átha Cliath chomh maith, cultúr an dreama nach deoranta leo an punc, an dream a chaitheas na dathanna, a dhiúltaíos don dubh is bán, a bhíos 'ag spásáil thart' i Sráid Ghrafton faoina n-ualach biorán, fearacht Sheáin an dáin 'Lá des na Laethanta i Sráid Grafton' (D 55–6). Ní hamháin sin, ach éiríonn le Davitt ó thráth go chéile eipifeáine chathrach a chruthú, nóiméad grianstadach ina scaoiltear an duine saor ó laincisí láithreacha an ama agus an spáis ina bhfuil sé ina ghnáthshaol leamh laethúil. Sna móimintí suntasacha seo bíonn 'fiúntas i ngach mioniontas' ('Lá des na Laethanta i Sráid Grafton', D 55) agus scaoiltear an file 'amach thar mo mheabhair' trí choincheap criostail na gréine, mar a tharlaíos sa dán 'An Ghrian i Rath Maonais', a mheabhródh dán iomráiteach Arthur Rimbaud, 'Après le Déluge' (Rimbaud 1963: 133–4) ina leabhar *Illuminations*, áit a bhfeictear

an taobh tíre faoi ghné nua san athrú solais a thagas le scaladh gréine tar éis
stoirm bháistí:

> sín siar thar scáilmhaidin
> a ghrian sheaca shamhna seo
> a chaith coincheap criostail
> suas trí lár Ráth Maonais
> a las foilt chatacha
> i bhfuinneoga (D 29)

Tá an spleodar, an scléip agus an aontacht beithe seo i bhfad ó ghné
eile de shaol na cathrach atá ag rith trí shaothar Davitt, go mór mór sna
cnuasaigh luatha, mar atá, 'leamhas leathscartha an bhruachbhaile' ('Dán
do Sheosamh Ó hÉanaí', D 87) agus áitreabhach na cathrach mar a bheadh
sé 'i gcúlshráid dhorcha gan lampa' ('An Sceimhlitheoir', D 106). Tá íomhá
shainiúil chathrach den mhianach seo sa dán luath 'Meirg agus Lios
Luachra' óna chéad chnuasach *Gleann ar Ghleann*:

> ... go rabhamar
> tráthnóna síoraí samhraidh
> i reilig seanghluaisteán
> ar fán
> i measc fothraigh
> na *model T's* (D 3)

Saol gan mórán fiúntais ná brí, saol leamh leathscoite meánaicmeach
cathrach a chuirtear in iúl go minic, mar a fheictear i ndán mar 'Luimneach':

> Ba cheart go dtuigfinn níos fearr sibh
> is bhur rúnaithe corcra dáchosacha
> is bhur gcairde *ginandtonic* i *loungebars*
> ag caint faoi rugbaí is faoin tuaisceart
> i mBéarla spideogach RTÉ. (D 21)

Domhan uirbeach frithrómánsach, agus é i bhfad níos dorcha agus níos
gruama ná an cur síos leathshoilíosach sin thuas, atá le feiceáil i sraith de
dhánta cathrach, go háirithe sa gcéad dá chnuasach, *Gleann ar Ghleann* agus
Bligeard Sráide. Radharc ó na heastáit ar shaol diostóipeach nua-aoiseach
cathrach atá le fáil i ndánta mar 'Paranóia' (D 27), 'Faoileán' (D 42),

'Tarraing an Cuirtín, a Mhama' (GG 49), 'Aonach na Súl' (D 70–3), 'Frère Jacques' (D 78–9), 'Lá na gCeaintíní' (BS 28), 'Tráthnóna Fliuch Domhnaigh' (SS 17) agus 'Tá an Daoscar Mórthimpeall an Tí, a Mhamaí' (SS 34). Tá 'Urnaí Maidne', mar shampla, – 'ceann de na dréachtaí is cumasaí sa Nua-Ghaeilge' – dar le Seán Ó Tuama,[6] suite i ndomhan dearóil domlasta atá i bhfad ó rómánsaíocht an ghleanna inar tógadh mé, i bhfad ó fhilíocht agus ó chruinneshamhail na hathbheochana, agus ó aistí soineanta bunscoile faoi lá spaisteoireachta faoin tuath, áit a mbíodh na héin ar chraobh agus na coiligh ag glaoch. Seo cruinne 'Ár Ré Dhearóil' Mháirtín Uí Dhireáin agus '*Wasteland*' T.S. Eliot:

> Slogann dallóg na cistine a teanga de sceit
> caochann an mhaidin leathshúil.
> Seacht nóiméad déag chun a seacht
> gan éan ar chraobh
> ná coileach ag glaoch
> broidearnach im shúil chlé
> is blas bréan im bhéal. (D 61)

Is diúltaí fós nihileachas an dáin 'Frère Jacques' de bharr an chomórtais a dhúisítear ann idir an tsuantraí Fraincise a dtagraítear di sa teideal, gan trácht ar an aistriúchán Gaeilge atá mar churfá tríd an dán, 'Aindí leisciúil, Aindí leisciúil; Ina shuí, ina shuí ...', agus réalachas an tsaoil ar an imeall in eastát ar bhruach an bhaile agus na sibhialtachta féin, agus an duine ina choimhthíoch stoite ann. Tosaíonn an dán amach le cur síos nithiúil réalaíoch ar an saol gruama in eastát mór de chuid an bhruachbhaile, agus ar a thionchar sin ar an duine aonair, sa gcás seo an mháthair atá sa mbaile:

> inár sibhialtacht bhruachbhailteach
> gonár n-eastáit ghualthéite
> gonár lárionaid nua siopadóireachta
> gonár dtírdhreach de ghloine bhriste agus carrpháirteanna
> gonár mbodóinseacha i mbun an bhacáin
>   ag titim chun feola ar bhrioscaí agus vailiam
> gonár nósanna cuma-liom. (D 78)

Cuirtear leis sin éadóchas an duine a airíos nach bhfuil slánú ná éalú fisiciúil, sóisialta, eacnamúil ná spioradálta le fáil aige, dearcadh a neartaítear leis na macallaí idirthéacsúla iarchríostaí ó shaothar Hemingway agus Uí

Chadhain faoi chealú an chreidimh Chríostaí mar réiteach ar an duibheagán
ina bhfeictear an duine, á chur in iúl ag an bhfrithphaidir nihileach
ainchreidmheach a bhaineas macalla inbhéartaithe as an 'Ár nAthair':

> inár sibhialtacht bhruachbhailteach
> gonár gcléir atá mór le Dia
> gonár nDia a tuairiscítear a bheith mór
>> le gliúbholadóirí éigneoirí fuadaitheoirí
>> meisceoirí féinmharfóirí corrthónaithe
>> pinn is páir brionglóideoirí píptheilifíse
> gonár dT.Dianna a haon a dó a trí
> ár nAthair atá ar neamhní (D 79)

Ina dhiaidh sin féin, críochnaíonn an dán leis an ngairm chuig Aindí
leisciúil, ag tuineadh air éirí agus bualadh faoin lá agus faoin saol: 'Bí i
do shuí, Bí i do shuí.' (D 79). Ar an gcuma chéanna, críochnaíonn an dán
míshuaimhneach uafar, 'Urnaí Maidne', le caidreamh grámhar comhbháúil
daonna na lánúine. Murab ionann is an seanamhrán, 'Níl ina lá', a fhógraíos
ceannas na hoíche i gcónaí, tá an lá anois ag gealadh ina chomhartha
dearfachta agus dóchais don duine i lár an uafáis mhoch maidine:

> Dúisigh a ghrá
> tá sé ina lá. Seo, cupán tae
> táim ag fáil bháis
> conas tánn tú féin? (D 61)

Tá móimint sin an ghrá agus an chaidrimh dhaonna a shuaimhníos an
saol le feiceáil arís in 'Tarlaíonn' (D 160), móimint a sháraíos laincisí na
daonnachta agus na colainne daonna, agus teorainneacha an ama agus an
spáis nithiúil, agus a ligeas an daonnaí thar an tairseach sin ó réimse ina
bhfuil sé cuibhrithe ag cúinsí an tsaoil iarbhír siar isteach i réimse braistinte
ardaithe tarchéimniúil eascholainne:

> Faoi mar gurbh í an fhéachaint fhada tharchéimniúil úd
> a thugamar ar a chéile le linn dúinn bheith ar thairseach
> ar tharla a d'aistrigh amach as an am inar tharla sinn (D 160)

Fearacht na lánúine in 'Lúnasa', ar caidreamh spleodrach gnéasúil a
cheiliúrtar eatarthu, tugann an caidreamh daonna faoiseamh i móimint

théisiúil an phléisiúir don duine aonair i lár thranglam an tsaoil chomhaimseartha uirbigh, agus fásann chaon duine den lánúin i mbeatha nua de bharr na heachtra, fiú mura bhfuil ann ach eispéireas chomh héalaitheach leis an mearcair féin:

> Gur dhein pian amháin
> de phianta an tsaoil
> a shuaimhniú
>
> dís débheathach
> i bhfreacnairc mhearcair. (D 82)

Sin feidhm na filíochta ag Davitt ó thús. Is í an fhilíocht an modh agus an meán a bhí aige le dul i ngleic leis an domhan a bhí ina thimpeall, le cur síos agus mioniniúchadh a dhéanamh air. Is geall le forógra do shaol fileata an ráiteas sa dán luath 'Meirg agus Lios Luachra' ina chéad chnuasach, *Gleann ar Ghleann* – agus díol spéise gurb é an chéad dán é in *Dánta 1966–1998*:

> go raibh bearnaí mistéireacha le dathú
> agus véarsaí le cur lenár ngrá
> sara mbeadh an pictiúr
> iomlán (D 4)

Ó tharla go mbíonn an duine ag brionglóideach agus ag samhlú féidearthachtaí agus é 'ar thóir na gréine' ('Dán', D 194) ann féin, is é aidhm an fhile brí de shórt éigin a bhaint as an saol trí bhíthin a cheirde – agus ní miste an t-imeartas spraíúil thar a bheith Davittiúil idir 'ceol' agus 'ceolán' a thabhairt chun suntais sa gcomhthéacs seo:

> cuirimid rithim le brí,
> leabhróg le ceolántacht
> na hoíche ('Ag Dó', D 65)

Déanann an file an méid sin ar fhaitíos

> go leáfadh an teanga
> inár mbéal. ('Ag Leá', D 64)

Dá réir sin, 'fiagaí focal' ('Dréacht a Trí de Bhrionglóid', D 49) atá sa bhfile agus 'fiach gan stad gan staonadh' ('Coin is Madaidhean-allaidh',

D 127) atá sa bhfilíocht, agus 'céim ar a laghad i dtreo na haontachta sa bheatha neamhréitithe' ('Réiteach', SS 19). Ach an oiread le punc an dáin 'Lá des na Laethanta i Sráid Grafton' (D 55–6) a bhíos 'ag spásáil thart' faoina lastas biorán (D 55), is í an fhilíocht seachas ráiteas poiblí na mbiorán is cúram do reacaire an dáin, don fhile féin, ar urlár an tsaoil laethúil:

> Ní bioránta, ní bioránta.
> Ag gabháil de dhánta.
> Ag gabháil de dhánta. (D 56)

Is í an fhilíocht an bealach féinaimsithe, an chonair le mise ceart Uí Ríordáin a chuartú:

> Ní mór do neach uair umá seach
> seasamh ar chnoc sceirdiúil
> a mhacalla féin a aimsiú
> aniar tríd an uain
> cuimilt le góstaí
> caonaigh
> sa cheo
> ('Agallmhacalla', D 81)

Galar í an cheird seo, nó riocht, nó faopach fiú, arna spreagadh ag gealtachas, fiántas agus meisce fhileata na bhfilí agus na ndaoine le Dia eile sin a raibh leagan amach diamhair dá gcuid féin acu ar an saol, na hoidí sin a chuaigh roimh an bhfile, a thug misneach agus inspioráid dó, ar lean sé a lorg:

> Bhí sé orm ar maidin nuair a dhúisigh mé.
> Bhí sé ar Aogán Ó Rathaille, ar Raiftearaí 'sar Phiaras Feirtéar.
> ('Bhí sé orm ar Maidin nuair a Dhúisigh mé', SS 33)

Ina theannta sin, bhí sé ar liosta eile laoch liteartha dá chuid, ina measc Rimbaud, Sylvia Plath, Máire Bhuí, Peig Sayers agus fiú Íosa Críost féin, macalla ón Ríordánach a dúirt faoi Chríost in 'Oilithreacht fám Anam' gurbh fhile é (2011: 81). I ndeireadh na dála agus na feide, ós ann go heisiach don duine, 'Ó táim anseo' ('Agallmhacalla', D 81), is í an fhilíocht agus carnadh na bhfocal thart air féin (Féach 'Rince na gCloch, D 146) aonuirlis an duine ina iarracht a theacht slán nó 'luibh íce éigin' ('Luibh na bhFear Gonta', D 157) a aimsiú, leis an dorchadas a dhíbirt, le faoiseamh a thabhairt don 'té 'bheadh ag fulaingt/Istigh in oileán an chroí dhaonna' ('Rince na gCloch', D 145), leis an tost eisiach atá mórthimpeall an duine sa saol duthain seo a scagadh:

Nuair a bhí an lampa deiridh curtha as,
Na rinceoirí gona mascanna imithe abhaile,
D'fhill a shúil fhuar ar a fíorghairm:
An tost a scagadh ('An File', D 119)

Dá réir sin, próiseas inmheánaithe, oilithreacht anama i dtéarmaí Ríordánacha, atá sa bhfilíocht. Sa dán 'An Tumadóir', fiú agus é idir shúgradh agus dáiríre, mar is minic leis, tugann Davitt le tuiscint gur próiseas tumtha go grinneall, mar atá, go fo-chomhfhios an duine d'fhonn 'fírinne throm a éadromú' agus a ghléasadh 'i gculaith sciathánach na bhfocal' (D 121), atá sa bhfilíocht.

Tá coincheap seo an turais agus na hoilithreachta saoil lárnach i bhfilíocht Davitt ón tús. Fréamhaítear cuid mhaith de 'scéal' a chuid dánta ina shaothar ó thús in áiteanna so-aitheanta ar leith a bhfuil suntas ag roinnt leo ar leibhéal seachtrach iarbhír a n-ionaid thíreolaígh fhisiciúil agus ar leibhéal na beatha inmheánaí, 'grinneall' an dáin 'An Tumadóir' thuas, i sícé an fhile – Cathair Chorcaí, Ráth Maonais, Sráid Grafton, Club an Chonartha, cathair Luimnigh, an Daingean agus a leithéidí – mar atá feicthe thuas. Bíonn na háiteanna seo ar fad 'ar tinneall' le scéalta. Tugann sé síob lá d'fhear, ar garraíodóir é, agus é ar an mbóthar idir Gaillimh agus Baile Átha Cliath:

Cith eile flichshneachta;
Ansin las an ghrian
An bóthar romham tríd an Uarán Mór
Soir go Béal Átha na Sluaighe
Is bhí an carr ina tigín gloine
Ar tinneall lena scéalta garraíodóireachta.
('Ciorrú Bóthair', D 23)

Níl aon amhras faoi, áfach, ach gurb í an Ghaeltacht an suíomh sácráilte, an *lieu sacré*, i bhfilíocht Davitt. Go deimhin, ba í an Ghaeltacht Mecca, San Francisco agus Greenwich Village uilig in éindí d'fhilí *Innti*, agus do chuid mhaith eile againn a thug an bóthar céanna siar orainn féin sna 1960idí agus na 1970idí, tráth a raibh polaitíocht na féiniúlachta, ar an leibhéal pearsanta agus pobail, go mór i gceist ar fud an domhain agus daoine áirithe ag diúltú don tsochaí thomhaltach a bhí ag bailiú nirt ag an am céanna. I gcás Davitt, ba é Corca Dhuibhne 'mo thearmann grá' ('An Cogar', D 100), an 'Ríocht shíoraí siar amach thar thiar … gan tráth gan chríoch' ('Paidir ~ 32, Ón Ríocht', D 171), an áit shuntasach sin a dtugtar cuairt go rialta air agus ar féidir é a shainiú sa domhan inmheánach chomh maith céanna leis an domhan seachtrach, an áit ar leith sin ina dtagann an file ar léaspairtí suntasacha tarchéimniúla tuisceana air féin mar dhuine agus mar bhall de phobal agus de thraidisiún ar leith.

Bhain Davitt, agus filí *Innti*, le glúin a thug 'faobhar na faille siar' orthu féin – féach an dán 'Faobhar na Faille Siar in Anglia Sheáin Uí Ríordáin', D 169 – i gcéaduair i dtús na seascaidí ar chúrsaí coláistí samhraidh le linn dóibh a bheith ina ndéagóirí óga sa mheánscoil (féach, mar shampla, *'Where Did We Go Wrong?'*, D 130–1, agus 'Dán XVII' in *Seiming Soir*, 64–5), agus ina dhiaidh sin le linn a gcúrsaí ollscoile agus a saoirse acu mar dhaoine fásta. Deir sé féin:

> Chreideamar go diongbháilte sa Ghaeilge mar theanga bheo labhartha faoi mar a labhraíodh sa Ghaeltacht í; níor spéis linn bheith ag gabháil de chineál Laidine. Ba mhó go mór fada a bhí gnáthmhuintir Chorca Dhuibhne ina bhfoinse léinn, oiliúna agus ionspioráide againn ná na cúrsaí léinn a bhí idir lámha againn sa Choláiste … Bhí Corca Dhuibhne ina scoil scairte againn.[7]

Bligeard sráide, gaigín cathrach a d'admhaigh sa dán 'Seandaoine' nach n-aithneodh 'an chopóg ón neantóg' (D 39) a chuaigh siar go dtí Ollscoil Dhún Chaoin i gcéaduair. Is ann a casadh na 'seancheoltóirí teangan' ('A Sheandaoine', D 66) air agus 'Ó Duinnín i ndeireadh an bháid' (D 66) aige mar ghluais mhínithe ar an gcrua-Ghaelainn. Leithéid Lís Ceárnaighe, Blascaodach, 'seanbhean dom mharú le Gaolainn' a 'chuir Laethanta Breátha/Ó Ollscoil Chorcaí ina n-áit' le cruaGhaeilge dhúchasach Chorca Dhuibhne ('I gcuimhne ar Lís Ceárnaighe, Blascaodach' (D 37). Nó Seán de hÓra agus é ag gabháil 'An Clár Bog Déil' agus 'na súile leigthe siar/ Cúpla céad bliain id cheann' (D 128). Spreag an tuiscint seo an file lena chomaoin féin a dhéanamh leis an traidisiún ársa céanna agus é i mbun a chuid filíochta:

> Gur chuas ar thuairisc Phiarais Feirtéir
> Agus go raibh comhrá beag agam

Leis an seana-thaoiseach file,
Féasóg ceithre chéad bliain air (D 129)

Seo iad na hoidí anama, a dtugann sé a liodán naofa sa dán 'Ní Cailleadh
Chuige Iad':

gúruanna na bhfarraigí,
na gcnoc is na dtinteán

saoithe na n-iomairí
is na n-oileán ... (SS 35)

Is i measc na gceoltóirí teanga seo a chuir an fear cathrach 'aithne
dhúnchaoineach' ('Ar fhilleadh abhaile ó Dhún Chaoin', D 9) air féin, agus
thug sé an meon agus an aigne seo leis ón áit thiar ar an gcuid eile dá aistear
saoil:

Ní cailleadh chuige iad.
Bhíodar inár ndiaidh aniar
ar bhus Thrá Lí

is ar thraein Chorcaí
is d'fhanadar ionainn
ar aíocht, ar buanscoláireacht. (SS 37)

Luigh Davitt Dhún Chaoin agus Davitt Shráid Phádraig an dáin 'Ar
fhilleadh abhaile ó Dhún Chaoin' go nádúrtha le chéile, ag saibhriú agus
ag spreagadh a chéile i gcaitheamh a shaothair ar ráiteas cruthaitheach
réabhlóideach é faoin 'ré chinniúnach' ('Ísle Uaisle', D 142) inar mhair sé.
Bhí an saothar dá réir sin dána, easumhal agus fiú dúshlánach in amanna.
Bhí sé réabhlóideach, radacach, treascrach, suaiteach chomh maith agus
lán de mhugadh magadh agus é ag tabhairt faoi amadántacht, faoi bhaois,
faoi dhúire an duine i saol diostóipeach 'd'fhonn cealg a chur i dtóin
cheartchreidmheach na Seoiníní'.[8] Dá réir sin, d'éirigh leis focalphictiúr
samhlaíoch nuálach dá ré féin a chruthú a chuimsigh popchultúr coiteann
a linne agus cultúr oidhreachtúil na Gaeilge araon in aon ráiteas saolfhada
fileata amháin arbh é an *real thing* é i bhfilíocht chomhaimseartha na
Gaeilge:

B'in ré an *real thing*, Hendrix, An Riadach, Gaolainn
Dhún Chaoin is níorbh fhiú tráithnín aon amhránaí

nárbh é Ó hEanaí, Ó Catháin nó de hÓra é is gheofá
taibléidín beag gan strus ar phunt a chuirfeadh
ar bhus go Mars thú *via* Crosaire an Diolúnaigh.
('An Nóta Fada Ard', F 34)

NODA

Tagraítear don leagan de dhánta Davitt mar atá in *Dánta 1966–1998* má
bhíonn fáil ar an dán sa gcnuasach áirithe sin. Úsáidtear na noda seo thíos
ag tagairt dá shaothar.

BS   *Bligeard Sráide* (Baile Átha Cliath: Coiscéim, 1983)
D   *Dánta 1966–1998* (Baile Átha Cliath: Coiscéim, 2004)
F   *Fardoras* (Indreabhán: Cló Iar-Chonnacht, 2003)
GG   *Gleann ar Ghleann* (Baile Átha Cliath: Sáirséal-Ó Marcaigh, 1981)
SS   *Seiming Soir* (Baile Átha Cliath: Coiscéim, 2004)

CHAPTER 5

From *Leath* to *Leath*:
Liam Ó Muirthile's embrace
of uncertainty

PETER SIRR

Poets in Irish often have to negotiate a challenging set of territories and allegiances. Unless they are born in the Gaeltacht, the first challenge is often the acquisition of the language to the level where creation in it becomes possible, and that act in itself can set up a dichotomy between what might be perceived as false and what authentic, or between two very different realisations of the authentic. Many contemporary poets are urban, born and educated in cities, and even if not originally from an urban background then spending the greater part of their lives in cities: Gabriel Rosenstock, Michael Davitt, Liam Ó Muirthile, Nuala Ní Dhomhnaill, Biddy Jenkinson or more recently – and this is not an exhaustive list – Louis de Paor, Colm Breathnach, Gearóid Mac Lochlainn, Ailbhe Ní Ghearbhuigh, Aifric Mac Aodha, Doireann Ní Ghríofa. Irish has to be consciously mastered and constantly nourished, often in a context where English is dominant, the language of home, of the wider city. The Gaeltacht is, often, the well – visited, idealised, lived in for longer periods, a heartland of sorts, often a triggering influence, but rarely a home. Liam Ó Muirthile put the situation pungently in a *Fortnight* interview with Liam Carson when his collection *Sanas* was published in 2007.

> I'm a native English speaker, I come from the city centre of Cork. I'm a city boy, I played hurling in the streets. I grew up with the mods and rockers and corner boys, steering-cars, the smell of the river Lee. A lot of my psyche is English language psyche.[1]

He goes on to say that he acquired Irish and 'developed a resentment against the language', that resentment being 'part of our story as well'. At the same time he acknowledged the importance of the Gaeltacht: 'I wouldn't be a writer in the Irish language if there were no Gaeltacht.' Consciousness of language becomes a fundamental part of the poet's armoury, but also a concomitant and necessary self-consciousness: 'Ó Ríordáin spoke of *an teanga seo leath-liom* ['this language half-mine'] as a type of stigma. I think of it in the opposite fashion. I've always known *an teanga* was *leath-liom*. I'm constantly going from *leath* to *leath*. And *leath* plus *leath* equals one, that means wholeness ...'² This isn't a bad description of Ó Muirthile's task as a poet: the attempt to resolve the different legacies that were his cultural and linguistic inheritance, the constant travelling from *leath* to *leath* in order to arrive at some version of wholeness, except that we might break down the equation into more than just two opposing halves and accord some weight to the many different impulses that drove his work. The influence of Cork city, his childhood both there and in the west Cork his people came from, of the Kerry Gaeltacht but also of his travels throughout the country and of his life in suburban Dublin – these all play a role, but there's something else as well, less easily definable, a kind of restless, probing spirit that informs all the work, a reluctance to settle for any one defining reality that manifests itself as an openness to experience, a willingness to be inconclusive, provisional. What follows is an attempt to pull some of those threads together and to suggest that it's just that restlessness that provides Ó Muirthile's sensibility with its real impetus.

Towards the end of his first collection, *Tine Chnámh*, there's a short poem, 'Eolchaire', where the poet describes a sudden feeling of alienation in his suburban house, a loneliness that the suburb itself seems to have stored and released and which seems to be somehow inescapable. Maybe it stems from some 'sean-nóisean de shíocháin, buanbhaile, / babhta arís den eolchaire' (an old notion of peace, enduring home / that longing again). The poem ends with a kind of throwaway inconclusiveness:

> Cloisim mo mhac amuigh ag gol
> ag súgradh lena chuid carranna
> is nuair a fhiafraím 'Cad 'tá ort?'
> Freagraíonn 'Níl fhios agam, níl fhios agam.' (FF, 534)

> I hear my son crying outside
> as he plays with his cars
> and when I ask him 'What's wrong?'
> He answers 'I don't know, I don't know.
> [Author's translation]

It's a small moment of unease or displacement. Some of it, the poet speculates, may have to do with a search for a true place, a 'buanbhaile'. One of the most striking poems in that collection is 'An Parlús', a memory of his grandparents' parlour, the archetypal country parlour used for visitors and the priest during the Stations, but also, here, a kind of secret repository of historical memory and value. The house had its small part in the War of Independence:

> ba mhinic daoine ar a gcoimeád ag síneadh ar an soitil
> is díbríodh an líon tí uair amháin do chúirt mhíleata.
>
> Mioneachtraí na staire, miondéithe mo chine, mo mhiotas,
> ag filleadh ar ais arís dom ar an bparlús
> tuigim anois nach spéis liom ach náisiún na mbailte fearainn. (FF, 516)
>
> people on the run often slept on the settle
> and once the house was cleared for a republican court.
>
> History's minor events, my household gods, my myth
> coming back to the parlour for me
> so now I realise my only interest is in the nation of townlands.
> [Author's translation]

Any discussion of Ó Muirthile's work in English has to grapple to some extent with translation. In this case Bernard O'Donoghue's version in *An Fuíoll Feá – Rogha Dánta* (2013) is more elegant than my literal translation above and better represents the poetry of this argument:

> My small moments of history; my household gods; my myth,
> revisiting the parlour for my benefit, so now I know
> my territory is the nation of small townlands. (FF, 519)

The sense of personal possession in 'my territory', the emphasis on '*small* townlands' gets it right. The small, the minor, the sideshow events, the *lares* and the local: this is the real territory to be savoured and curated. It's a theme returned to at the end of *Tine Chnámh*, in 'Thuaidh' (North). Here there's a tension between the north and south of the country, the Republic and Northern Ireland, the commemoration of an ambush in County Cork and 'history's unfinished business' in the North, two different visions of history and political activism, a conflict the poem doesn't resolve. Its conclusion dangles the poet precariously between the aftermath of Michael Collins' assassination and a fidelity to the laneways of the city where he grew up:

> Uaireanta anseo ó dheas braithim mar a bheinn ar leathláimh,
> go bhfuil cuid éigin díom tar éis Chill Mhichíl ar lár;
> dírím mo phictiúir de Shráid na Beairice, de chuair Abhainn na Laoi
> tá gnó leis idir lámha anseo le críochnú fós, a chroí. (FF, 554)

> Sometimes here in the south I feel like I have only one arm,
> That some part of me is lost after Kilmichael;
> I straighten my pictures of Barrack Street and the curves of the River Lee.
> Here too there's work to do that must be seen through.
> [FF, 555, translated by Peter Sirr]

Earlier in the poem there's an overt and forceful staking out of territory:

> Tá dúthaigh anama ann a bhraithim,
> agus sí seo agamsa í: Sliabh Eoghain, Caipín, Guagán,
> na cúlchríocha ina mbíonn cúl mo chinn ar seachrán
> cé gur minic *dans mon pays je suis en terre lointaine* ... (FF, 552)

> I believe there's a soul territory,
> and this is mine: Slieveowen, Cappeen, Gougane,
> the hinterland where my head roams free
> though often enough *dans mon pays je suis en terre lointaine* ...
> [FF, 553, translated by Peter Sirr]

Landscape is political, inevitably. Ó Muirthile's journeying throughout west Cork is a journey through history, made most explicit in 'Wolfe Tone' in *Dialann Bóthair* which roots itself in the events and people around the aborted attempt by French troops to land in Bantry in 1796 though they were close enough 'to toss a biscuit ashore', in Tone's own words. The final poem of that sequence, 'Óid do Mháire Bhuí Ní Laoghaire' ('Ode to Máire Bhuí Ní Laoghaire'), aligns Ó Muirthile with the spirit and hard-pressed life of the poet of 'Cath Chéim an Fhia'. Her ghost appears on the road to west Cork, a familiar journey, but she's not in any sense a consoling or a grounding figure. The travelling is presented as relentless and nervy, a doomed attempt to feel at home.

An turas sin go bhfuil mo shaol tugtha agam á rianadh
fiafraím ionam fhéin cén fhaid eile atá an cúrsa i ndán,
ag síorathrú giaranna ar chúlbhóithre is an tír á teilgean tríomsa
mar a d'aimseodh urchar im shuíochán mé i luíochán ón mullán.

Maraíonn na bailte fearainn mé gach áit ar fud na hÉireann
paróisteánach gan reiligiún is fós a chreideann san iomlán;
im straeire ainnis cois abhainn Ghleann an Chéama
in Uíbh Laoghaire sa chlapsholas ag lorg anama sa sruthán. (FF, 476)

This journey I'm constantly tracing and retracing
wondering how long more I'll be doing it,
changing gears on the back-roads, the country projected through me
like a bullet reaching me from the hilltop ambush.

All over Ireland the townlands kill me
a parishioner without religion who believes in all of them;
the worthless stranger by the Glen Keam river
in Uíbh Laoghaire in the dusk seeking the soul of the stream.
[Author's translation]

Here the 'bailte fearainn' or townlands don't carry the same sense of spiritual resonance that they offered in 'Thuaidh'; rather, they express a mix of the longing to embrace them all coupled with a Villonesque alienation of being '*en terre lointaine* ...' Deep attachment and unease are perhaps necessary cohabitants for the questing and questioning imagination. Unease extends to another kind of spiritual homeland, the west Kerry Gaeltacht, as expressed in another poem from the same collection. The poet stands in the street surrounded by tourists in clean raincoats, 'Na Herranna na Frauanna na Monsieuranna / na Madameanna na Signoreanna na Signorinanna ...' ('Sa Daingean' / 'In Dingle'), as a severe case of the blues catches up with him. Is there something of the cultural tourist in himself, the poem seems to be wondering; is he another Herr or Monsieur inhaling the mystique of the Gaeltacht? At the end of that poem he seems to locate a more authentic space among the beehive huts of Gleann Fán, but even that has the rug pulled from under it by the last line: 'cheal áit ar bith eile raghad ann' (for lack of anywhere else I'll go there).

In his introduction to *An Fuíoll Feá*, Caoimhín Mac Giolla Léith suggests that the pull of the west has more to do with history, even mythology, than the contemporary reality of Corca Dhuibhne, citing 'Snámhraic' as evidence:

Muintir an Oileáin fós m'inspioráid,
an fear a dúirt lá gur mhaith a raghadh
mála codlata leathloiscthe chun tairbhe
aimsir bhearradh na gcaorach istigh,
na fir is na mná dár thugas grá,
Gréagaigh éachtacha a mhair gan faic,
ar an snámhraic. (FF, 10)

I'm still inspired by the Blasket islanders,
the man who told me once
that a scorched sleeping bag would be useful
during shearing time on the island,
the men and women whom I loved,
stalwart Greeks who lived on nothing,
on flotsam
[FF, 11, translated by Gabriel Rosenstock]

It's entirely typical that Ó Muirthile should focus on both the happenstance of the flotsam and the practical creativity that finds a use for it. But it's also consistent with a strand evident from the early work onwards, and the root of some of the most successful poems in *Dialann Bóthair* and indeed throughout his poetry: physical labour and the almost religious attachment to the implements of work. In 'Athgabháil na Speile' ('A Scythe Recovered') the scythe links him with the land, with the blacksmith who forged the instrument and the man to whom the poem is addressed, whose spirit seems to be guiding him: 'Sí d'uillise a stiúraíonn ón Riasc mo bhuille' (Your elbow from Reesk steers my strokes). Even that consonance of 'uillise' and 'buille' gestures at the continuity. The poem ends with the two reapers working together in a dance of past and present, 'váls an chomhbhuainteora'.

In 'Tobar' ('Well') the attempt to unclog a well provides a similar evocation of past efforts:

Daingním na clocha rabhnáilte a roghnaigh an té a bhí romham
is á dhíonadh le leacacha dom is ea a tharlaím ar a mheon. (FF, 440)

I carefully replace the round stones chosen long since
by another and fall into the rhythm of his mind.
[FF, 441, translated by Caoimhín Mac Giolla Léith]

It's also there in an earlier poem like 'An Máistirshéideoir' ('The Master Blower') where the work is explicitly identified with the art and joy of making:

> Sé an greim docht ar a ghléas múnlaithe,
> an tslat anála agus barr gloine uirthi
> a thugann sásamh. (FF, 542)

> It's the firm grip on the shaping instrument,
> as the breath is blown into the gather
> that satisfies.
> [FF, 543, translated by Peter Sirr]

Whatever happens to the finished product is not of interest; it's the process that counts:

> Is cuma leis faoin bpraghas le híoc, déarfainn,
> ach an méid is gá a dhéanamh álainn
> a dhéanamh. (FF, 542)

> He couldn't care less what it costs,
> wanting what's beautiful, wanting
> the making.
> [FF, 543, translated by Peter Sirr]

The implied equivalence between artistic shaping, physical labour and the crafting of poems is a consistent feature of the poetry. Art, labour, nature, landscape, tradition and language: again and again Ó Muithile's imagination is triggered by the fusion of these elements. An added element is the rootedness in particular landscapes of the labour evoked. The deep connection with west Cork is to the fore in some of his strongest poems. Two from *Sanas* are particularly striking, 'Spailpín' ('Spalpeen'), in memory of Michael Hartnett, and 'Seanathair' ('Grandfather'). Both present a kind of visionary country where labour is joyous, the landscape eroticised:

> na diasa, na gais

> órga ag fás go tiubh
> chomh dlúth le folt
> na mban óg fionn

ag rince ar stáitse
('Seanathair', FF, 232)

the [barley] ears,
the golden

stems growing thickly
as lush as the hair
on the young fair-haired woman
dancing on a stage
[FF, 233, translated by Gabriel Rosenstock]

or

D'fhan sé sa cheo draíochta
is a d'ainmnigh na héin
gach craobh lena gceol
chun nach raghadh sé amú.
('Spailpín' FF, 228)

He was spellbound in the mist
and the birds named
each branch with their music
so he wouldn't stray.
[FF, 229, translated by Greg Delanty]

The dedication to Michael Hartnett and the reference to the birds evoke that poet's 'Muince Dreoilíní' ('A Necklace of Wrens') where the poet remembers coming on a nest of wrens as a child; the wrens circle around his neck, settling on him the craft and inescapable gift of poetry. Ó Muirthile's spalpeen seems part poet, a wanderer of meadows, passing from cabin to cabin, with the eyes of an owl and 'clear insight / into every living mite', a spirit of the landscape whose work is, like poetry, a kind of gift that ties him to the rhythms of the countryside. At the same time he is partly an evocation of the poet's grandfather:

Tá sé ina sheasamh
le gualainn mo sheanathar
ag stánadh faoina chaipín
ón scáil ar a dhá shúil. (FF, 230)

He stands
in my grandfather's guise
staring from under his cap
out of the shade of both eyes.
[FF, 231, translated by Greg Delanty]

Work, the search for rootedness and craft, whether scythe-work or
poem-work, are all part of Ó Muirthile's creative continuum. The gesture
of naming is also an acknowledgement of the deeper cultural and linguistic
past. This is a familial space but also an interstitial locus where Irish meets
Anglo-Irish or Hiberno-English, like the ditch in the late poem 'Faoin
mBráca' ('Under the Harrow') where his blacksmith uncle's harrow lies.
Coming across the harrow with its *'fiacla allta'* (savage teeth) as a boy struck
him with great force; it seemed to have magical powers, but its force also
resided in its potency as a symbol of an in-between place. His memory of
seeing the harrow in the ditch also becomes a declaration of faith in the
conviction that the saying and idioms he heard then would last 'na cianta
cairbreacha amuigh sa spás' (for aeons in outer space):

        sa chomhleá instinniúil
        i gcarball dhá theanga ag fuirseadh
        ar feadh na mblianta (FF, 38)

        in the instinctive fusing
        of two tongues in one mouth, harrowing
        down the years
        [FF, 39, translated by Caoimhín Mac Giolla Léith]

It's a reminder that, for Ó Muirthile, Irish was a continuation of his west
Cork legacy, that the reach from his parents' background to the Gaeltacht
was spiritually and culturally quite short. The Gaeltacht was, for him, as he
told *Fortnight*, a natural destination, 'a personal journey, an extension of
my own background, just taking one more step west, and finding a kind of
fulfilment'. West Cork was always both itself and a vision of what it once
was, just as the Gaeltacht was also a version of his own past and present.
    If that 'instinctive fusing' is one still point in the flux of the oeuvre,
it's not somewhere Ó Muirthile settles for long; rather, he is continually
in search of a point somewhere between stillness and movement, like the
heron in the poem of that title, standing stock still but perpetually alert.

Sometimes it's as if his gift flourishes most, is at its most extended, when he is hovering or finds himself distracted and the poem written is not necessarily the one imagined:

> Bíonn rud éigin de shíor ag teacht
> idir an dán atá le déanamh
> agus an ceann a deintear.
> ('Eitseáil Bheo', FF, 280)
>
> Something is always coming between
> the poem that is to be made
> and the one that gets made.[3] (FF, 281)

There's always something else demanding attention, a squawking rook, 'Cló trom na bpréachán' (the heavy print of crows), a car alarm, all of which prevent the serious business of poetic enquiry, the attempt:

> to etch happiness
> in lines chiselled on glass
> ...
> how to make happiness bide
> when a door slams shut
> in the flood.
> A thousand doors open wide.'[4] (FF, 281)

In the original the effect of this is somewhat different:

> conas sonas a chur
> ag análú,
> nuair a dhúnann an doras
> de phlab sa díle.
> Osclaíonn míle.
> ('Eitseáil Bheo', FF, 280)

The closing rhyme of 'díle' and 'míle', the emphatic positioning of the verb – a feature not available to English – is a reminder of Ó Muirthile's technical subtlety and sound-informed wit. The physicality of 'análú' (breathing), the sense of countless doors opening and a world of possibility flooding in is carried memorably in that concluding couplet. Ó Muirthile liked to think of poetry as organic, even in terms of a poet's own attitude to poems written, which can shift over time. But writing was very much an organic process, open to discovery and alteration, changing mood and tone in the course of a few lines, following the intuitive sense 'in my inner being that the only translation that really matters for a poet is translation at depth, in the unconscious.'[5] To spend any time with Ó Muirthile's work is to be struck by the lack of fixity, the contingent nature of his sensibility, by how much he's given to an aesthetic of rapid response. It doesn't seem accidental that the very first poem of *An Fuíoll Feá*, 'Fúm Féin', is a declaration of this loose-limbed intent, an announcement that the true responsibility is to what's at hand:

> Ní hiad na ceisteanna móra
> atá ag cur tinnis inniu orm,
> ná fiú cad a dhéanfaidh an lá. (FF, 2)

> The big questions
> don't concern me today
> nor what course the day might take
> [FF, 3, translated by Gabriel Rosenstock].

The poem takes its pleasure precisely in its lack of a destination:

> Nílim ag dul in aon áit
> níl aon rud áirithe beartaithe,
> fúm fhéin atá. (FF, 2)

> I'm going nowhere
> nothing in the wide world planned,
> freewheeling.
> [FF, 3, translated by Gabriel Rosenstock].

It could be argued that this devotion to the accidental and impulsive is a feature of the essential urbanity of Ó Muirthile's imagination. The city presents a constant stream of actions and impressions which demand attention, and urban writers, without being necessarily aware of it, can internalise ways of seeing and of codifying experience that are determined by a habitual rapidity of response. Both directly and indirectly the city determines a large part of Ó Muirthile's sensibility, as that 'I'm a city boy' remark acknowledges. His most consciously urban book is *Walking Time*

(1999). It begins, characteristically, with a set of quietist lyrics rooted in the immediate apprehension of the natural life to hand:

> Dreas den teas aneas,
> sruth den bhruth i gcéin
> inniu in Éirinn
> ('Inniu in Éirinn' FF, 334)

> A spell of heat from the south,
> the shell of the distant haze
> today in Ireland
> [FF, 335, translated by Greg Delanty]

We're almost in the world of early Irish poetry, the quick, darting presentation, the focus on the telling particular glimpsed through a suburban window, the observer detached but ecstatic as he inspects the world:

> Molaim an neach is lú
> ó is é is mó
> Éan ar bharr an chrainn
> arís faoi dhó
> ('Lá', FF, 336)

> Praise to the lowliest creature
> for it is greater than great
> The bird atop a tree
> and its mate
> [FF, 336, translated by Gabriel Rosenstock]

'Féach amach an fhuinneog' (Look out the window), we're enjoined, 'tá an saol ar fad ann' (the whole world is there), and at the same time plant yourself firmly in your chair, let your sitting be as intense as your outward gaze. Attractive as these poems are, they serve as a prelude to the real focus and energy of *Walking Time*, the poems that circle the poet's father and the poet's city childhood. Ó Muirthile's father is a constant presence in the work, and his craft as a carpenter informs both the many poems about craftsmanship and the planting of trees. These poems align the poet with the delicacy and flow of the father's work at the same time as they acknowledge the gap between them:

> Tá tú ag socrú dorais id sheasamh sa bhfráma
> ag marcáil suíomh liopaí na mbuninsí le neadú,
> an ais chasta a osclaíonn is a dhúnann bearna
> is eadrainne diaidh ar ndiaidh ó ghlúin go glúin.
> 'Plána' / 'Plane' (FF, 348)

> You wedge a door standing in the frame
> marking where the lips of the hinges go,
> until it swings open and swings closed
> effortlessly between us, my craft and yours.
> [FF, 349, translated by Gabriel Rosenstock]

In the title poem the identification between carpentry and poetry is explicit:

> Táim tnáite, Da, ag buillí pasúir ar mo theanga
> mar bhís-se tráth ag buillí casúir ag tiomáint tairne,
> ('Walking Time', FF, 406)

> I'm knackered now, Da, hammering home words
> as you were beat hammering home nails.
> [FF, 407, translated by Greg Delanty]

The address to the shade of the father is complicated by the fact that it's in a language he wouldn't understand. Language itself is one of the preoccupations of the poem; it's a poem that frenetically seeks its own idiom as it freewheels from thought to thought, a jazzy improvisation, a one-sided conversation propelled by the shared experience of the past, by a need to communicate, a need to find a language adequate to the experience. Hearing the pronunciation of the place name 'Bweeng' (*Na Boinn* in Irish, and *boinn* also means 'tyres') is the initial propellant, reminding the poet of a trip there and of his father's cycling prowess on '*boinn chána*' or 'war-rationed wheels of cane'. The importance of the memories, and of Cork city to the poet's sense of self and his imagination, is emphasised:

> Ringeálann cling chreill Chorcaí
> go binn ionam i gcónaí fo-thoinn –
> duán an 'ng' le tocht go docht im *ghut*
> is níl dul as ach é a scaoileadh amach – (FF, 402)

The lines are typical of the playful sonic patterning of the poem with their heavy alliteration and assonance, including the comic match of 'docht' and 'ghut'. Fellow Cork poet Greg Delanty's translation in *An Fuíoll Feá* runs with that playful energy to such an extent that it reads like an accompanying poem, a riffing half echo rather than a mirror image:

> The knell of Cork bells rings out
> in me under the current of everything.
> I wade in and go with the flow, vamping
> it again along the river from the sawdoctor
> on the South Gate with your saw stuck under my oxter. (FF, 403)

'Walking time' is a tradesman's term for the paid time spent walking to or from a job; for the poet, the 'tráth siúil' is a journeying between past and present, Irish and English, the careful craft of the father with its Euclidean plane and Pythagorean theorem and the ungovernable way of his own vocation. The sense of restless questing finds its release in this book through similar headlong poems like 'Banaltra' ('Nurse'), for his sister, or 'Winooski', for the Vermont-based Greg Delanty, which pile detail on detail and seem to be written in a single relentless rush. Speed is often a virtue for this poet – the impetuous, sexualised rush of the later 'Fast Dán' and 'Speed Dán' function as one version of his *ars poetica*. Here though, whatever the ostensible occasion, Cork is often the real subject. Lake Champlain is substituted with the 'real' lake back home:

> i bhfad ó bhaile ón Loch,
> an t-aon cheann ar domhan a mheánn
> sa tslí atá muintir Chorcaí deimhnitheach
> go bhfuilid *unique*, nó aonchineálach, aonmhúnlach ...
> ('Winooski', FF, 384)

> far from home and the Lough,
> the only lake in the world that counts
> in the sense that Corkonians are convinced
> they are unique, homogeneous, all from the same mould ...
> [FF, 385, translated by Gabriel Rosenstock]

The address to Delanty is part of the assertion of that Cork particularity. The English-language poet is experimenting with Corkonian English just as Ó Muirthile writes in Cork Irish:

tusa ag scríobh
Corcaise Béarla ar an taobh thall is mise ag scríobh
Corcaise Gaeilge abhus ... (FF, 386)

Yet that intense local fidelity doesn't offer relief from the poet's realisation, as he sits in his Dublin suburb, reflecting that the avenue where his friend lives in Burlington is named for the native American word in that region for wild onions. Only the Anglicised name remains of that language, and it's not difficult to imagine a similar fate befalling Irish:

is gur móide
gurb é an boladh amháin a mhairfidh ina diaidh
an boladh fiáin oinniúin a bhí ionainn
oinniún fiáin amháin i ndeireadh dáin (FF, 386)

all that will remain is a scent
the hint of wild onion in us
nothing more than a wild onion legacy.[6] (FF, 387)

Even so, it remains a fruitful source, one that Ó Muirthile will often return to. Much of the subsequent collection, *Sanas*, is preoccupied with it. Its opening poem, 'ÁÉÍÓÚ', revisits the fundamentals of language in the context of an unsympathetic Christian Brother teaching by fear. After break, the pupils had to stand stock still and anyone who moved was punished:

'Go dtí an Oifig. Rith.'
Chleachtaíos dul i bhfolach
im chorp féin ón bhfead chaol,
is phléasc neascóidí ar mo dhrom
is ceann nimhneach im ghabhal
is ba nimhní fós an neascóid
a d'fhan na blianta im cheann,
comhdhéanta de ghutaí oifigiúla.

ÁÉÍÓÚ
oifigiúla.
(FF, 186, 188)

'To the office, *rith*.'
I practised the skill
of hiding in my own body;
boils broke out on my back,
a fierce one in my crotch,
but the most poisonous one
festered in my mind,
was composed of stiff-collared vowels.

AEIOU
collaring us.
[FF, 187, 189, translated by Greg Delanty]

Two aspects of Greg Delanty's translation are interesting: the retention of '*rith*' to drive home the link between the brutality and the language of instruction and 'collaring us' where Ó Muirthile simply has 'official'. The two versions of the reality complement each other edgily, as is often the case in Delanty's mediations. One urban sensibility meets another, and spark naturally off each other.

What comes through in *Walking Time* and subsequently in *Sanas* is a confidence in style as well as subject matter, the sense that any subject can be adequately represented and resourced. In the end, distinctions between urban and rural don't matter much. In fact it's hard to think of a poet more at ease with the whole experience of the island. I go back for instance to a poem like 'Béiteáil' from *Dialann Bóthair*, a poem about burning furze to make way for new growth, which ends with an image of charred bodies in Basra, or to the very different 'Cad é' ('What is it?'), a poem about grief that locates itself in a self-forgetting, absent space where something is being sought that only very gradually reveals itself:

Ní haon leabhar a bhíos a léamh é
más buan mo chuimhne
is a leagas uaim,
cé go seasaim ag na seilfeanna
is go bhféachaim tríothu
is go dtéim ar mo ghlúine ar an urlár.

Ní haon eochair a bhí uaim í
ní rabhas ag dul amach

níor fhágas aon ní ar siúl,
cé go bhfuilim ó sheomra go seomra
ar fud an tí
ag lorg rud éigin
is nach faic é
is go bhfuilim ag déanamh bróin chiúin. (FF, 368)

It's not any book I was devouring,
if memory serves me correctly,
that I put down absentmindedly,
although I stand at the shelves
and scan the book stacks
and fall to my knees.

It's not any missing key.
I wasn't going out.
I didn't leave anything on, although
I'm shuffling from room to room
scouring the whole house for
something
and it's nothing
and I'm mourning quietly.
[FF, 369, translated by Greg Delanty]

Here, it seems to me, is the real genius of Ó Muirthile, the poem that appears to be written despite itself, the subject veiled by the occasion but coming through all the more strongly for its apparent concealment, the poet yielding wholeheartedly to the uncertainties and confusions of experience.

GLOSSARY

FF   *An Fuíoll Feá – Rogha Dánta / Wood Cuttings – New and Selected Poems* (Dublin: Cois Life, 2013)

Tá Deireadh Anois le Ré na bPleidhcí: Tadhall fhilí Innti le hIarthar Duibhneach

PÁDRAIG Ó CÍOBHÁIN

TÁ AN DÚTHAIGH SEO LÁN DE THÍOSANNA AGUS THUASANNA

Ar Dhún Chaoin ba mhó a bhíodh tarrac mhic léinn na Gaelainne ó Choláiste na hOllscoile Corcaigh sna blianta roim dom fhéin freastal ar an ollscoil sin agus sna blianta ina dhiaidh sin, é ina 'Fhill Arís' acu, an uile thráth dá ngaibhidís Casadh na Gráige siar, thar Chlaí an Ridire ar theora pharóiste Dhún Chaoin, go mbídís 'timpeall arís', mar deirtí go fial fáilteach ag tnúth lena dteacht. Thagaidís um Mheán Fhómhair, ar dhála na gcuileanna fómhair, pinginí pitseála déanta acu i rith an tsamhraidh le caitheamh i dTigh Khrugeir, an tábhairne áitiúil ar a raibh clos trácht thairis go forleitheadúil, a bhuíochas san do phearsantacht fhear an tí, Muiris Caomhánach go raibh a dhriotháir Séamas ina ollamh le Sean-Ghaeilge san ollscoil i gCorcaigh san am san.

Ní i dtaoibh le Kruger amháin ó thaobh *Prima Donnas* a bhí an Dún Chaoin ina raibh 'An Uimhir Dhé, is an Modh Foshuiteach,/Is an tuiseal gairmeach ar bhéalaibh daoine'.[1] Duine acu san ab ea Pound, a thaithíodh Tigh Khrugeir, ar a gcuir Seán Ó Ríordáin aithne, go mb'fhéidir dúinn réamhtheachta fhilí *Innti* a thabhairt air – é ina Veirgil dá nDainté:

Ach bhí 'Adhlacadh mo Mháthar'
de ghlanmheabhair agam
is ba tú mo laoch,
    mo ghile, m'fhear.[2]

Ní miste a bhreith chun athchuimhne go gcuireadh na mic léinn seo aithne cheart ar mhuintir Dhún Chaoin, insan iarracht dóibh filleadh ar 'a gcló ceart', díreach mar is léir aithne cheart a bheith curtha ag an Ríordánach ar Phound, ar Joe Daly, ar Mhaidhc File, is a thuilleadh nach iad. Ní i dtaoibh le ranganna ná cúrsaí Gaelainne a bhídís ach iad ag cur aithne ar mhuintir na háite sna tithe lóistín agus, gan dabht, i dTigh Khrugeir, mar a mbíodh an seó ag haipneáil an uile oíche. Feiniméan an 'haipneáil' dá dtagraíonn Pádraig de Paor mar leanas ina shíolshaothar anailíseach ar na buachaillí dána, Ó Searcaigh agus Rosenstock:

> Ní thuigfear tábhacht *Innti* ... go dtí go dtuigfear é i gcomhthéacs a raibh ag haipneáil go healaíonta ar fud an Iarthair i mblianta sin na seascaidí agus na seachtóidí. Deirim 'haipneáil' seachas 'tarlúint', mar ba é an *happening* ceann de na cineálacha ealaíne a shamhlaítear leis an tréimhse sin, go háirithe sna Stáit Aontaithe. San Eoraip, seachas *happenings*, 'eachtraí' ealaíne a thugtaí ar na taispeántais. Samhlaítear na 'heachtraí' seo leis an ghluaiseacht scaoilte a dtugtar *fluxus* uirthi.
>
> Is éard a bhí tábhachtach faoin *happening*, nó faoin eachtra, ná go raibh iarracht ar bun ar chineál eile ealaíne a chruthú – ealaín, nó imirt, a bhrisfeadh na teorainneacha aigne idir an ghnáthbheatha agus an ealaín, idir an réaltacht is an fhantaisíocht. Ní bheadh feasta, dar leo, bearna artifiseálta idir an pléisiúr pearsanta is an pholaitíocht phoiblí. Carnabhal a bheadh san agóidíocht; aon stocaireacht a dhéanfaí, is ina dhráma sráide a bheadh sí. Iarracht an ealaín a thógáil anuas ón tseilf ardnósach nua-aoiseach úd a rinne ornáid álainn gan éifeacht di, agus í a instealladh le lán na cumhachta a bhíodh aici go traidisiúnta – an chumhacht dul i bhfeidhm ar shaol an duine – go fisiciúil fiú.[3]

Trí seachtaine de thréimhse a bhíodh ag na mic léinn timpeall, díolta as lóistín dóibh ag na scoláireachtaí a dháileadh Pádraig Tyers, a bhí i gceannas na Gaeilge Labhartha insa choláiste. An chuid acu a thagadh níosa choitianta ná san, iad féin a bhíodh thíos le pé costas a bhíodh orthu filleadh arís is arís eile ar Dhún Chaoin, um Nollaig, um Cháisc, tamallacha den samhradh.

An t-aos óg dána ar a dtugtar filí *Innti* ba choitianta timpeall sna tréimhsí breise sin i ndeireadh na 1960idí agus i dtosach na 1970idí. B'iad ba mhó go raibh dúil acu san áit. Ní háit go daoine; ní daoine go Dún Chaoinigh – b'in é mar dhán acu é.

Ar fhilleadh d'óigfhile acu arís fógraíonn:

Casadh na Cille á chur díom agam
agus ABRAKADABRA

táim timpeall arís.
[...]
Gerry, Seán is Danny
taibhsí lasta faoi shoilse mo mhótair
ag druidim uaim isteach sa chlaí
is mé ag gabháil tharstu.[4]

Ar athfhilleadh don bhfile céanna arís eile, stadann sa Daingean, mar a mbuaileann na bliúnna é:

Agus sa Daingean tagann na bliúnna orm
mar a chiúnaíonn an ceo anuas ar Cheann Sléibhe,
tá an dúthaigh seo lán de thíosanna agus thuasanna
agus mise im chuairteoir aimnéiseach aonlae.
Is cuimhním ar an té a scríobh i dtarra
ar an bhfalla ag barr an chalaidh i nDún Chaoin:
Rith síos má tá ceamara agat – íoróin in aisce
i mionteanga Eorpach nach dtuigeann puinn.[5]

Níor bheag m'aithne ar an té a scrígh an mana curtha i gcló iodálach thuas lena bhruis tarraidh ar fhalla ché Dhún Chaoin. Cathánach ab ea é, dar chéadainm, Tomás. Amach ó Inis Tuaisceart a tháinig na Cathánaigh. Deirtí go raibh caint na bhfaoileán acu. Seo hé an Tomás a chastar orainn in 'Aosánach', i gcéadshaothar an scríobhaí seo, an reacaire óg agus a pháirtí Tomás suite ar chlaí taobh le Hál Cheaibhin, láimh le Dún Chíomháin, atá i seilbh UCC anois, roim dhul isteach go dtí na pictiúirí a bhíodh ar taispeáint ansan an uile oíche Mháirt i rith an tsamhraidh:

D'fhan sé suite ar an gclaí in éineacht le Tomás, iad beirt ag tarraingt ar an dá thoitín, an gal bánghorm ag éirí amach as chúinní a mbéil, agus ag puthaíl anuas trí phollairí a shrón chomh maith le haon choirpeach ar scáileán. Níor labhair éinne acu go ceann tamaill, iad ansan ina n-aonar ar an seanchlaí faoi dhraíocht ag ciúnas an tráthnóna samhraidh, spréacharnach dheireadh lae na gréine le feiscint acu scagtha ag géaga laga agus duilleoga glasa na dtor, a bhí fásta chun fothana ó shíon an gheimhridh fan chlaí an gharraí laistiar. Monabar an chodlata ag titim ar na héin bheaga sna toir agus ar na gealbhain, pé áit dá rabhadar ag faire ar chaitheamh chucu i gcomhair shuan na hoíche i gcóngar an tí agus an halla, faoi mar a bheadh báidhiúlacht ar leith acu le háitreabh an duine, a nguthanna ag lagú, nóta ar nóta, ansan go hobann ag éirí go hard ar nós scréach, ansan ag lagú anuas nóta ar nóta arís, go dtí gur dhóigh leat go raibh deireadh acu, ach ansan ag ardú a ngutha go dtí an scréach ghéar chaol san arís, faoi mar a bheidís ag troid i gcoinne an chodlata le barr leisce a súile a dhúnadh a leithéid de thráthnóna chomh haoibhinn leis, an t-am nua ag cur iachall orthu dul chun suain leis an lá bán, iad éirithe i bhfad rómhoch. Nó b'fhéidir nach ea. B'fhéidir go rabhadar a rá leo féin gur shimplí na daoine a bhí ag dul isteach sa tseanhalla san, ag féachaint ar scáthanna ar chúpla seanbharrailín paisteálta ar a chéile chun scairín a dhéanamh, in ionad dul abhaile agus dul a chodladh dóibh féin.

Rud éigin mar sin a bhí á thaibhseamh do Thomás mar tharraing sé osna fhada. Duine ab ea é a bhí bunoscionn lena lán dá chomhaoistí ar a lán slite. Ba mhó a thaithníodh cuideachta na hóige leis, b'fhearr leis gíoscán maidí rámha naomhóige, lá samhraidh, ná a bheith ar an dtalamh tirim ag sábháil fhéir; a bheith i gcuideachta mná óige oícheanta meala samhraidh, ná a bheith cloíte ag bean agus clann; a bheith suite ar an seanchlaí cloch lasmuigh de halla na bpictiúirí oícheanta Dé Máirt ag éisteacht agus ag baint tuisceana as bhréithre ceolmhara na n-éan.[6]

MEON DEAS

Ní lú ná níor bheag m'aithne ar an dtriúr a luann an Muirthileach insa véarsa deireanach dá dhán, 'Dún Chaoin', thuas. Gerry Geairbhí ón gCeathrúin an chéad fhear. Seán a bhí le ceart air, rud nárbh eol dom nó go ndúirt m'athair liom é i bhfad tar éis dom aithne a chur ar Gerry. Shamhlóinn gurb é an Seán atá luaite, an té úd ar a dtugtaí Charlie. Seán Ó Conchúir a bhí air ó cheart, má tá aon cheart ag an ainm i leabhar na mbaistí sa mbreis ar pé leasainm a thabharfaí ina dhiaidh sin ar dhuine, go mb'fhéidir gur mhó do shochar dá fhéiniúlacht an athainm ná an ainm oifigiúil. Bhí an meon deas ag Charlie chun déileáil le 'pleidhcí bochta Chorcaí' mar thugadh sé orthu, leithéidí Liam, Davitt, Gabriel, gan aon trácht ar Nuala, mar ná bíodh Nuala timpeall chuige leo súd.

An ábaltacht déileáil le stróinséirí – 'laethanta breátha', mar tugtaí orthu – insa tsainréim teangan a chleachtadh Charlie is a leithéidí eile b'ea thuigtí

le 'meon deas'. Meon nár bheag a bhaint leis an slí ina dtiocfadh óigfhear
de mhuintir na háite timpeall ar óigmhnaoi ón dtaobh amuigh – gné den
gcumarsáid dhaonna a bheireann toise na suiríochta dár dtuiscint ar an
meon deas.

Is é is dóichíde gur theas i bparóiste Fionntrá ba bhéas le Nuala a bheith
i mbun a cló ceart d'athnuachan, óir ba ón bparóiste sin dá muintir. Síltear
dom go ndúirt sí uair éigin gur dhein sí an cinneadh fanacht glan de Dhún
Chaoin agus den scoil liteartha a luaitear leis an Oileán Tiar, ar an gcúis go
gcaith dream éigin ó pharóiste Fionntrá teitheadh isteach ann ó ocras is ó
ghorta aimsir an Drochshaoil – daoine go mb'fhéidir dóibh gaol a bheith
acu leo so luaite sna línte anso thíos, a léiríonn a bhfuil sa dúchas ag Nuala
go feilmeanta:

> Micky the Skinner, a cuireadh amach ar thaobh an bhóthair
> le linn Chogadh na Talún. Thóg na comharsain bothán fóid dó
> go bhfuil binn dó le feiscint fós le hais Droichead Ghleann na hUaighe.
> Aon sórt stoic a chuireadar isteach ar an dtalamh air gearradh na
> speireacha dóibh.
> Tar éis seacht mbliana tháinig a chás suas in *Assizes* Thrá Lí
> is shiúil sé an sé míle fichead éigin slí isteach ann ina bhróga tairní
> is phléideáil a chás féin i mBéarla, ceal airgead aturnae,
> is bhuaigh. Fuair locáiste mór sa chíos, – dhá phunt in ionad sé in
> aghaidh gach bó.[7]

Ar chúl an chinnidh sin a dhein Nuala fuireach glan den ndea-theist a
tharraig leabhra an Oileáin Tiar ar Dhún Chaoin, bhí, dar liom, an tuairim
go mbeadh leithéidí na n-údar ba bhun leis na saothair chlúiteacha san arís
ann. Go mbeadh is é! Go mbeadh sí féin ann, is a leithéidí eile, mé féin
san áireamh, bheadh gach aon tsúil agam, ón meas a léirigh sí ar mo chéad
shaothar *Le Gealaigh* ar *The Arts Show* ar RTÉ Raidió 1 le linn sheachtain
na Gaelainne tréis a fhoilsithe i bhFeabhra na bliana 1991.

Danny Cháit Mhór a thugtaí ar an té-sean, Danny, atá luaite ag Ó
Muirthile ina liric dhúisitheach i dtaobh na bpearsan a chuaigh i gcion air i
nDún Chaoin. Geairbhí ba shloinne dó san chomh maith.

An rud i dtaobh Danny: dhíol sé a thigh ar an gCeathrúin le stróinséir
– poitigéir, nó pragmatach dá shórt – ó áit éigin i gCorcaigh, pé cor a thug
an saol i gcoinnibh Danny bocht a bhíodh chomh lách ina mheon is ina
dhéileáil le pleidhcí bochta Chorcaí. Ceannaíodh an tigh; saor go maith,
ní fóláir, san am. Ba ghearr go ndeineadh pálás tí as. Tháinig cuid éigin de

mhuintir Dhún Chaoin i gcabhair ar Danny. Thógadar botháinín tí ceann peilte ar a thalamh féin dó, síos i dtreo Chill Ghobnatan, mar a raibh an tigh ag an nDochtúir Pádraig de Brún.

Is minic a thionlaicímisne – muintir na Gráige is Chloichir – Danny Cháit Mhóir, mar tugtaí air le barr measa is ceana abhaile ó Thigh Khrugeir, de shiúl na gcos, stadta ag allagar cois claí seal, sara gcuireadh Danny an claí céanna de agus bualadh an gort síos chun a bhotháinín tí, cuid éigin d'óig-éigeas *Innti* insa chomhluadar leis. Bhí de nós ag Danny, agus a thuilleadh nach é, druideam isteach cois claí ó aon mhótar a gheobhadh an tslí, mar shonraíonn Ó Muirthile ina dhán 'Dún Chaoin'.

DÍOGRAISEOIRÍ ÓGA NA GCÚIRTEANNA FILÍOCHTA CARNABHALACHA

Fén am go raibh mótar fé thóin an Mhuirthiligh féin, áfach, bhí ré na bpleidhcí imithe, é féin, Davitt agus Rosenstock, bailithe leo go Bleá Cliath ag tuilleamh na pingine:

> Sinne a chuaigh siar
> ar thóir na bpinginí
> ag titim ón ngealaigh
> a chnuasaigh iad
> a chuir i dtaisce iad
> a mhalartaigh iad i dtithe óil
> a chaith ansan iad:
>
> Con agus Pádraig is mé féin
> agus Liam agus Gabriel agus
> Finín agus Frost agus Máire
> agus Breandán is iad san …
>
> Tá deireadh anois le ré na bpleidhcí
> a Charlie.[8]

Seo hiad na pearsana eile, a bhí ar an ollscoil leis, luaite ag Davitt sa dán thuas in ómós Charlie a cailleadh ar an 2ú Eanáir 1972: Con Ó Drisceoil ón Sciobairín, Pádraig Hamilton ó Bhóthar an Ghlaisín, Finín Ó Tuama (a bhí sa chéad chúpla eagrán d'*Innti*) ó Ard a' Chuilinn, Pól Frost ó

Bhóthar Dhoire Fhionnáin. N'fheadar ná gurb í an Máire atá áirithe, Máire Ní Dhuibhir, a bhíodh timpeall coitianta go maith i dtráth an ama chéanna, mara bhfuil dul amú orm, óir bhíodh mórán Éireann Máiríocha timpeall. Breandán Mac Suibhne ón nDúglas atá i gceist aige, mara bhfuil ana-dhul amú orm, a scrígh d'*Innti* chomh maith. B'eo díograiseoirí óga na gcúirteanna filíochta carnabhalacha a thionóltaí in óstán Vienna Woods: an Ríordánach cosantach cúthaileach, an Direánach sollúnta sonda – an dá mhór-réalt, an dá phríomhaithriseoir.

Mo chuimhnte ar na hoícheanta filíochta i Vienna Woods ná scata againn a dhul de shiúl na gcos Bóthar Ghleann Maighir Íochtarach síos, teas an tsamhraidh ag cáitheadh ó na foirgintí máguaird, ó shuimint an phábhaille fénár mbonnaibh tréis lae breá brothaill insa chathair cois Laoi. Bualadh isteach i seanaphub dá rith ag beirt driféar leathslí go ceann cúrsa. Pint á gcaitheamh siar ar dalladh, go ndeir duine éigin go raibh sé in am buille a chur innti, tabhairt fé Vienna Woods sara mbeadh an seó caillte againn, go mbeadh na doirse iata orainn, is gur bheag dul ar dhul isteach. Ó ba sheó dob ea é ar shó na gile. Haipneáil mar a bheadh seó racanról, mar bhí feiscthe againn sa scannán *Woodstock* a thug éachtaint dhara láimhe cheallalósach dúinn ar cad ba rac-haipneáil ann. Doctor John, Sly & the Family Stone, The Who; ach ansan, Ó Ríordáin, Ó Direáin, Davitt (le 'd' beag, ár ndia beag), Ní Dhomhnaill *et al*, nár mór ná gur mhar a chéile dhúinne iad lena dtaispeántaisí réaltacha taibhléirithe beo acu ós ár gcomhair. An dá mhórfhile díreach luaite beo beathúch ar aon ardán leo. Sea, agus guala ar ghuala leo: iad san níba óige ná iad, iad san a thiocfadh i gcomharbacht orthu, a bheadh ina n-oidhrí ar a n-oidhreacht, ná beadh aon oidhre orthu ach iad fós, nuair a thógfaí ceann ar leith den bh*flux* ar a dtabharfaí 'gluaiseacht *Innti*', lena leanúnachas a ghluaisfeadh ar aghaidh ó ghlúin glúin.

Thaithíodh gach éinne de phearsana Dhún Chaoin ar a gcuir filí *Innti* aithne Tigh Khrugeir, mar a mbíodh cuileachta an dreama óig leis acu; béim ansan ar chleachtadh sa chiall 'spraoi is spórt', agus 'cuideachta', an débhríochas cumasctha insan aontuiscint amháin. Cois cúntúrthach ansúd thiocfaidís orthu: Gerry – fear le dealramh – san áireamh; páirtí báid do Phound is iad ag breith stróinséirí 'on Oileán i naomhóig ar phunt an duine – táille ba chúis leis an leasainm ar Shéamas Ó Lúbhaing, ní Ezra Pound, mar shonraigh Seán Ó Ríordáin ina dhán 'An Feairín'. Pound go dtriail an Ríordánach breith ar a eisint mar dhuine ins an aon fhocal amháin sin 'feairín', a dúirt bean ar a aithne i dtaobh Phound– is gur 'bhailigh Pound isteach sa bhfocal di / Is gur chónaigh ann'.[9]

'INNTI' AR BHÉALAIBH DAOINE

Ní dh'fhágann an chaint seo ar fad ar chuid de na fearaibh a chuaigh i
gcion ar fhilí *Innti* ná go raibh *Prima Donnas* ban leis siar chun Dún
Chaoin, mná tí dá mbeireadar an cion céanna agus go rabhadar go mór
féna gcomaoin. Bhí Julia Daly na Seantórach, bean Sheáin Landers, a
choinníodh leaideanna ó UCC, orthu san. Mo mháthair fhéin, Máire
Bean Uí Chíobháin, ar an nGráig, Mam so 'gainne go bhfan Davitt tamall
aici, a choinníodh a phinginí pitseála i gcrúsca sa churpad gloine taobh na
tine, go dtugadh sé 'Mam' uirthi le buannaíocht (ná tógadh sí air) ach a
n-iarradh smut den airgead chun dul innti – siar Tigh Khrugeir, farradh mo
dhriothár Séamas. Lisa Bean Uí Mhistéal, thuas i dtreo bharra na Ceathrún
a choinníodh óigmhná de chuid na hollscoile céanna, iníonacha léinn
gur maith is cóir iad a lua óir is mór mar chuiridís leis an *ambiance* ach a
mbítí timpeall. Lisa a dh'amhránadh an *chanson de jeune fille*, 'Domhnall
Óg', siar amach san oíche, ina suí dhi cois a tine bhreá fód stuaicín i mbun
a suaimhnis tréis dos na mic léinn filleadh arís ó Thigh Khrugeir. Lisa, gur
driofúr don sáramhránaí Seán de hÓra í, a luaifear níos déanaí, dá bhrí nach
ón ngaoith a thug sí a cumas amhránaíochta léi ach ó Chloichear. Cuir
leo san Lís Bean Uí Chearnaigh. Davitt ag fuireach thiar ina tigh i mBaile
na Rátha Dhún Chaoin, beannaithe i measc na mban. Lís ar bheagán
Béarla, ar mhórán Éireann Gaelainne, má tá. Lís, ar a gcuir Davitt síos insa
phortráid mhothálach thíos de bhean an Oileáin Tiar buailte ag a heolchair
i ndeaghaidh a hoileáinín séin na féile, na fáilte, an neamhdhoichill:

> Tráth bhíodh sí ina dealbh
> Ag fuinneog bharr an staighre,
> Ar strae siar amach thar ché
> Abhaile chun an oileáin i dtaibhreamh
> Is dá dtiocfainn suas de phreib taobh thiar di:
> 'Ó mhuise fán fad' ort, a chladhaire.'[10]

Agus ós ag caint ar naomhóig sinn, is innti a théití, tar éis d'fhear fiafraí
d'fhear eile: 'An raghfá innti?' roimh dhul ag iascach, nó dhul 'on Oileán
le stróinséirí. Baineadh síneadh séimeantach as mar charúl ceistitheach, a
thúisce a tosnaíodh ar an gceist chéanna a chur ó thaobh dhul ag rince seit
i dTigh Khrugeir: is é sin, an raghfá sa tseit, hochtar ins gach aon cheann,
dhá sheit ar an urlár le chéile, Dálaí ag seimint ar a mhileoidean, lasracha
á mbaint aige as an urlár lena shlipéirí bonn leathair. Ba ghearr ansan go

gcuirtí an cheist thánaisteach: duine á fhiafraí de dhuine eile an raghadh sé innti, is é sin, amach i measc na cuileachtan agus charnabhal na hoíche.

Agus sinn tar éis pearsantú a dhéanamh ar Dhún Chaoin tré mheán na dtagairtí do na pearsana meallacacha a dh'áitreabhaigh an paróiste le linn d'óigfhilí *Innti* a bheith siúlach ar an áit, ní miste anois, pearsa eile acu a lua. Maidhc a bhí ar an té seo. Oícheanta Domhnaigh ba mhinicí do Mhaidhc bheith i dTigh Khrugeir, de nós aige an uile abairt a thagadh as a bhéal a phoncú leis an spalla-fhocal 'innti'. Leithéid: 'Láthair Dé, ach go rabhas a' gabháil d'fhéar inniu, innti, cé go b'é an Domhnach é, toisc an drochaimsir, innti. Chaitheas gabháil amach, innti, is breith ar mo phíce, innti, …' An chéad rud eile, bhí 'innti' ar bhéalaibh daoine. Duine acu-san, mo dheartháir Tomás, bhí lé ar leith aige leis an ealaíontóireacht ó bhí sé an-óg: an ealaí sin de ghift' aige. Ráinig do shiopa beag a bheith againn le taobh an tí ag baile ar an nGráig. San am san bhíodh Brú na Gráige ar snámh le mic léinn meánscoile ráithe an tsamhraidh. Gan dabht, ba mhaith mar d'oir dóibh siopa a bheith ina ngaobhar. Mo bheirt driféar a ritheadh é, leaideanna an Bhrú chucu isteach in aghaidh an lae. Ó Choláiste Fhearann Phiarais, ó Choláiste Chríost Rí, mar a bhfuair Liam Ó Muirthile a chuid iarbhunscolaíochta.

Bhí de nós ag Tomás óg a bheith ar a bhruis coitanta agus dheineadh na pictiúirí ba thoradh dá shaothar a chrochadh sa tigh. San am atá i gceist anso againn, ar dhála Phablo Picasso díreach, bhí a eadarlúid ghorm ag Tomás óg leis. Ceann de na píosaí ealaíne a dhein ag an am, bád seoil ab ea é, péinteáilte i ngorm, a scáth sa bhfarraige shéimh in imir den ngorm céanna, an spéir dhúch-ghorm ag dathú na firmiminte dá droim máguaird. 'Innti' ba theideal aige ar an artafacht san, a chroch sé sa tsiopa beag, dar dtagraíos thuas, agus, dar liom go bhfuil a thábhacht féin ag baint leis sin mar chéadluachtaint scríte, domsa ach go háirithe, ag óigealaíontóir dúchasach Duibhneach, ar an mana gur feasach dúinn anois é mar 'Innti'.

Sa Mhainistir Thuaidh a fuair Michael Davitt a chuid meánscolaíochta. Ní thagadh an Mhainistir Thuaidh ar an nGráig chuige. Táim den dtuairim gur thuaidh i bparóiste Mórdhach a thagaidís, Séamas Langford agus Séamas Ruiséal – an dá Shéamas – ina bhfeighil.

AN *HOMO LUDENS* AG *INCIPIT* A EACSTAISE

N'fheadar ná gur thuaidh a tháinig Davitt ar dtúis, gur sa Bhrú a tháinig an Muirthileach i dteannta chleas Chríost Rí, gan aon trácht ar Rosenstock ag an am. Go Coláiste Bhaile Ghormáin; ina dhiaidh sin, go Coláiste Charraig an Tobair, a chuaigh Gabriel. Aon radharc ní fhacthas thar Chrosaire Chloichir siar air san eadarlúid shamhail-earótach ar a bhfuil éachtaint tabhartha sa liric mhothálach so:

> Nuair a bhí an cluiche thart
> Shuigh sé síos in aice liom
> Ag cur allais
> Braonacha ag titim
> Dá chraiceann donn
> Dá éadan.
> Fear úr glas
> I mbrothallán an lae.

> 'Is trua nach n-imríonn tú cruicéad,'
> Arsa Derek.
> Ach bhíos ag éisteacht lena anáil.
> Ag an am
> Bhíos chun é a thabhairt liom,
> Greim docht ar a lámh,
> Go dtí an choill.
> Ach ní raibh sé sin ceadaithe
> De ghnáth
> I gCarraig an Tobair.[11]

Thuas (agus thíos), tá againn an *homo ludens*, ag *incipit* a eacstaise samhail-earótaí, agus a spraoi le focail, caite fé sa tseomra leapan i nGleann an Fhiolair, iar cheann de na haipneáileacha héadónaíocha san árasán ina raibh sé gafa chun cónaithe, ag súil leis an leimhe iarleannántachta a chur ar gcúl, tré ábhar a léamh a bhainfeadh le hábhar:

> Susanne sa seomra folctha
> Ag striopáil –
> Píosa craicinn –
> Caipín snámha ar a ceann.
> Gal.
> Boladh Susanne.
> Uisce Cologne.

Go hobann
Glaoitear orm.
Ná fuilid imithe fós?
Sons and Lovers
Dúnta ar leathanach 265.
Spéaclaí ar ais im phóca.[12]

Ag so againn éachtaint ar an bhflosc chun *fluxus*, mar do chleacht Rosenstock, dá dtagair Pádraig de Paor, insa mhéid uaidh a hathchlódh thuas:

Lig dom do lámh
a phógadh
i sáipéal bán an Uaignis
uair gach uair

B'fhearr liom scáth
b'fhearr liom marbh thú
ná do chroí mar charrchlós
do shúile lasta mar fhógra *motel*

Gach aon radharc 'tá os mo chomhair
scairdeán uisce
dealbh shaighdiúra
ní chím ann thú

Pé áit amuigh go bhfuileann tú
tóg do scairf
caith i bhfad amach uait í
go dtéann sí timpeall na cathrach seo go léir
ansan fáisc

Lig dom do lámh
a phógadh
i sáipéal bán an Uaignis
uair gach uair[13]

Ní chiallaíonn san, áfach, ná béarfadh a dhá chois Rosenstock go hIarthar Duibhneach go brách, óir do dhein in am trátha. Chaith seal i mBrú na Gráige, ina aonar, ar an gcaolchuid, fé mar nach annamh do mhórán mar é, a thograíonn an bheatha fhiliúnta a chaitheamh mar is cóir, cé gur éagóir orthu féin go minic san.

Chinneas ríomhphost a sheoladh chuige agus mé ag scríobh na n-athchuimhnte seo d'fhonn is a dh'fháil amach an dtiocfadh a chuimhní-sean le mo chuimhní-se i dtaobh a thamaill insa Bhrú, agus i dtaobh an árasáin ina gcónaigh seal i bhfoirgneamh darbh ainm Gleann an Fhiolair, ar an tarna agus an tríú hurlár, ag uimhreacha 21, 22 agus 23, Sráid Oilibhéir Pluincéid, le linn a thréimhse ollscolaíochta insa chathair cois Laoi. Seo mar d'fhreagair (faoistin dá dtug cead a rún do ligint):

> Tá breac-chuimhne éigin agam ar thigh ar a dtugtaí Gleann an Fhiolair. Bhí an Ríordánach ag iarraidh breith ar ruball spideoige ach is ag iarraidh féachaint isteach i súile an fhiolair a bhíos-sa, ar chuma éigin. N'fheadar canathaobh. Chun go dtabharfadh sé in airde chun na bhflaitheas mé is dócha mar is cinnte nach ar thalamh na hÉireann a bhí mo dhá chos, ná ar thalamh Chorcaí ná ar thalamh Chorca Dhuibhne, faraor géar.
>
> Dhera sea, bhíos sa Bhrú. Bhíos. Agus mé faoi bhrú ann mar nár thuigeas i gceart cá rabhas. Is cuimhin liom a bheith ar chúl tarracóra oíche amháin ag teacht abhaile ó thigh Kruger, do dhearthair Séamas á thiomáint, agus an chéad rud eile bhí coinín romhainn ar an mbóthar, ina staic ag soilse an tarracóra. Léim Séamas anuas agus bhris muineál an choinín d'aon bhuille dá lámh – níorbh ea, ach dhá bhuille nó trí – agus ansan bhain sé an craiceann de.
>
> 'Ith é sin anois,' ar seisean, mar is dóigh liom nár fhéachas sách beathaithe ag an am, ag maireachtaint a bhíos ar phórtar is ar fhilíocht agus ar aislingí a bhfuilim sa tóir orthu i gcónaí, cé go bhfuil a fhios agam go maith gur istigh ionam féin atá na haislingí céanna agus ní amuigh ansin, i gCorca Dhuibhne ná san Ind. Lig an coinín scréach as agus bhraitheas nach raibh Casadh na Gráige ann níos mó – ná casadh ar bith eile – ná raibh sa domhan go léir ach pian ghéar ... Dá mba leor an chéad bhuille chun an coinín úd a mharú, seans go mbeadh post breá agam ina dhiaidh sin mar bhaincéir, nó mar robálaí bainc, nó a leithéid sin (is beag difear eatarthu); ach nuair ba ghá an dara buille agus an tríú buille chun an coinín bocht a mharú, bhí a fhios agam ansan go mbeadh orm an chuid eile de mo shaol a chaitheamh ag iarraidh ciall a bhaint as an saol.[14]

PÍOBAIRE HAMELIN FHILÍ *INNTI*

Níor chuaigh an Brú i nganfhios do Davitt leis gan a thamall a chaitheamh
ann. Thug píobaire Hamelin fhilí *Innti* a sheal ansúd, agus do chuir aithne
ar phearsa mórtha eile, Tomás Ó Cinnéide, údar *Ar Seachrán*, a mhair béal
dorais, i Meitheamh na bliana 1969, an Tomás a mhórann sé tré mheán a
n-allagair cois cúntúrthach i dTigh Chéin ar an mBuailtín ar a mbíodh
Tomás siúlach scéalach:

'Ná héisteofá, gheobhair *barred*,
Ragham abhaile ar an nGráig
Tá ár seacht ndóthain ólta, a Thomáis;
Táir anso óna trí
Ar oilithreacht dí,
Tá an tAifreann thart, imigh fé shíocháin.'

'A Mhicilín fhada
Nach í seo mo ghairm
Bheith im luí suas i gcoinne cúntúrthach
'San Ghaoluinn a fuaireas óm shinsir
Á spalpadh agam ar an gcomhluadar.'

[...]

'Is cuma cad deirir,
Power beag eile
Go gcloisir uaim Gaoluinn osréalach;
Sin focal go dearfa
Ná cloisfeá ó mhaidin
Anso ná in aon áit sa Ghaeltacht.'[15]

Scaoileadh abhaile ó Choláiste Bhréanainn Chill Airne mise go luath
Meitheamh-san na bliana 1969, an Ardteistiméireacht ar bun agam, mar
go dtáinig mic léinn Choláiste Chríost Rí ar an tarna páipéar Béarla ar
chleas seachas ar chomha, iad á dhíol ar Shráid Phádraig an oíche roimis
an scrúdú, má b'fhíor ráfla, sa tslí go raibh caitheamh orm filleadh arís air
mar dhara páipéar. Ba san eadarlúid sin a bhuaileas le Davitt don gcéad
uair. É ina strapaire ard mothallach, féna chuaráin gan stoca, a bhríste géine
spréite, a hata buachalla bó, a phainseó Tex-Meicsiceach, a ghiotár fuaimiúil
ar sileadh leis síos, a chroí lán de Chasadh na Gráige is sinn ag teacht aniar,

iar oíche eile i dTigh Khrugeir, ag amhrán 'Suzanne takes you down to her place by the river ...', glór na toinne ó Thráigh Chloichir, solas na gealaí míne de dhroim Chnoic Bréanainn thuaidh orainn, gan éinne bocht ar ár gcine.

Chaith Davitt seal i dtigh Sheáin de hÓra i gCloichear tamall ina dhiaidh sin. Amhránaí sean-nóis, a bhuaigh duais an Oireachtais san RDS i mBleá Cliath i dtráth an ama chéanna, ab ea Seáinín Sheosaimh, ag a raibh meon deas thar mar bhí ag éinne. Ardamhránaí, a thógfadh na mairbh ón uaigh, ach a n-ardaíodh anairde 'An Brianach Óg', 'An Gamhain Geal Bán', 'An Clár Bog Déil' – an grá in amhráin na ndaoine ag srónaíl trína choincín, aniar trí cheo na mblian go tairsing an ama ina mbeirimid suas leis, suite cois a thine fód stuaicín i bhfochair Davitt:

> Ba den 'bhog déil' tú fhéin leis,
> Den tseana-shaol a thál
> *Prima Donnas* úd eile Dhún Chaoin,
> Pound, Charlie, An File.
> Bhís déanta dom bhrionglóidí féinig,
> Rothaí aonair ó chathair anoir
> D'iarraidh teacht in inmhe fir,
> Dincthe isteach idir bláthadóireacht uile na *Hippies*
> Agus cúis na teangan. (Níor bhain
> Ceachtar cúis Corca Dhuibhne amach
> Fé lár na seascaidí, ná níor bhain ó shin.)
>
> Do shean-nós tigh Daniel Kane
> A d'adhain mo chluas is mo shamhlaíocht
> An chéad uair riamh. Do shainstíl
> Órach féin gona stadanna obanna
> Is a geonaíl; balcaire beag righin
> Ina cholgsheasamh i lár an fhotharaga
> Is déarfá An Clár Bog Déil fé mar
> Gur tú an suiríoch deireanach ar domhan
> Fágtha ar charraig aonair i measc na dtonn ...[16]

IDIR SÚD IS SO

De thoisc nárbh óigfhile mise ar dhála Nuala, Davitt, Rosenstock, Ó Muirthile is iad san, ní théinn chun cainte leis an Ríordánach go dtína sheomra i Roinn na Gaeilge i UCC, mar dheinidís sin ó am go chéile.

Lá de na laethanta, ráinig dom Con Ó Drisceoil, (atá luaite sna línte buanchlúiteacha: 'Do casadh orm Con Fada fial fíoruasal / Is dúrtsa scéal mo bheatha leis trí n-uaire)',[17] a leanúint go seomra an Ríordánaigh. Nuair a chuala sé gur aniar mé, d'fhiafraigh díom an mé Mícheál De Mórdha, Baile an Ghleanna, Dún Chaoin, go raibh dán ana-dheas aige in *Innti*. I dtaobh báid ag dul 'on Oileán, síltear dom, a dúirt sé ab ea é, sa léiriú dó ar an ómós a bhí aige do ghlúin óigfhilí *Innti* tré chéile. Agus mé ag breacadh mo chuimhní cinn ar an Ríordánach mar réamhobair don bhfilleadh arís seo ar fhilí *Innti*, chinneas a bhfuil curtha síos thíos a chur in athchuimhne dhom fhéin, i ndil chuimhne réamhthreachta, chara, agus fhir mholta fhilí *Innti*:

> Casadh orm an file lá 'sa tsráid', mar a deir siad i gCorcaigh. Bhíos ar mo shlí amach ón Margadh Gallda ar Shráid an Chapaill Bhuí mar a bhfaighinn feoil agus glasraí don ndinnéar ar phraghas réasúnta. Lá bog dorcha tais i dtreo mhí Feabhra ab ea é. Nuair a thána go dtí na soilse tráchta mar a mbuaileann an Phríomhshráid Thuaidh le Sráid Washington chonac an fear néata féna hata caite i gcoinne fhalla shiopa éadaí Mhannix & Culhane's, áit gurbh fhéidir dó an ceannbheart ar a cheann a bheith ceannaithe aige ar a shiúltaibh isteach is amach chun na hollscoile. Seán a bhí ann, giorranáil ó thalamh air – saothar a thug a shaol air. Stadas chun cainte leis, cé ná feadar cad déarfainn, mar ba léir dom go raibh a bhuile tugtha agus gur ar éigean a bhí sé in ann labhairt. D'eachtraigh sé dhom go raibh an donas ar an sórt san aimsire ó thaobh an phlúchta a bhí ag cur as dó, na focail agus seordán acu ag síothlú óna scamhóga leonta, a ucht ag reachtaibh ar phléascadh. Thaibhríos ar láimh chúnta a thabhairt dó, agus é a thionlacan amach chun na hollscoile ar Bhóthar an Iarthair. Idir an sceon is an scian a bhí ina radharc, shamhlaíos go bhfeacathas dom léas den achainí a léirigh gurbh fhearr leis go ligfinn dó ar a bhuille féin, nó go dtiocfadh sé chuige féin. I dtaobh gur bheag a thaithí ar láimh chúnta a dh'fháil ó éinne in am a ghátair, lamhálas a thoil féin dó. 'Bead álraight i gceann tamaillín. Priocse leat, b'fhéidir go bhfuil léacht agat,' ar seisean. Ní dúrt leis ná raibh, ná go rabhas ar mo shlí amach go Bóthar an Iarthair mar a ráinig dom a bheith in árasán nár chosain ach giní sa tseachtain chun smut dinnéir a dhéanamh dom fhéin agus do mo dhearthair Tomás a bhí ag déanamh chúrsa oiliúna do mhúinteoirí adhmadóireachta sa Crawford Tech, ná go mbeadh fáilte roimis sinn a jaidhneáil. Shílíos go mb'fhéidir go raibh ite aige sa *Five Star*, de dhroim ollmhargaidh *Quinnsworth* anairde ar Shráid Oilibhéir Pluincéid, mar a dtéadh, ar gan mhórán speilpe a bheith air,

seachas *The Oyster* mar a dtéadh chun bualadh le leithéidí an Athar Tadhg Ó Murchú, Sheáin Uí Thuama, is iad san.

Dheineas rud air. Phriocas liom. Ach a rabhas ag gabháil thar *The Winning Post – The Thirsty Scholar* is mé á scríobh so – bhuail sé mé gurbh amhlaidh nár theastaigh uaidh moill a choimeád orm i dtaobh na coisíochta a bhí fúm toisc go mbeadh air fhéin a bheith ag stad gach aon chúpla céad slat fan a odaisé phianmhar chun a Ithaca – an seomra a roinn sé le duine de na léachtóirí i Roinn na Gaeilge, an Dr Gearóid Ó Crualaoich, a bhí chomh tuisceanach is go bhfágadh sé an seomra fé féin pé cúpla uair a chloig a thagadh sé isteach – cineáltacht a bhain a bheag nó a mhór den aithreachas díom féin i dtaobh é dh'fhágaint im dhiaidh.[18]

De chionn an tadhaill sin le Seán ag cúinne sráide i gCorcaigh, a hainmníodh i ndeaghaidh an chéad uachtaráin ar Stáit Aontaithe Mheiriceá, chinneas go raghainn agus go léifinn a dhioscúrsaí fileata leis an gcúram agus leis an gcáiréis a thuilleadar. Níl aon aithreachas orm i dtaobh a dhéanta-san, óir dhein brosna intinne díobh ina dhiaidh sin dom agus mé ag coisíocht liom fan m'odaisé liteartha féin.

D'fhilleadh filí *Innti*, nárbh chomh hóg san dóibh a thuilleadh, ó am go chéile ar Iarthar Duibhneach, nó go gcuir an saol is an aimsir scaipeadh na mionéan orthu, go dtarraigíodar an saol orthu féin – mar deirtí. Cúraimí tí is tinteáin, clainne is a gcothú, ag teacht salach ar a ndúil i nDún Chaoin. Idir súd is so leanadar orthu ag cumadh agus ag cumadóireacht – dhá fhocal nach ionann dóibh in ao' chor insa chanúin do chantaí i nDún Chaoin – gur ag cumadh filíochta mar tuigfí an chéad cheann, ach gur ag scaothaireacht agus ag leámharaicíocht mar tuigfí an tarna ceann. Cumas atá le feiscint i *joie de vivre* agus i spraoi le focail an *phuer aeternus* is léir mar Uilphearsa ina gcuid filíochta ó thosach fáis go dtí an fómhar do baineadh, agus atá dá cheiliúradh anso againn, ar a bhfillim féin arís is arís eile.

Fágaim le huacht acu leis gurb í an chuileachta a bhaininn as a gcomhluadar, mé titithe i gcló an bhuachaillín Ghaeltachta cabanta ag teallaireacht agus ag scaothaireacht dóibh, caite fúinn ar fhaiche féir ghlais chearnóig an choláiste, an samhradh ag filleadh go Fódla, an chluais a thugaidís dom, a suim sna seamanna a chaithinn i measc na gcos acu, a spéis sna scéalta greannúla Decameronacha a dh'eachtraínn dóibh d'fhonn ná caillfidís an 'aithne dhúnchaoineach'[19] a bhí curtha acu orthu féin, a ráineodh a bheith ar tí a cailliúna, gurb é an haipneáil sin ar fad agus an tadhall san agam leo go speisialta ba chianchúis dhomhsa dul i mbun thumadh pinn insa phróschumadóireacht blianta ina ndiaidh sin.

Gabriel Rosenstock, Cleasaí

PÁDRAIG DE PAOR

Tús maith, leath an tsaothair. Is i gCill Fhíonáin, Co. Luiminigh, idir machairí méithe na Mumhan agus an Sliabh Riabhach, a chaith Gabriel Rosenstock a óige. Luimníoch sa chéad áit é, iltíreach ina dhiaidh sin. In 'An Móta i gCill Fhíonáin', meabhraíonn an file an tarraingt mhór mheallacach a bhí ag gnéithe de stair agus de thírdhreach a áite dúchais féin air. Cosaint mhíleata a bhí sa mhóta Angla-Normannach i gCill Fhíonáin, ar an dromhcla, ach thíos faoi ar leibhéal eile níos doimhne, ba thearmann spioradálta fosta é. Ar láthair oirnithe ríthe, láthair le haghaidh searmanas nó deasghnáth, a mheastar, a tógadh an móta sin Chill Fhíonáin.[1] Don óganach, *axis mundi* nó *omphalos* a bhí sa mhóta; ba láthair shácráilte aige é. Spás sácráilte a bhí ann, a bhféadfadh an t-ábhar file mothú sa bhaile ann. Ar bharr an mhóta, mhothaíodh sé ceangal le pobal níos leithne ná díreach le pobal teoranta na ndaoine thart air ar an bhomaite sin; bhraitheadh sé ceangal lena shinsir i bhfad siar, agus le háitritheoirí ársa a bhaile dúchais; agus is amhlaidh a mhothaíodh sé ceangal le cultúr 'iomlán', cultúr nach raibh dídhraíochtaithe, cultúr nár shéan an toise spioradálta den saol. Sa dán seo, meabhraíonn an file cuid éigin de rúndiamhair an ama. Caitear an t-am, de réir dealraimh, ach bíonn an aimsir chaite fós le brath mar a bheadh sí i láthair:

> Is dóigh liom gur tuigeadh dom
> I bhfad siar go mairfeadh sé inár ndiaidh
> Go raibh sé níos ársa, níos buaine
> Ná caismirt bhinn na gcamán.
> [...]
> Agus an móta –
> Macalla rúndiamhair balbh ó ghlóir-réim
> Dhearmadta na staire.
> Bhí radharc agat óna bharr
> Ar thaillte méithe na Luimnigh

Scamall scinnideach thar chnoc crannach
Seanchú dearóil á ghrianadh féin os comhair an fhochla
Agus istoíche na réaltaí
Ag stánadh anuas ar an móta
Faoi mar ba dhílleachta leo é.

Ba é ár dTeamhair féin é, déanta na fírinne,
Croílár na cruinne'
(*Margadh na Míol in Valparaíso*, 144).

Téama an-choitianta i bhfilíocht Rosenstock is ea duibheagán dorcha
sin an ama a mheabhrú. Bíonn dánta go leor le Rosenstock ag dul i ngleic
le fadhb an ama, le bagairt an ama. Ina chuid filíochta, bíonn sé an-mhór
ar thóir na suthaine nó na seasmhachta. Go deimhin, thar rud ar bith eile,
is í an tóir bhuile sin ar an bhuaine an fórsa a thiomáineann chun tosaigh
gan stop gan staonadh ina thionscadal filíochta é. Ar ndóigh, ní hé Gabriel
an chéad fhear dána a rinne an tóraíocht sin. Leis na cianta, tá lucht éigse
agus ealaíne ag dul i ngleic le duthaine an tsaoil, agus ag iarraidh ciall a
dhéanamh de chás an duine i láthair imeacht an ama. Tá freagra éigin
áirithe ar fáil san ealaín, go háirithe san ealaín shácráilte. In 'Bó Lascaux',
téann an file siar san am go dtí ealaín luath na clochaoise ársa chun breith
ar chéadiarrachtaí an duine dhaonna é féin a chur in iúl. Tagraíonn an dán
seo do '*the leaping cow of Lascaux*', pictiúr sácráilte a péinteáladh ar bhalla
pluaise in Dordogne na Fraince sa ré phailéiliteach, 16,000 éigin bliain ó
shin, agus ar thángthas arís air agus ar thacar pictiúr pluaise in 1940.[2] Más é
an duine Crómagnónach féin a rinne, ní mór a aithint go bhfuil ardscileanna
ealaíne agus sofaisticiúlacht peirspictíochta sa phictiúr. Léirítear bó ag
rith, a cosa deiridh ardaithe os cionn a líne boilg, mar a bheadh gearrthóg
bheochana an lae inniu ann. Is fiú cuimhniú go raibh an ealaín, an reiligiún,
an pholaitíocht agus an geilleagar uilig comhtháite in aon iomlán amháin
sa tréimhse sin. De thairbhe smidiríniú na comhaimsire, ceiltear na ceangail
sin orainn, nó séantar iad. Tarraingíonn an file inspioráid ón bhó shácráilte
sin go cinnte, agus déanann amhlaidh le greann éadromchroíoch agus le
sollúntacht araon:

A bhó ón anallód
Ar bhalla pluaise Lascaux
Nach giodamach ataoi
Tar éis tríocha míle bliain!
Cuid againne, a bhó, i gceann bliain nó dhó,

Cá bhfios an mbeimid ann níos mó?
A bhó bhuan bhithbheo na léime
Dúisigh led ghéim mé! (MMV 110)

Cé gur file an-chomhaimseartha é Rosenstock, tuigeann sé nach leor
an t-am i láthair chun an réaltacht a cheapadh ina hiomláine. Tá an aimsir
chaite fós linn, go fiú mura n-aithnítear sin i gcónaí. Mura n-aithníonn muid
iad sin a chuaigh romhainn, cad a tharlós dúinne nuair a bheas muide imithe
ar shlí na fírinne? Cé a chuimhneofas orainn? 'Tá na mairbh ag fáil bháis go
tiubh', a mhaíonn Rosenstock in 'Anam Hitler'.[3] An tuiscint gur cuid den
phobal na mairbh, tá sin ag imeacht as agus, dá réir, an tuiscint den phobal
á cúngú go mór. De réir mar a dhéantar dearmad de na mairbh, glactar leis
nach ann dóibh agus nach bhfuil aon ról acu sa phobal. Cuid de ghairm an
ealaíontóra é cuimhne a choinneáil orthu sin a chuaigh romhainn, ach tá na
seanealaíontóirí iad féin ag imeacht as agus a ngairm á ligean i ndearmad.
Is dán taibhsiúil uaigneach é 'Seán Ó Conaill' a phléann leis an imeacht sin
i ndíchuimhne agus leis an ghá le cuimhne. Dán é a cumadh in ómós an
scéalaí chlúitigh as Cill Rialaig, Baile na Sceilg, ar leithinis Uíbh Ráthaigh,
a bhfuil a chuid scéalta bailithe ag Séamus Ó Duilearga in *Leabhar Sheáin Í
Chonaill* (1948):

Chím anois lem shúile cinn é
Sa bhlár
Agus – cheal lucht éisteachta –
Scéalta á n-aithris aige leath os ard
Ar eagla iad a ligint i ndearúd.
Tagann an ghaoth de rúid
Agus beireann léi ruthag dubhfhoclach chun siúil.

Fir na scéal bhfada
Faoin bhfód
Is ina dteannta
Mac Rí na Gréige
Fionn agus na Fianna
Laochra is leannáin a mhair anallód.

An gcaithfidh siadsan síothlú
Chun ligint dúinne análú?

An Ghlas Ghaibhneach
Rí na gCat

Madra na nOcht gCos
Tarbh an Cheo
Seabhach na Faille Fuaire ...
Stadfad dem liodán.

Rangartach fir i ngort
Scéalta ársa á ríomh aige dó féin
Roimh dhul fé don ngréin. (MMV 206–7)

Tá an t-ómós sollúnta sin do mhisteachas sin na healaíne ina chomhartha sóirt d'fhilíocht Rosenstock. Comhartha sóirt eile, go paradacsúil, is ea an féinmhagadh agus greann áiféiseach éigiallda. Cuirim i gcás, pléann an dán 'Clog' le fadhb an ama, faoi mar a dhéanann 'Seán Ó Conaill', ach ar shlí iomlán eile, trí bhíthin an ghrinn osréalaigh. Iarracht is ea an dán ar an am atá ag leá a reo:

Chuireas an clog sa chuisneoir anocht
(Deir daoine go bhfuilim ait). Buaireann cloig mé
Bodhrann siad mé.
Tá treibh áirithe (n'fheadar cárb as iad)
Nach bhfuil smachtaithe fós ag Am
Is ionann inné
Is an bhliain seo caite
...
Chuireas an clog sa chuisneoir anocht
D'fhonn rud éigin (nach eol dom go pras)
A chruthú:
Dúiseoidh an biatas, an cháis is na cairéid reoite
Ar a deich chun a hocht
Léimidís ar an mbus
Is róchuma liom
Chuireas an clog sa chuisneoir anocht. (MMV 92)

Is bunchiúta de chuid na healaíne é go mairfeadh an dán féin níos faide ná an fear dána a rinne, díreach mar a tharla i gcás ealaín phluaise Lascaux. Ach tá sruth eile san ealaín, más imeallach féin é, a dhiúltaíonn dó sin, agus a cheiliúrann an ealaín neamhsheasmhach a imíonn le sruth. Cé nach leanann Rosenstock aon scoil filíochta ar dhóigh dhogmatach, is léir bráithreachas éigin aige le nua-Dhadachas na 1960idí agus na 1970idí (móide a chuid 'happenings'), le drámaíocht na héigéille (Ionesco, Beckett,

Pinter), agus fosta le Lewis Carroll agus Edward Lear. Is é sin, tá an greann áiféiseach, an tsamhlaíocht osréalaíoch, an t-imeartas agus an spraoi go mór chun tosaigh ina shaothar. Agus go paradacsúil, i saothar Rosenstock, tá an tseafóid agus an tsíoraoibh suite taobh le taobh le hurraim sholamanta don mhóimint mhistiúil agus le mórmheas don bhraistint spioradálta. Mar sin de, comhartha sóirt de shaothar an fhile is ea an tóir ar an tsaontacht agus ar an tarchéimniú, i ndomhan atá dídhraíochtaithe dí-eaglaisithe.

LUATHCHLEASAÍOCHT

Go Coláiste na hOllscoile Corcaigh a chuaigh Rosenstock i ndiaidh na scoile, áit ar ghlac sé páirt, mar is eol do chách, san iris filíochta *Innti* a bhí á cur in eagar ag a chara, Michael Davitt ag tús na 1970idí.[4] I measc a chairde óga páirteach in *Innti*, bhí Gabriel Rosenstock ar an chéad duine acu a d'fhoilsigh cnuasach iomlán leis féin: in 1973 a cuireadh i gcló *Susanne sa Seomra Folctha*[5] Chuaigh an chéad chnuasach sin go mór i bhfeidhm ar Chathal Ó Searcaigh, file an-óg san am: 'It is a landmark book; a brazen, wildly inventive, erotically charged volume; bursting with an irrepressible urge to defy, to challenge settled habits of decorum in style and in subject matter'.[6] Sa chéad chnuasach sin Rosenstock, foilsíodh an dán fada, 'Laoi an Mheir-Indiaigh Dhíbeartha', 'one of the most moving works of modern Gaelic literature', dar le Ó Searcaigh.[7] (Is in éindigh le Cathal Ó Searcaigh, a chomhfhoilsigh Gabriel a dhara cnuasach *Tuirlingt*).[8] Ba mhaith liom aird a dhíriú ar aon chuid amháin de 'Laoi an Mheir-Indiaigh Dhíbeartha', eochair dá shaothar ar fad, b'fhéidir. Sa dán, tá an Meir-Indiach aslonnaithe ar tí lámh a chur ina bhás féin, de dheasca ráig éadóchais, ach stopann neach éigin é agus tarrthálann sin é:

> ... Tráthnóna áirithe bheartaíos go hobann fáil réidh leis an saol,
> Deireadh a chur leis – nach raibh sé scriosta cheana féin,
> Fiú sular rugadh mé? ...
> Le caora nimhiúla im' ghlac thugas m'aghaidh ar cheathrú iargúlta:
> Leath slí dom chun na háite labhair cadhóit ón gcnoc.
> D'fháisceas an upa de gheit, doirteadh an sú ...
> I gcathair ghríobháin na hoíche chíoras caint na cadhóite:
> Ag tagairt do thréas, is do threascairt na moingeanna,
> Is dhein sé maitheas éigin di scaoileadh le tocht réabhlóideach.
> (MMV 62–4)

Tá an chadhóit ina chineál slánaitheora, mar sin de, sa dán sin. 'Cleasaí' aircitíopúil is ea an chadhóit i miotaseolaíocht na Meir-Indiach, sa staidéar a rinne Lévi-Strauss ar scéalta na mbundúchasach Meiriceánach.⁹ Agus dar leis, is idirghabhálaí í an Chadhóit idir dhá chodarsnacht; idirghabhálaí í, i ndeireadh na dála, idir an bheatha is an bás. Neach tairseachsúil paradacsúil í an Chadhóit a réitíonn an chodarsnacht sin. Ról sin an chleasaí aircitíopúil a tharraingíonn Rosenstock chuige féin. Agus déanann amhlaidh, b'fhéidir, chun é féin a shábháil ar an *ennui* nua-aoiseach sin a chuireann sé in iúl ina dhán luath, 'Deireadh seachtaine na Martinis Dry'. Dán é atá lán le 'world-weary, glib, modern day socialites' (i bhfocail Uí Shearcaigh).¹⁰ Tarraingíonn Rosenstock air féin pearsa an Chleasaí chun é féin, mar Ghael aslonnaithe nó 'díbeartha' a shábháil ar thuraireacht an domhain aimrid ina bhfaigheann sé é féin, domhan dídhraíochtaithe dí-eaglaisithe (chun tarraingt ar théarma Weber, 'Entzauberung der Welt').

RÓL AN CHLEASAÍ

Tá an Cleasaí i miotaseolaíocht na Meir-Indiach analachúil, ar mhórán slite, leis an charnabhal sna meánaoiseanna san Eoraip, agus le Mercurius na hailceimice, agus le carachtair go leor i mbéaloideas na hEorpa, dar le Jung.¹¹ Na tréithe a luaitear leis an Chleasaí agus le 'spiorad na cleasaíochta' ná: a chlaonadh bobanna a bhualadh ar dhaoine, jócanna nó drochjócannna a imirt nó a insint; a chumas a dheilbh a chlaochlú; a nádúr leathainmhíoch agus leathdhiach nó leathdhiabhalta; tarlaíonn go leor taismí dó; is saghas amadáin é; is neach é a chiaptar go minic, agus imríonn sé ról slánaitheora leonta, nach mbeifí ag súil leis. Sa chanúint chomhaimseartha, is *chaotic neutral* é. Frithlaoch agus fear grinn é a chuireann gaisce i gcrích trí thimpiste agus trí bhíthin a amaidí, nuair a theipeann ar dhaoine stuama siosmaideacha in ainneoin a sáriarrachta. Neach tairseachúil is ea an Cleasaí, mar a luadh. Is é sin, is neach ainmhíoch agus neach neamhshaolta araon é, níos ísle ná an duine agus níos airde ná é san aon am amháin. As seo a ról mar idirghabhálaí. Seo an comhthéacs, dar liom, don síorluascadh i saothar Rosenstock idir an súgradh is an dáiríre, idir an áiféis is an tsollúntacht. Luascann sé gan choinne idir an toise tarchéimitheach is pleidhcíocht an pháiste, idir an bhraistint mhistiúil agus spraoi na seafóide.

I dtéarmaí Jung de, freagraíonn an Cleasaí aircitíopúil sin d'fheiniméan shíceach, do ghné den neamh-chomhfhios chomhchoitianta. Go sonrach, gné den 'Scáil' chomhchoitianta is ea an Cleasaí. Is éard is 'Scáil' ann ná an chuid fholaithe sin de chomhfhios an duine atá ann i nganfhios dó féin, an chuid sin den duine agus dá phearsantacht nach n-aithníonn sé mar chuid de féin nó a bhrúnn sé síos as a aigne chun dearmad a dhéanamh de. Ach sin Scáil phearsanta an duine indibhidiúil. Is ann fosta do Scáil chomhchoitianta, Scáil neamh-chomhfhiosach an phobail. Do Jung, bíonn sícé, chan amháin ag an duine aonair, ach ag an phobal fosta. Mar sin de, an chuid sin de 'phearsantacht' an phobail nach n-aithníonn an pobal mar chuid de féin, sin í a Scáil. Ach briseann an tsibhialtacht an Scáil chomhchoitianta sin síos go dtí nach maireann sí den chuid is mó ach sna miotais, sa bhéaloideas agus san ealaín. Gné de Scáil chomhchoitianta an phobail is ea an Cleasaí agus 'spiorad na cleasaíochta'. Pearsantú é an Cleasaí ar gach aon rud nár mhaith leis an duine shofaisticiúil nua-aoiseach a admháil faoi féin: an *faux pas*, an taisme ropánta, titim an áibhéalaí, amscaíocht an fhir ghrinn, cleasaíocht an fhuirseora, an greann rancáis (an chuid amaideach íseal den duine, aon rud a léiríonn dó nach bhfuil sé chomh sofaisticiúil is a shíleann sé ná nach bhfuil smacht iomlán aige ar a shaol). Nuair a bhrúitear an chuid sin den Scáil síos i sícé an duine nua-aoisigh shofaisticiúil, tagann sé go taibhsiúil aníos ina shaol. Sampla de seo ná an duine a bheadh 'faoi sheilbh' ag Poltergeist, dar le Jung.[12] Tá dán ag Rosentock 'Dybbuk!' (MMV 166) (cineál Poltergeist é an Dybbuk sa traidisiún Giúdaise) a chuireann síos go seoigh ar an fheiniméan sin. Samplaí sonracha eile de spiorad sin an Chleasaí is ea na dánta 'Uaireanta is Fear Bréige Mé' (MMV 96–100), 'Syójó' (MMV 182), 'An Pápa Siobhán' (MMV 226) (ar tagairt é d'eachtra charnabhail sa Mheánaois), na dánta faoi Krishnamurphy, ar pearsa an-chleasach é, *Eachtraí Krishnamurphy* (2003), *Krishnamurphy Ambaist* (2004), *Tuairiscíonn Krishnamurphy ó Bhagdad* (2007). In 'Agallamh', is geall le 'hamadán sácráilte' an file a chaitheann a dhúthracht ag scríobh i nGaeilge nuair nach bhfuil mórán de lucht léitheoireachta aige:

> ... Agus conas a chuimhneofar ort, dar leat?
> Mar fhile?
> Mar amadán d'amadáin Dé ... (MMV 186)

Tá feidhm phraiticiúil leis an Chleasaí, dar le Jung. Tá gá leis an Chleasaí chun an comhfhios ársa primitíveach as ar shíolraigh muid a chur i gcuimhne dúinn. Ní ligeann an Cleasaí dúinn dearmad a dhéanamh go raibh muid tráth, ag pointe luath inár n-éabhlóid, dúr, amaideach, brúidiúil, fiáin, foréigneach, ainmhíoch, agus go bhfuil gné éigin den seandúchas sin i bhfolach go domhain ionainn i gcónaí. Ar ndóigh, ní aithníonn an duine nua-aoiseach sofaisticúil sin an ghné phrimitíveach mhíshibhialta neamhintleachtúil de féin ann féin nó, ar a laghad ar bith, brúnn sé as a aigne í. Ach an rud a bhrúitear síos sa neamh-chomhfhios, thig leis pilleadh orainn de phreab ag aon uair. Is mar 'theilgean', sa chiall shícanailíseach, a philleann sé go minic. Is é sin, déanann mo neamh-chomhfhios féin an ghné dhíbeartha sin a 'theilgean', mar a dhéanfadh teilgeoir solais i seanphictiúrlann. Feicim an 'scannán' (gné éigin de mo neamh-chomhfhios) ar 'scáileán' an duine eile. Tá ról slánaitheach ag an Chleasaí sa mhéid is go dtugann sé orainn an ghné mhí-ordúil dínn féin a aithint agus a chur sa chuntas. *Enantiodromia* an téarma atá ag Jung chun an próiseas slánaitheach sin a mhíniú: nuair a théann claonadh éigin thar fóir ar fad, tiontaítear ina mhalairt é. An tseafóid a théann i bhfad, titeann sí chun dáiríreachta, cuirim i gcás (agus a mhalairt). Tá ról an Chleasaí an-cheangailte le feidhm an ghrinn agus an dóigh a dtig leis sin muid a cheangal leis an tsácráilteacht.[13] Briseann an greann isteach ar ghnáthbhealaí machnaimh agus coinbhinsin, agus scaoileann na cnaipí ar an chóta tiubh a chaitheann an *ego* nua-aoiseach postúil chun é féin a chosaint ar na dúile anamúla nach dtuigeann sé. Mar sin de, léimse an úire réabhlóideach a shamhlaítear le dánta luatha sin Rosenstock, i dtéarmaí dhiabhlaíocht ról sin an Chleasaí a tharraingíonn Rosenstock air féin, nó an ról a ngéilleann sé dó. Cuid de ghnó an Chleasaí is ea treascairt (treascairt ealaíonta sa chás seo le seánra, foirm, téama, ton, friotal srl).

TÓRAÍOCHT CORRTHÓNACH SPIORADÁLTA

Neach tairseachúil é an Cleasaí aircitíopúil, mar a luadh thuas. Dá réir, is aircitíopa meallacach é do chultúr mearbhallach a bhfuil na seanrólanna, na sean-nósmhaireachtaí, an seansmacht sóisialta agus an tseanfhéiniúlacht chomhchoitianta ag leá agus ag imeacht as. Tá an claonadh ann filíocht *Innti* i dtús na 1970idí a léamh (go moltach) mar fhórsa réabhlóideach ag réabadh aníos i gcultúr coimeádach. Ach b'fhearr an feiniméan a thuiscint ar shlí níos neodraí: mar thoradh, idir mhaith is olc, ar athrú sách tobann sa chultúr, go háirithe i gcultúr an aosa óig. Athrú ó chultúr '*high group, high grid*' go dtí cultúr '*low group, low grid*', i dtéarmaí Mary Douglas de.[14] Is é sin, ó chultúr uaslathach agus ó chultúr comhchoitianta, go dtí cultúr indibhidiúil agus cultúr ina maolaítear an difreáil i rólanna sóisialta (idir fir is mná, cuirim i gcás). Ní gá go raibh Gaeil óga *Innti* na haimsire sin 'níos saoire' ná aon ghlúin, faoi mar a mhaítear go minic. Bhí an cultúr nua níos scaoilte ó thaobh rólanna sóisialta agus ó thaobh uaslathais de, agus i bhfad níos mó saoirse ag daoine óga chun iad féin a chur in iúl de réir ba mhaith leo. Ach bhí brú nua fosta ag baint leis an éileamh go gcuirfeadh duine é féin in iúl. Agus ní hé an féinchur-in-iúl an t-aon riachtanas i saol an duine. Tá gá le ballraíocht treibhe agus le baile, cuirim i gcás. De réir mar a shealbhaíonn an dispeansáid nua an cheannasaíocht, is léir go bhfuil cineál amháin saoirse á mhalartú ar chineál eile saoirse nó, más fearr leat, cineál amháin míshonais á mhalartú ar chineál eile míshonais. Ina staidéar antraipeolaíoch ar dheasghnátha agus ar riotuail, labhraíonn Van Gennep agus Turner faoin dara céim sa *rite de passage* a dtugtar *liminal* nó tairseachúil uirthi.[15] Staid í atá lán éiginnteachta agus imní, ach fosta lán féidearthachta agus lán de ghealltanas an chlaochlaithe. Ach sa nua-aois uirbeach, ní bhíonn *liminality* nó tairseachúlacht cheart ná deasghnáth ceart ann, ach feiniméin a dtugann Turner *liminoid* agus *rituoid* orthu. Tá cleasaíocht chomhaimseartha Rosenstock le tuiscint sa chomhthéacs sin.

Scéal tóraíochta ar bhaile spioradálta is ea filíocht Rosenstock le leathchéad bliain anuas. Ach ní shásaíonn aon traidisiún spioradálta amháin go hiomlán é. Mhaígh Rilke gurb iad 'na filí beacha an domhain dhofheicthe'. Más ea, beach oibre is ea Rosenstock ag dul ó bhláth go bláth go sceabhach ag bailiú neachtair chun mil na filíochta a sholáthar do phobal atá gann ar an tarchéimnitheacht, agus gann ar 'dhraíocht'. Ní mór don fhile an domhan a athdhraíochtú. Do Rosenstock, is sa chantaireacht dheasghnách atá rún an athdhraíochtaithe sin.[16] Tá a chuid filíochta lomlán de thagairtí don chantaireacht shácráilte. Tuigeann Rosenstock go bhfuil an chontúirt ann go bhféadfadh sé gur gothaí súdaimistiúla a bheadh lena iarrachtaí sa chomhaimsir, mar sin de, roghnaíonn sé chur chuige an Chleasaí. Bíonn greann agus féinmhagadh ag baint lena chuid ruathar iseach sa mhisteachas agus sa spioradáltacht. *Om* (1983) a thug sé ar a cheathrú cnuasach, ainmnithe go measúil agus go magúil araon, as an mantra Hiondúch agus Búdaíoch. Ní thig leis an léitheoir a bheith cinnte cé acu is súgradh nó dáiríre is mó atá i gceist sa dán 'Nirvana' a imríonn leis na focail 'Níorbh ea' agus *nirvana*.[17] In 'Ómós', imrítear leis an dá fhocal 'ómós' agus '*Om*', arís focal sácráilte na Hiondúise agus an Bhúdachais. Arís in 'Lúireach', tá scigiomann againn a thagraíonn, go magúil agus go ceanúil, ar *Lorica* Phádraig Naofa.[18] Samplaí eile de chumha Rosenstock i ndiaidh spioradáltacht na cantaireachta, sa chiall is leithne, is ea 'Billie Holiday', 'Do Meg' agus 'Taisce agus Cailliúint: Osho Rajneesh (1931–1990)'. Sa dán deiridh sin, déanann pearsa an dáin ceiliúradh agus comóradh ar an ghúrú chonspóideach, Osho, trí éisteacht le Murdina Mac Donald, ag canadh sailm Ghàidhlig (le fonn '*Martyrdom*'). Ar shlí, siombail is ea ábhar an dáin do shincréiteachas mearbhallach na linne: salm Gàidhlig á chanadh ar an sean-nós Phreispitéireach á shealbhú mar chomhartha ómóis don Bhagwan (Osho).[19] Iomann canta is ea an dán 'Krishna', a bhaineann le scéal cáiliúl Krishna ag déanamh suirí le cailíní deasa crúite na mbó.[20]

Freagra ar ghéarchéim chultúrtha agus spioradálta na linne is ea saothar Rosenstock, freagra ar dhí-Ghaelú agus ar dhí-eaglaisiú an chultúir, is é sin, freagra ar an bhochtanas chultúrtha. Bhí Éire á nua-aoisiú go gasta sna 1960idí agus sna 1970idí, agus an seanchóras siombalach á scaoileadh as a chéile. Isteach san fhollús, do Rosenstock agus cuid dá chomhaimsirigh, tháinig canóin nua laochra agus gúrúnna, agus pantheon úr: Blake, Rumi, Basho, Buson agus Issa via Ezra Pound, Rilke, Bob Dylan, An Búdachas Zen via na scríbhneoirí Beat, Jack Kerouac, Gary Snyder, Dada, an tOsréalachas, leabhar Tibéadach na marbh, Maharishi Mahesh Yogi via *The Beatles*, Bhagwan Shree Rajneesh / Osho, Hare Krishna, an ghluaiseacht ghlas, cultúr na teiripe, meascán Wilhelm Reich de Freud agus Marx. In 'Osclaím mo dhán' (agus an dá chiall le 'dán' á meabhrú don léitheoir), tá an file ag fógairt a oscailteachta radacaí:

> ... osclaím mo dhán do gach a bhfuil
> a mbeidh a raibh
> a d'fhéadfadh a bheith
> dearúd
>
> seo chugam isteach
> seanchat
> cos colúir ina bhéal
> (chaith a leithéid tarlú)
> buail fút
> seachain an chuach
> tá sneachta ina gob
>
> faigh spás duit féin ansin
> idir
> oráistí is caisearbháin
> cad as a dtáinís chugainn, a sheanchait?
> cá bhfuil an chuid eile den cholúr? ... (MMV 78–80)

Ní shéanann Rosenstock loighic na hoscailteachta radacaí, faoi mar a dhéanann go leor. Caithfidh an ionchuimsitheacht ionraic an t-olc a chuimsiú. Neach débhríoch é an Cleasaí, a sciorrann ó thaobh geal na saontachta den bhóthar go dtí taobh na diabhlaíochta. Tá an Cleasaí débhríoch ar leibhéal na moráltachta, thig leis a bheith cineálta, croíúil agus grámhar, ach fosta dímhorálta nó fiú mímhorálta. Deir Jung go dtéann fréamhacha na Scáile síos go domhain, go hifreann.[21] In 'Anam Hitler', ní cheadaítear neamhshuim d'aon duine, fiú Hitler féin, 'Deachtóirí, ríthe, filí fáin, naoimh ...'

> Ní dhearúdfadsa éan, planda, iasc
> Ainmhí, feithid ná mianraí
> An Dreigít is faide i gcéin!
> Ar son an fholúis mhóir sholasmhair a ghuím anocht ... (S 49)

FORÉIGEAN

Tá cuid de dhánta Rosenstock sách dorcha. In 'In Íoclann m'Athar', níl an foréigean rófhada ar shiúl ón bhaile:

> 'An raibh t'athairse in Arm na Gearmáine?'
> 'Bhí ach dochtúir a bhí ann ... síochánaí ...'
> 'Chuala gur mharaigh sé suas le leathchéad Rúiseach!'
> 'Bréag – '
> Méar ar an truicear, dúnann súil amháin.
> Scréach ansin óm Mham; ach tá a guth i gcéin
> Is níl aon tarrtháil
> Dom féin ná don fhrancach ina phleist ar an urlár.
> Sásamh agus alltacht ag satailt ar a chéile,
> Mo shúile ar bior. Ní thuigim fós cén fáth
> Ar fáiltíodh roimh an gcuairteoir seo le piléar.
> Sábháil é! Tá cógais a théarnaimh anseo in aice láimhe.
> Las an lampa fodhearg, oscail na buidéil!
> Ródhéanach. Siúd romhat an t-éag.
> B'in an chéad mharú
> An chéad cheacht báis; m'athair a mhúin. (MMV 90)

Dán é 'Línte a Scríobhadh le linn Chogadh na Murascaille, Eanáir 1991' a tharraingíonn ar eachtra ghránna ar inis uncail an fhile dó faoi éigniú a rinne saighdiúirí Rúiseacha ar bhean Ghearmánach le linn an dara cogadh domhanda. Chuaigh an t-uafás chomh mór sin i bhfeidhm ar a uncail gur fhigh sé a bhrón faoi isteach ina chuid ceoil mar chuimhneachán agus mar iarracht ealaíne le freagairt don fhoréigean (MMV150–2). Bhí athair an fhile in arm na Gearmáine le linn an dara cogadh domhanda, agus dá réir, chan iontas ar bith é go bhfuil suim mhór ag Gabriel sa chultúr Ghiúdach agus sa Ghiúdais, a ndearna na Sóisialaigh Náisiúnta iarracht iad a dhíothú. In 'Loisceadh' (MMV 306–8), aimsíonn an Gael anamchara in Moyshe-Leyb Halpern, scríbhneoir Giúdaise as 'tír' nach ann di níos mó, Galicia, réigiún ileitneach in Impireacht na hOstaire agus na hUngáire. Agus i ndán eile, 'Ainm', meabhraítear féiniúlacht bhriste an Ghiúdaigh a ndearnadh géarleanúint air:

> Casadh orm Giúdach
> A raibh a ainm is a shloinne glandearmadtha aige –
> D'athraigh sé chomh minic sin é.
> Bíonn deacrachtaí aige ag na cleaners –
> An Blumenfeld inniu é
> Nó Field
> Nó Harry Bloom
> Nó cé sa diabhal atá ag lorg a chuid éadaí ar ais?
> Tá ainm air sa Chumann Gailf
> Agus Ainm eile fós sa tSionagóg.
> Níor fhiafraíos de faoina chlann mhac
> Nó cad a ghlaoitear ar a gclann siúd
> Ach nuair a d'fhágas slán aige
> Bhraitheas go rabhas ag croitheamh lámh le slua. (O 75)

In 'Schwarz', éiríonn le Rosenstock dán a scríobh faoi uafás loiscthe na nGiúdach ar shlí atá coscrach, taibhsiúil, ach i bhfoirm atá mar a bheadh glór saonta an pháiste ag caint ann. Éigiall arís:

> Is dubh iad na préacháin
> a eitlíonn os cionn Dachau
> faoi mar a barrdódh sciatháin
> a sinsear i ndeatach an Uileloiscthe:
> 'cá-cá-cá cá bhfuilid?'
> fir is mná is páistí ...
> Is dubh iad na préacháin
> a eitlíonn os cionn Dachau. (EK 9)

DÁNTA GRÁ

An-leannán is ea an Cleasaí (gné de is ea Airleacán). Chan iontas, dá réir, an-mhórán dánta grá ag Rosenstock. Ní dánta coinbhinsiúnacha grá iad, ar ndóigh, ach cinn atá lán den tnúthán mhistiúil chun an aontaithe agus go minic lán den ghreann, cuirim i gcás, 'Ceacht eolaíochta':

> ... Theastaigh uaim dul as ionat.
> Ach táim ann i gcónaí.
> Soladach. Criostalach. Bán.
> Dothuaslagtha.
>
> Cad a d'imigh ar an turgnamh?
>
> An ealaí dúinn tosaí as an nua?
>
> Agus mé ag síothlú ionat
> Ginfear teas chomh mór sin
> Go gcriostalód ionat:
> Criostal ar chriostal
> Ag gabháil crutha ionat
> Ag teacht is ag imeacht ionat,
> Ann agus as gach re seal
> Ag déanamh aitill agus aoibhnis ionat –
> Go ndriogfar an fíorbhraon. (MMV 160)

Bíonn an cainteoir, ar Cleasaí go minic é, ag dul i ngleic leis an bhaineannach sna dánta sin. D'fhéadfadh aon ghné den bhaineannach a bheith i gceist: bean áirithe, mná i gcoitinne, leannán, bean chéile an fhile (féach 'Tóraíocht'), leannán mná de chuid na samhlaíochta, an prionsabal baineann á phearsantú go haircitíopúil, carachtar baineann sa litríocht, pearsa bhaineann sa mhiotaseolaíocht, an bhé, an fhilíocht, nó an Ghaeilge féin. Is í an bhé nó an fhilíocht is mó atá i gceist sna dánta 'Éabhlóid' (MMV 164), 'Dún do Shúile' (MMV 168), 'Saotharlann' (170), 'Ní Mian Léi an Fhilíocht níos Mó' (MMV 172), 'Radharc' (MMV 174), 'A Bhadhbh!' (MMV 176), 'Mar Ulchabhán' (MMV 178), agus 'Luscaí Dorcha d'Anama' (MMV 180). Sa chnuasach *Bliain an Bhandé* (2007), is é an file acalaí an bhandé, arb ionann í is an Ghaeilge féin. In 'Catsúil dá dtug Semiramis orm', is pearsa stairiúil agus pearsa mhiotaseolaíoch araon í, banríon Aisiriach de chuid an 9ú haois roimh Chríost, ar a leagtar tógáil Ghairdíní Crochta na

Bablóinia (iontas atá arís ar an tairseach go héiginnte idir an stair agus an fhantaisíocht).

> Gairdíní crochta na Babalóine,
> ...
> Catsúil uaigneach dá dtugais orm lá
> A bhanríon
> A rinne saor díom:
> Thógfainn is d'atógfainn anois duit is go brách
> Ceann de Sheacht nIontas an Domhain –
> Níl ionam, ámh, ach Scríobhaí,
> Fear taifeadta éachtaí. (MMV 162)

'NÍLIMSE SÁCH FORBARTHA MAR AINMHÍ CHUN DÉILEÁIL LEAT'

Tá dhá mhóitíf shuntasacha i saothar Rosenstock a thagann le chéile sa dán 'Éabhlóid' (MMV 164): (i) an teanga, agus (ii) ainmhithe nó créatúir. (i) Tá an-mhórán dánta leis an fhile a chíorann ceisteanna teanga go fealsúnach ó pheirspictíochtaí neamhghnácha: 'Sprache' (MMV 290), 'Tagpfauenauge' (MMV 284), 'Konzipierung' (MMV 286), 'Is Tú an Ghaolainn' (MMV 350), 'Cothú' (MMV 154), gan ach cuid an bheagáin a lua. An meán neodrach í an teanga? An uirlis í chun tagairt a dhéanamh do ghnéithe éagsúla den réaltacht? An lipéid atá sna focail? An 'méar á síneadh i dtreo na gealaí' í an teanga? Dá mba ea, níor cheart barraíocht airde a dhíriú ar an mhéar, ach ar an ghealach féin. Cad is fiú dán faoi phictiúr de ghort in Aix-en-Provence a bheith agat, nuair a thig leat lá faoin dtor i ngort in Aix-en-Provence a bheith agat ('Ginmhilleadh', MMV 156)? Cad is fiú dán faoi ghalán ('Apologia Philib a' Gheitire', MMV 112) a bheith agat, nuair a thig leat lán an tí d'fhíorfheithidí a bheith agat? Seo is fiú: thig le héigse anamúil an radharc atá againn ar an saol a athnuachan, nó blas a chur sa saol arís dúinn. Is ea, ar shlí, tá an teanga sa tslí eadrainn is an réaltacht. Ach go paradacsúil, is í an teanga fosta a réitíonn an tslí dúinn eadrainn féin is an saol. Ach í a shaothrú go healaíonta, thig leis an teanga gaol gairid a bhunú agus a chothú idir an duine agus an saol thart air. (ii) Móitíf shuntasach eile atá chun tosaigh i saothar Rosenstock ná créatúir agus dúile na cruinne. Tá an-mhórán dánta aige ina bhfuil ainmhithe, éin, feithidí nó creatúr éigin (daonnóidigh mhiotasacha, ar nós an *Sasquatch*, *Yeti* nó an *Abominable Snowman*). In 'Éabhlóid', tagann an dá mhóitíf sin le chéile, an teanga agus ainmhithe. Maíonn pearsa an dáin, ag caint faoi ghné an Chleasaí, nach bhfuil sé 'sách forbartha mar ainmhí chun déileáil leat'. 'Leat', is é sin, leis an bhé, leis an fhilíocht, leis an Ghaeilge, sin agus le gné éigin den bhaineannach shíoraí. Tá sin soiléir ó chomhthéacs an chnuasaigh as a dtagann an dán *Ní mian léi an fhilíocht níos mó* (1993).

Freagraíonn aircitíopa an Chleasaí do leibhéal primitíveach comhfheasa, de réir Jung, leibhéal primitíveach comhfheasa nár mhaith leis an duine sofaisticiúil cuimhneamh air, ach arbh fhiú dó cuimhneamh air. Staid chomhfheasa a bhí níos gaire don ainmhí, cuirim i gcás, staid daonnóidigh. Le bua na teanga, áfach, dúisítear comhfhios níos airde agus níos sofaisiticiúla, agus fágann an duine daonna slán go deo ag an daonnóideach agus ag ainmhithe eile. Is é an duine daonna an t-aon ainmhí a bhfuil an teanga ina sheilbh aige.[22] Níl cumas teanga ag aon ainmhí eile, fiú i bhfoirm síl. De bharr na teanga, tá éagsúlacht bhunúsach ointeolaíoch idir daoine agus gach ainmhí eile, dar le Chomsky agus Berwick.[23] Pointe tábhachtach acu é nach uirlis chumarsáide í an teanga go príomha, ach uirlis réasúnaíochta.[24] Dá mba uirlis chumarsáide go príomha í, nár bhuntáiste é aon teanga dhomhanda amháin a bheith againn? In 'Krishnamurphy agus an Béarla', tionscadal sotalach tíoránta is ea leathnú an Bhéarla ina theanga dhomhanda, dála Thúr Bháibil go paradacsúil. Ní spreagann aon teanga dhomhanda amháin tuiscint idir daoine, ach go paradacsúil, cuireann in adharca a chéile iad. Cén fáth? As siocair nach uirlis chumarsáide go príomha í an teanga ach uirlis 'réasúnaíochta', uirlis *logos*. *Logos*, sin focal a chuimsíonn briathar, cuntas, dioscúrsa, urlabhra, ord, loighic, argóint, chomh maith le réasún. Is leis an teanga a bhaineann gach gné de réimse céille sin *logos*. *Zwon echon logon*, a thug Arastal ar an duine. Is é sin, ainmhí a bhfuil *logos* ina sheilbh aige, nó go simplí neach 'teangach'. Uirlis 'réasúnaíochta', sa chiall sin, í an teanga, uirlis chun focail a chur ar eispéireas na beatha, chun cuntas a thabhairt air, chun freagairt dó. Is tríd an teanga, nó sa teanga, a bhraitheann muid eispéireas sin na beatha.

Gné amháin den eispéireas sin is ea an díomá le díomuaine na beatha agus an frustrachas le teorantacht na beatha. Freagra an duine ar an eispéireas sin is ea tóir an duine ar neamhshriantacht agus ar an bhuaine, agus a thnúthán leis an tsíoraíocht. Is sa teanga a fhéachann an file leis an tóraíocht sin a dhéanamh, leis an tnúthán sin a shásamh. Chan iontas ar bith é mar tá blas éigin ar an dotheorantacht agus ar an tsíoraíocht ar fáil sa teanga féin: '*the infinite use of finite means*' mar a thug Humboldt uirthi.

Ach ní aislingíocht Rómánsúil de chuid an fhile amháin é an bua seo a lua leis an teanga. Fágann '*recursion*' go bhfuil mianach gan teorainn sa teanga, de réir roinnt teangeolaithe, cumas chun sólúbthachta síoraí.[25] Fágann sin go bhfuil cáilíocht na hinfinideachta, nó gar di, ag an teanga. Leoga, ag tagairt don cháilíocht dhiamhair sin, fiafraíonn Chomsky de féin: '*If a divine architect were faced with the problem of designing something to satisfy these conditions, would actual human language be one of the candidates, or close to it? Recent work suggests that language is surprisingly 'perfect' in this sense.*'[26]

Má thugann an toise seo den teanga cumas cruthaitheachta gan teorainn don fhile, tá toise eile le bua na teanga a chuireann 'teorainn' leis an fhile. Ar ndóigh, má tá cáilíocht na hinfinideachta sa teanga, agus san fhilíocht ach go háirithe, fágann sin nach mbainfear amach choíche a críoch sa saol seo. Beidh míshásamh éigin, teip éigin, ag baint le hiarrachtaí an fhile. Sáraíonn an teanga go fiú an file is fuinniúla. An teip sin, an dudaireacht sin, an bhailbhe sin, sin is spiorad an Chleasaí ann. Bua Rosenstock nach séanann sé an spiorad sin, ach cuireann fáilte roimhe fá chroí mhór mhaith an ghrinn agus an ghrá.

> Cá bhfuil na dánta a gheallas
> A scríobhfainn duit?
> Nílid i ndúch –
> Gheobhair iad i gcúr aibhneacha
> I bhfarraigí
> I ngal os cionn failltreacha
> Ina ngaoithe guairneáin
> I súile fiolar
> Sna scamaill
> Sna spéartha
> Fiú sna réalta.
> Táid ar a gcúrsa síoraí
> Ó neamhní go neamhní.
> Nílid i gcló –
> Sciob cumhracht bláthanna iad
> Is tú ar do ghogaide sa ghairdín ...
> ... Ní féidir tú a ainmniú!
> Gairim thú ó lá go lá
> Le gach anáil.
> Cá bhfuil na briathra?
> Ghlacais chugat féin iad.
> Na haidiachtaí?

Neadaíonn id bhrollach geal.
Poncaíocht?
Tá tú maisithe aici,
Ainmfhocail, gutaí is consain,
Nathanna uile na Gaeilge
Tiomnaím duit iad – Eithne!
('Tóraíocht' MMV, 104)

NODA

Tagraítear den chuid is mó don mhóreagrán *Margadh na Míol in Valparaíso*.
Úsáidtear na noda seo thíos ag tagairt dá shaothar eile:

EK   *Eachtraí Krishnamurphy* (Baile Átha Cliath: Coiscéim, 2003)
MMV *Margadh na Míol in Valparaíso* (Indreabhán: Cló Iar-Chonnacht, 2013)
O   *Oráistí* (Indreabhán: Cló Iar-Chonnacht, 1991)
S   *Syójó* (Baile Átha Cliath: Coiscéim, 2001)

An Domhan Thoir agus Filíocht Nuala Ní Dhomhnaill

RIÓNA NÍ FHRIGHIL

Duine de na filí is mó a shamhlaítear leis an iris *Innti* í Nuala Ní Dhomhnaill agus an t-aon bhean a luaitear go coitianta leis an ghrúpa filí a tháinig chun cinn ag tús na seachtóidí in Ollscoil Chorcaí. Lena chois sin, is í an t-aon fhile Gaeilge go dtí seo ar bronnadh Ollúnacht Éigse Éireann uirthi; bhí cúram na hollúnachta uirthi sna blianta 2001–4. Anuas air sin arís, is í an chéad bhean ar bronnadh duais liteartha idirnáisiúnta Zbigniew Herbert uirthi; gradam a bronnadh uirthi sa bhliain 2018. I bhfianaise an mhéid sin, ní haon áibhéil é a mhaíomh gurb í an file Gaeilge is mó cáil go náisiúnta agus go hidirnáisiúnta lenár linn. Tá an clú leitheadach sin le tabhairt faoi deara i réimse na critice liteartha fosta. Tá trí mhonagraf Gaeilge faoina saothar i gcló[1] agus líon mór aistí critice agus alt.[2] Ina theannta sin, tá borradh faoin chritic as Béarla bunaithe ar na haistriúcháin dhátheangacha dá saothar.[3] Díol suntais an plé a dhéantar ar na haistriúcháin Bhéarla i bhfoilseacháin ghradamúla mar *The Cambridge Introduction to Modern Irish Poetry, 1800–2000* (2008), *The Oxford Handbook of Modern Irish Poetry* (2012) agus *The Oxford Handbook of Contemporary British and Irish Poetry* (2013) agus ar chomhpháirtíocht Ní Dhomhnaill le Paul Muldoon go speisialta.[4] Níl aon amhras ach go raibh tionchar nach beag ag an chomhoibriú seo le Muldoon ar cháil idirnáisiúnta Ní Dhomhnaill. Áiteofar san aiste seo, áfach, go raibh an toise idirnáisiúnta traschultúrtha, lárnach i bhfilíocht Ní Dhomhnaill ón tús agus go bhfuil gnéithe eile de scéal an aistriúcháin le cur san áireamh le tuiscint níos iomláine a fháil ar an tóir atá ar a saothar i gcéin agus i gcóngar.

TÁBHACHT AN DÚCHAIS

Agus *Innti 3* á mheas ag Seán Ó Ríordáin, mhaígh sé, i dtaca le dánta Ní Dhomhnaill go speisialta, go mbeadh trácht orthu feasta.[5] Lena chois sin, leag sé béim ar athshaothrú na litríochta dúchais ina cuid filíochta. Is tréith í seo d'fhilíocht Ní Dhomhnaill a pléadh go mion agus go minic ó shin i leith, ar ndóigh. Tá corpas critice sa Ghaeilge a phléann gnéithe éagsúla den athshamhlú agus den athshaothrú a dhéanann Ní Dhomhnaill ina cuid filíochta ar fhoinsí liteartha agus ar fhoinsí béil. Ag tagairt dó go speisialta don ghné seo d'fhilíocht Ní Dhomhnaill, d'áitigh Gearóid Ó Crualaoich go raibh 'níos mó den dúchas, den bhua sinseartha' i bhfilíocht Ní Dhomhnaill agus b'fhacthas dó go raibh oidhreacht neamhbhriste idir í agus leithéidí Dháibhí Uí Bhruadair agus Aogáin Uí Rathaille.[6] Faoi mar atá sonraithe ag Gearóid Denvir (1988) agus ag Bríona Nic Dhiarmada (1993), is bunchloch de chuid na gcnuasach filíochta s'aici an scéal béaloidis a fheidhmíonn mar réamhrá agus mar réamhspléachadh ar mhórthéamaí an chnuasaigh.[7] Ina choinne sin, is fiú a lua nach bhfuil na criticeoirí ar aon ghuth maidir le feidhm agus le héifeacht an athshaothraithe seo.[8]

Tugann na dánta féin fianaise ar thábhacht thraidisiún na Gaeilge dá tionscadal filíochta. Tagraíonn an dán 'I mBaile an tSléibhe' (DD 79) dá dúiche shinseartha agus dá hoidhreacht liteartha atá préamhaithe go domhain, de réir an dáin, i bparóiste Fhionntrá agus i mbarúntacht Chorca Dhuibhne. Bunaithe ar mhóitífeanna éagsúla béaloidis a bhfuil teacht orthu go forleathan i mbéaloideas Chorca Dhuibhne, atá sraitheanna dánta mar 'Bean an Leasa' (FS 65–76; F 47–51), 'Cailleach', (F 11–51), 'An Leannán Sí', (F 55–80) agus 'Na Murúcha a Thriomaigh' (CA 103–51), mar shampla. Go dearfa, in agallaimh phoiblí agus ina cuid scríbhinní próis, is minic a leagann an file féin béim ar an dlúthcheangal idir a cuidse filíochta agus saíocht Chorca Dhuibhne:

> I would like to focus here on a theme of which I never tire, one of the things that has given me great enjoyment and pleasure as a person as well as the best literary matter as a poet – this country's folklore and, in particular, the folklore of Corca Dhuibhne.[9]

Is í an ghné seo de shaothar Ní Dhomhnaill – athshaothrú an dúchais – atá chun cinn sna cnuasaigh dhátheangacha, agus is díol suime na difríochtaí idir na bunchnuasaigh Ghaeilge agus na cnuasaigh dhátheangacha.[10] I dtaca leis an chnuasach *The Astrakhan Cloak* go speisialta, d'aistrigh Paul Muldoon na dánta úd a thagraíonn do shaíocht na Gaeilge de rogha ar dhánta a thagraíonn d'fhoinsí idirnáisiúnta, dar le Kaarina Hollo (1999: 135–6).[11] Mar a phléifear ar ball, tá an claonadh seo le tabhairt faoi deara arís sna roghanna a rinne Muldoon agus an cnuasach dátheangach *The Fifty-Minute Mermaid* (2007) á chur le chéile aige. Ní hamháin go mbíonn tionchar ag cinneadh den chineál seo ar an tuiscint a bhíonn ag léitheoirí an Bhéarla ar shaothar Ní Dhomhnaill féin, ach de thoradh an stádais chanónta atá ag a cuid filíochta siúd, tá an baol ann go samhlófaí na tréithe céanna le filíocht uile na Gaeilge agus go ndéanfaí neamhiontas dá réir d'éagsúlacht ealaín na filíochta Gaeilge.[12]

Agus an aird á diriú go minic ar athshaothrú an dúchais i saothar Ní Dhomhnaill, is dealraitheach nár tugadh suntas cuí do na gnéithe idirnáisiúnta agus trasnáisiúnta dá saothar. Údar spéise a laghad tráchta a rinne Ní Dhomhnaill féin in agallaimh phoiblí ná ina cuid aistí próis ar an tréimhse cúig bliana a chaith sí ina cónaí sa Tuirc. Eisceachtaí suntasacha iad an aiste 'Seal sa Domhain Thoir: Sojourn in the Eastern World' (2003) agus an léacht dar teideal '*Kismet or the Workings of Destiny*' a thug Ní Dhomhnaill agus í ina hOllamh Éigse Éireann, agus a foilsíodh ina dhiaidh sin sa bhliain 2008.[13] Chomh maith leis sin, tá roinnt fáisnéise ábhartha a thug Ní Dhomhnaill i gcomhráite príobháideacha foilsithe ag an scoláire John Dillon fosta.[14] I dtaca lena cuid filíochta de, áfach, tá toradh na mblianta sin agus an file ar imirce san Ollainn agus ina dhiaidh sin sa Tuirc féin fógraithe go soiléir sa chéad chnuasach léi *An Dealg Droighin* (1981). Tá an cnuasach úd roinnte ina thrí chuid. Tá naoi ndán sa chéad sraith dar teideal 'Dánta Luaithe'; tá sé dhán is tríocha sa dara sraith dar teideal 'Dánta ar Imirce'; sraith sé dhán is tríocha atá sa tríú sraith, 'Ar Fhilleadh ar Éirinn'. Gí go luaitear logainm Turcaise i ndánta mar 'Aingeal an Tiarna' (DD 46), 'Coinnle Cathrach' (DD 55), agus 'Do Suna i bhFetiye faoi Scáth Babadag' (DD 59), is beag mionsonra eile a lonnaíonn na dánta seo go cinnte ar an choigríoch. Go deimhin, dhearbhaigh Ní Dhomhnaill féin gur spreag a tréimhse chónaithe i dtír nárbh é an Béarla teanga an phobail, gur spreag sé sin í le tuilleadh machnaimh a dhéanamh faoi oidhreacht Ghaelach na hÉireann.[15] Cé go bhfuil mothú an duaircis agus an choimhthís an-lárnach sna dánta úd ina luaitear an Tuirc go sonrach, is i dtéarmaí dearfacha a phléitear an tréimhse ar an choigríoch sa dán 'Venio ex oriente' (DD 65), an chéad dán sa tsraith 'Ar Fhilleadh ar Éirinn':

> Tugaim liom spíosraí an Oirthir
> Is rúin na mbasár
> Is cúmhráin na hAráibe
> Ná gealfaidh do láimhín bán.

[...]

Ach tá mus eile ar mo cholainnse,
Boladh na meala ó Imleacht Shlat
Go mbíonn blas mísmín is móna uirthi
Is gur dorcha a dath. (DD 65)

Tuigeadh do Sheán Ó Tuama go raibh tionchar na hiasachta le tabhairt faoi deara ar bhealach indíreach ar shaothar Ní Dhomhnaill:

Ba dhóigh leat uirthi gurb amhla a mhúscail cnoic is gleannta Antolia – gona raidhse fáiseanna agus torthaí – braistint íogair inti i leith a dúiche féin. [...] An gá atá ag a nádúr leis an mbeatha céadtach – le leanaí is le leannáin, le *flora* is le *fauna* – tá sé scríofa ar fud an tsaothair.[16]

San aiste cheannródaíoch chéanna, thagair sé go neamhbhalbh don chomhthéacs pearsanta as ar eascair na dánta, is cosúil. Agus an focal 'turcachas' in úsáid aige, mheabhraigh sé na claontuiscintí cultúir don léitheoir, claontuairimí a ghríosaigh cuid den aighneas clainne, b'fhéidir. Mhaígh sé go raibh '... Nuala Ní Dhomhnaill ar thóir bhun-eisint na mná inti féin – agus shéan sí a máthair sa phróiseas. [...] Déarfadh ár bhformhór go bhfuil turcachas éigin ag baint le haon fhile a rachadh chomh fad sin'.[17] Cruálacht a shamhlaítí leis an fhocal 'turcachas' i dtraidisiún na Gaeilge, agus tagann an Tuamach i dtír ar na tuiscintí sin nuair a mhaíonn sé go bhfuil an turcachas claochlaithe ina mhíneadas sa dán 'Leaba Shíoda', dán atá le háireamh mar 'classic [...] i measc dánta leispiacha an domhain', dar leis.[18] Áiríonn sé na dánta 'Litir' (DD 38) agus 'Fómhar' (DD 39), an dá dhán a thagann i ndiaidh 'Leaba Shíoda' sa tsraith agus a bhfuil an dáta céanna leo – Fómhair 1978 – mar dhánta leispiacha fosta. Tá imir den andúchasachas ag roinnt leis an bhreithiúnas sin, b'fhéidir. Díol suime gur dhiúltaigh an file féin don léirmhíniú seo a mhaíomh gur caidreamh leis an bhé a bhí i gceist aici sna dánta úd.[19] Bunaithe ar thaighde cartlainne a rinne John Dillon ar dhialanna Ní Dhomhnaill, áitíonn sé gur uain chinniúnach dá healaín filíochta a bhí sa tréimhse úd sa Tuirc as siocair gurbh ag an am sin a thosaigh sí ar '*dream writing*' a chleachtadh, is é sin, cuntas a choinneáil ar a cuid brionglóidí agus an t-ábhar a athshamhlú i bhfoirm filíochta.[20]

TIONCHAR AN DOMHAIN THOIR

Foilsíodh aiste Uí Thuama sa bhliain 1986 tráth a raibh dhá chnuasach le Ní Dhomhnaill i gcló. Mar ba dhual don Tuamach, áfach, leag sé a mhéar

ar ghné thábhachtach de thionscadal Ní Dhomhnaill a thiocfadh faoi
bhláth ina dhiaidh sin, mar atá tionchar na hiasachta. Sa cheathrú cnuasach
Gaeilge léi, *Cead Aighnis* (1998), is mó a shonraítear taithí na mblianta sin
ar an choigríoch agus an tionchar a bhí ag cultúr Moslamach na Tuirce ar a
tionscadal filíochta. Tá an cnuasach féin roinnte ina thrí chuid. Caoga dán
atá sa tsraith 'Mo Mháistir Dorcha', sraith a bhaineann go dlúth le cúrsaí
báis; le hanbhás, le bás fisiciúil, le cúrsaí cogaíochta, le bás meafarach – éag
spioradálta agus meath teanga agus cultúir san áireamh.[21]

Meath mionphobail faoi leith is ábhar don dán 'Díthreabhach
Deireanach Sléibhe Latmos' (CA 56–7), dán faoi chomhthionól de
mhanaigh Chríostaí a bunaíodh ar shliabh Latmos sa seachtú haois agus a
mhair go dtí an ceathrú haois déag. Cé gurb í an Tuirc láthair an dáin, níl
aon ní coimhthíoch ag an léitheoir Gaeilge faoin tírdhreach boireannach a
ndéantar cur síos air i línte mar 'Ansan siúd linn arís ag dreapadh an chasáin
ghéir/idir na bulláin mhóra naghais atá scaipithe soir is siar/fén gcnoc'
(CA 56). Treisítear ar an cheangal traschultúir nuair a luaitear 'boladh na
tíme is mismín' leis an áit; nath a mheabhraíonn an luathdhán 'Venio ex
oriente' (DD 65) don léitheoir. Sa dán úd is le dúchas Éireannach an fhile
agus ní leis an Tuirc féin a shamhlaítear boladh an mhismín, áfach. Nasc
traschultúir eile a fhoilsítear sa dán 'Díthreabhach Deireanach Sléibhe
Latmos' is ea an bhéim a leagtar ar an oidhreacht choiteann Chríostaí; is
mar Chéile Dé a shamhlaítear an díthreabhach deireanach a chónaigh as
féin 'i gcabha cloiche faoi bhullán mór naghais' (CA 56). Díol suime an bua
a shamhlaigh an pobal dúchais leis an díthreabhach agus le nósmhaireachtaí
deasghnácha le leanaí a chosaint ó bhaol:

[...]
Muintir na gcnoc ag tabhairt chughat próscaí grutha is meidhg
chun go scríofá amach leabhar Eoin dóibh, le ceangal d'éadach na
leanbh

chun iad a chosaint i gcoinne na 'djinn' is na 'peri' máguaird'
Atá timpeall orainn i gcónaí, is cuma cén creideamh ar a gcasaimíd.
An tslí go léir suas an cnoc is anuas arís, cuimhním ort,
Ar leaca loma Sléibhe Latmos, mar a mhairis id' dhíthreabhach
deireanach. (CA 57)

Tugann an méid seo luathdhán Ní Dhomhnaill 'Breith anabaí thar lear'
(DD 73) chun cuimhne. Sa dán sin, deir an reacaire:

Luaimnigh do shíol i mo bhroinn,
D'fháiltíos roimh do bhreith.
Dúrt go dtógfainn go cáiréiseach thú
De réir gnása mo nuamhuintire.

An leabhar beannaithe faoi do philiúr
Arán is snáthaid i do chliabhán,
Léine t'athar anuas ort
Is ag do cheann an scuab urláir. (DD 73)

Meabhraíonn na línte sin gnásanna áirithe a bhíodh i dtreis in Éirinn agus atá pléite ag Pádraig Ó Héalaí i dtaca le béaloideas an linbh; bua cosanta an aráin, an iarainn, na n-éadaí, an mhaothacháin, na mbeannachtaí agus na bpaidreacha san áireamh.[22]

Agus an reacaire ag déanamh a marana ar oidhreacht an díthreabhaigh agus ar an athrú mór a tháinig ar chúrsaí creidimh sa cheantar ó shin i leith, cuireann sí an cheist: 'Nó an amhlaidh a dhein díot seanduine aisteach, gan pheaca,/ ag cogarnaíl leis féin i dteanga nár thuig ach na mairbh' (CA 57). Ag cur san áireamh gurb iad an meath agus an dul in éag mórthéamaí na sraithe 'Mo Mháistir Dorcha' trí chéile, is doiligh gan cinniúint an díthreabhaigh a shamhlú lena raibh i ndán don scéalaí traidisiúnta Gaeilge le linn an naoú haois déag go speisialta agus meath ag teacht ar thraidisiún na bothántaíochta agus na scéalaíochta. Is geall le tróp faoin tráth seo an íomhá den scéalaí traidisiúnta ag aithris scéalta dó féin sa chlúid agus gan aird ag aon duine eile air.

Tá an ceangal a rianaíonn an file idir gnéithe de stair na Tuirce agus gnéithe de stair na hÉireann níos follasaí fós sa dán 'Plútóiniam' (CA 25–6). Agus reacaire an dáin ag iarraidh ciall a bhaint as caint mhearbhlach duine muinteartha léi a chreideann go bhfuil lucht an ospidéil ag tabhairt uirthi a creideamh a athrú, faoi mar a tharla i bhfad siar le linn an Ghorta Mhóir, meabhraíonn sí oidhreacht thógtha na Tuirce di féin agus turas a thug sí ar fhothracha ársa an Hierapolis, taobh le cathair Pammukkale. Déanann sí ceangal idir an gás nimhneach marfach a sceití agus a sceitear go fóill sa teampall ársa a tógadh in ómós do Phlútón agus an chuimhne ar an Drochshaol a mhair i measc a muintire féin, ar geall le hastú gáis mharfaigh í:

Seo radachur núicléach na Staire
Ní foláir. Fuíoll maraitheach
An drochshaoil is Ré na Súpanna.

Éiríonn sé aníos i gcónaí
Is de shíor
Ón nduibheagán do-aitheanta
Atá istigh ionainn.

Gal bréan an ocrais,
An deatach nimhe
Ón bPlútóiniam, teampall
Uafar Dia Ifrinn. (CA 26)

Díol suntais an úsáid a bhaintear as blúiríní Tuircise sna dánta
'Díthreabhach Deireanach Sléibhe Latmos' agus 'Plútóiniam'; ciúta
liteartha a léiríonn dáimh an reacaire leis an chultúr logánta. Más duine ón
taobh amuigh an reacaire, ina dhiaidh sin féin, tá teagmháil idirchultúir
agus tuiscint ar theanga agus ar sheanchas na háite á cur in iúl sna dánta seo.

'DUBH'

Is líonmhar iad na dánta sa tsraith 'An Máistir Dorcha' a thagraíonn go
sonrach do chultúir eile. I sraith a bhaineann le máistir dorcha an bháis,
ní haon ábhar iontais é, b'fhéidir, dán faoi shléacht Srebrenice a fháil, an
choir aonair ba uafásaí ar thalamh na hEorpa ó aimsir an Dara Cogadh
Domhanda i leith, dar le Kofi Annan, Rúnaí Ginearálta na Náisiún
Aontaithe ag an am.[23] 'Dubh' is teideal don dán agus gabhann an fotheideal
'ar thitim Shrebrenice, 11ú Iúil, 1995' leis. Is fiú suntas a thabhairt do stíl an
dáin féin; tá idir fhearg agus éadóchas le brath sna línte gairide, tuairisciúla
sa chéad dá rann:

Is lá dubh é seo.
Tá an spéir dubh.
Tá an fharraige dubh.
Tá na gairdíní dubh.

Tá na crainn dubh.
Tá na cnoic dubh.
Tá na busanna dubh.
Tá na carranna a thugann na páistí ar scoil ar maidin dubh. (CA 15)

Meabhraíonn cur chuige seo Ní Dhomhnaill tuairimí Czesław Miłosz faoi fheidhm teanga le linn géarchéime daonnúla:

> A great simplification of everything occurs, and an individual asks himself why he took to heart matters that now seem to have no weight. And, evidently, people's attitude toward the language also changes. It recovers its simplest function and is again an instrument of serving a purpose; no one doubts that language must name reality, which exists objectively, massive, tangible, and terrifying in its concreteness.[24]
> (luaite in Agee 1998: réamhrá neamhuimhrithe)

Tagann athrú tobann, áfach, ar stíl liodánach an dáin i rann a hocht agus a naoi agus an reacaire ag trácht ar chladhaireacht na bpolaiteoirí atá ag iarraidh breith ar an fhaill ar mhaithe leo féin:

> Tá na polaiticeoirí ar sciobaidh
> is iad ag baint na gcos is na n-eireaball dá chéile
> ag iarraidh a chur ina luí orainn
> nach fada go mbeidh gach dubh ina gheal.
>
> Is an té a leomhadh a mhisneach dó
> nó a chreidfeadh an méid a deireann siad
> níor mhiste dó b'fhéidir an cheist a chur
> ab ann ab amhlaidh a chiallaíonn sé seo anois
> nach mbeidh ins gach dubhthréimhse ach seal? (CA 15–16)

Cé gur údar déistine agus feirge an cur i gcéill seo, ní tharraingíonn an reacaire ról an mhorálaí mhóir uirthi féin ar an ábhar go dtuigtear di nach bhfuil aon duine, í fein sa áireamh, saor ó locht:

> Ach ní dhéanfadsa.
> Mar táimse dubh.
> Tá mo chroí dubh
> is m'intinn dubh.
> Tá m'amharc ar feadh raon mo radhairce dubh.
> Tá an dubh istigh is amuigh agam díbh.
>
> Mar gach píosa guail nó sméar nó airne,
> gach deamhan nó diabhal nó daradaol,

gach cleite fiaigh mhara nó íochtar bhonn bróige,
gach uaimh nó cabha nó poll tóine
gach duibheagán doimhin a shlogann ár ndóchas,
táim dubh, dubh, dubh.

Mar tá Srebrenice, cathair an airgid,
'Argentaria' na Laidne,
bán. (CA 16)

Tá tábhacht fhocal scoir an dáin gona bhfochiallacha dearfacha atá anois
ar ceal, pléite go beacht ag Caoimhín Mac Giolla Léith:

> Here 'bán' has been forcibly drained of its positive connotations
> by the mounting pressure of the insistently repeated 'dubh'. Those
> connotations have been systematically emptied out. The word has been
> 'semantically cleansed', relieved of its beneficence just as Srebrenica,
> the silver city of Latin antiquity, 'Argentaria', has been irremediably
> tarnished, has been despoiled and laid waste.[25]

Cé go n-aithníonn Caoimhín Mac Giolla Léith bua eiticiúil an dáin,
áitíonn sé go dtagann an aidhm mhórálta salach ar ealaín aestéitiúil an dáin
féin.[26] Ina choinne sin, molann Angus Calder bua an dáin mar shaothar
engagé:

> Ní Dhomhnaill's forceful personal reaction, politically highly
> charged, shows what poetry can do. It is like Neruda's acclaim for the
> International Brigade in 'The Battle of the Jarama River'. Such direct,
> passionate responses beg no questions and pretend no answers.[27]

Tagraíonn Máirín Nic Eoin agus Margaret Greaves don dán 'Dubh' i
gcomhthéacs thuairimí Jahan Ramazani faoin mharbhna nua-aoiseach.[28]
Marbhna nua-aoiseach é 'Dubh', dar leo, nach gcomhlíonann feidhm
shólásach an mharbhna thraidisiúnta ach, os a choinne sin, a nochtann
amhras an fhile faoi acmhainn slánaithe na filíochta i bhfianaise an
léirscriosta agus na brúidiúlachta.

Is é dáileadh an dáin 'Dubh' agus na comhthéacsanna éagsúla inar
foilsíodh é is cás liom anseo, áfach. An bhliain chéanna ar foilsíodh
Cead Aighnis, an cnuasach ina bhfuil an dán 'Dubh' ar fáil, foilsíodh dhá
dhíolaim as Béarla a raibh baint mhór ag Ní Dhomhnaill leo: *In the Heart
of Europe: Poems for Bosnia* (1998), comhfhiontar le Chris Agee, Harry

Clifton agus Bernard O'Donoghue, agus *Scar on the Stone: Contemporary poetry from Bosnia* (1998) in eagar ag Chris Agee. Tá an dán 'Dubh' san áireamh sa dá chnuasach ach tugtar aitheantas ar leith dó sa dara cnuasach díobh seo. Cnuasach suaithinseach é *Scar on the Stone*, an chéad chnuasach de dhánta Boisnise ar aistríodh go Béarla iad ó bunaíodh stát neamhspleách Bhoisnia agus na Heirseagavéine sa bhliain 1992. Dánta le beirt fhilí is fiche a shaothraigh an fhilíocht as Boisnis le leathchéad bliain roimhe sin atá ann agus iad aistrithe go Béarla ag ceithre fhile dhéag, ina measc Ted Hughes, Charles Simic, Harry Clifton, Ruth Padel agus Ní Dhomhnaill féin.

Mar aon le sleachta as *The Witness of Poetry* le Czesław Miłosz, tá dhá dhán mar eipeagraf leis an chnuasach *Scar on the Stone*; 'Blue River' le Mak Dizdar, mórfhile Bhoisnia, aistrithe ag Francis R. Jones agus 'Black' – aistriúchán Béarla le Paul Muldoon ar an dán 'Dubh' le Ní Dhomhnaill. Mar a mhíníonn sé i réamhrá na díolama, tábhacht eiticiúil chomh maith le tábhacht aeistéitiúil a shamhlaíonn an t-eagarthóir féin leis an dán 'Dubh' go speisialta:

> The widespread Western taboo that dichotomises the writer as artist and citizen from the conduct of high politics, so evident in the general literary quiescence in the face of the Bosnian genocide, is just that – a social taboo, a matter of literary autism or careerist caution, and not of course some dictum of artistic scruple, as the epigraph poem by Nuala Ní Dhomhnaill (also the translator of Duraković) dramatically illustrates.[29]

Tá stádas canónta gnóthaithe ag an dán 'Dubh', d'fhéadfá a rá. Tá sé ar fáil as Seapáinis,[30] as Gearmáinis[31] agus as Sínis.[32] Díreach ón Ghaeilge a aistríodh an dá aistriúchán dheireanacha sin. Ar an aistriúchán Seapáinise atá an saothar ealaíne 黒いミルク ('Bainne Dubh') le Miho Ohstubo bunaithe.[33] Ina theannta sin, rinneadh an bundán agus aistriúchán Béarla Paul Muldoon a chnuasach i roinnt díolaimí agus in irisí éagsúla, *An Leabhar Mór / The Great Book of Gaelic* (Dorgan agus Maclean, 2002), *Archipelago: An international journal of literature, the arts, and opinion* (2003), *A Fine Statement: An Irish poet's anthology* (McDonagh 2008) agus *The Fifty Minute Mermaid* (2007) san áireamh. Cé gurb é leagan Béarla Paul Muldoon is cáiliúla, ní hé an t-aon aistriúchán go Béarla atá curtha chun cinn ag foilsitheoirí éagsúla. Aistriúchán Béarla Eiléan Ní Chuilleanáin a foilsíodh i dteannta an bhundáin sna díolaimí *Leabhar na hAthghabhála / Poems of Repossession* (De Paor, 2016) agus *Northern Lights*.[34]

Ní mór cúpla focal a rá faoi chlár an chnuasaigh dhátheangaigh *The Fifty Minute Mermaid*, ámh. Leathchéad dán atá sa tsraith 'An Máistir Dorcha' sa bhunchnuasach *Cead Aighnis*, ach níl ach trí cinn de na dánta sin ar fáil sa tsraith dar teideal 'Part One' sa chnuasach dátheangach. Maidir leis an dara sraith sa chnuasach *Cead Aighnis*, an tsraith dar teideal 'Aistriúcháin', níl aon rian den tsraith sin in *The Fifty Minute Mermaid*. Tá an tríú sraith, 'Na Murúcha a Thriomaigh', foilsithe ina hiomláine faoin teideal 'Part Two' sa chnuasach dátheangach agus roinnt bheag dánta breise lena chois atá bunaithe ar mhóitíf na murúiche. Dá fheabhas iad na haistriúcháin féin, is mór an claochlú a thagann ar an ghné pholaitiúil, ar an ghné eiticiúil, agus ar an ghné traschultúir de thionscadal filíochta Ní Dhomhnaill san aistriú seo. I bhfianaise an mhéid seo, níor mhór ceist a chur faoin bhreithiúnas a thugtar ar chlúdach an chnuasaigh dhátheangaigh:

> Paul Muldoon's generous surrender to Nuala Ní Dhomhnaill's poems supports José Saramago's adage that the author with his or her language creates a national literature; world literature is created by translators.[35]

I gcás ar bith, tá an t-aistriú rialta go teangacha eile agus an glacadh domhanda seo ag teacht le fís dhána uaillmhianach lucht bunaithe *Innti* a chreid go láidir i dtábhacht na filíochta comhaimseartha Gaeilge.

AISTRIÚCHÁIN LITEARTHA NÍ DHOMHNAILL

Mar a luadh cheana, ábhar taighde ann féin faoin tráth seo na haistriúcháin Bhéarla de dhánta Nuala Ní Dhomhnaill. Is mithid, áfach, aird a dhíriú ar na haistriúcháin liteartha atá curtha i gcrích ag Ní Dhomhnaill féin agus a dtábhacht ina tionscadal ealaíne trí chéile a mheas. Seacht ndán le Ferida Duraković atá aistrithe go Béarla ag Ní Dhomhnaill sa chnuasach *Scar on the Stone*. I gcás dáin amháin, tá aistriúchán Béarla agus Gaeilge curtha ar fáil aici: 'Georg Trakl on the Battlefield Revisited, 1993', 'Athchuairt Georg Trakl ar Pháirc an Áir, 1993'.[36] Tá an dán áirithe seo ar cheann de na haistriúcháin go Gaeilge a fhaightear sa tsraith ghairid 'Aistriúcháin' sa bhunchnuasach *Cead Aighnis* fosta. Léiriú é seo, b'fhéidir, ar an ghaol ghairid idir bunsaothar Ní Dhomhnaill agus a cuid aistriúchán liteartha.

Tagraíonn bundán Duraković don dán 'Grodek' le Georg Trakl. Saighdiúr in arm na Gearmáine le linn an Dara Cogadh Domhanda ba ea Trakl agus chuir sé lámh ina bhás féin mar gheall ar a bhfaca sé ar pháirc an áir.[37] I ndán Duraković, is ar shráideanna Sarajevo atá an cath á fhearadh agus ní saighdiúirí atá á marú ach gnáthdhaoine:

Ins na hardaibh, os cionn na n-eitleán, tá Dia ina chónaí,
A shúile órga ag glioscarnach i ndoircheacht Sarajevo.
Titeann bláthanna crann is diúracáin lasmuigh dem 'fhuinneoga.
An bhuile is mé fhéin in aontíos. Inár n-aonar. Inár n-aonaráin. (CA 98)

Thuigfeá an chúis ar bheartaigh Ní Dhomhnaill ar an dán seo a chur san áireamh sa tsraith 'Aistriúcháin', sraith ina bhfuil ocht gcinn d'aistriúcháin Ghaeilge ar bhundánta leis na filí seo a leanas: Paul Celan, Ferida Duraković, Medb McGuckian, Tom McIntyre agus Michael Longley. Is dánta iad ar fad a thagraíonn go díreach nó go hindíreach do mhianach díobhálach an chine dhaonna agus d'íocshláinte an dúlra a dhéanann athnuachan de réir a nádúir féin.

Maidir leis an dán 'As Téacsleabhar na Miotaseolaíochta Slavaí' a d'aistrigh Ní Dhomhnaill go Béarla don díolaim *Scar on the Stone* agus go Gaeilge don chnuasach *Cead Aighnis*, is ábhar suntais na comhchosúlachtaí idir éirim an dáin le Duraković agus an luathdhán 'Dán Beag an Earraigh Bhig' (DD 66) le Ní Dhomhnaill féin. I ndán Duraković, cáintear na haondiachaithe a thug droim láimhe don mhiotaseolaíocht Shlavach agus a shéan Perun, dia na toirní:

An tráth a dhein na buaiteoirí, aondiaigh gan aon tsamhlaíocht,
Perun a bhí déanta de chrann teile Slavach
A stracadh anuas is a loscadh
I bhfianaise nach bhfuil Dia beo in adhmad

Níor shamlaíodar riamh, dúr mar a bhíodar,
Nach féidir le héinne ach Dia amháin an gar sin a bhronnadh,
Gur le tine bheo Dé Bhí amháin
A cothaítear is a téitear sinn. (CA 99)

Tá ábhar an dáin ag teacht cuid mhaith le dearcadh a léirigh Ní Dhomhnaill blianta roimhe sin faoi cheannas an mheoin réasúnaíoch i gcultúr an Iarthair:

An fhealsúnacht agus an meon mar dhea oibiachtúil seo tá sé bunaithe ar íomhá mhí-réasúnta an Réasúin fhéin, agus laistiar de luíonn íomhá Dé mar Ollathair. Agus an íomhá áirithe seo, tá a ré istigh, tá a rás rite. Tuigtear domhsa gur bláthú íomhá Dé mar bhaineannach agus an forfhás fuinnimh a bhaineann léi an t-aon seans fuar fánach amháin atá fágtha againn i gcoinne an dísciú núicléach a bheartaíomar don domhan uile trí leanúint go dall, geamhchaoch le meon atá ró-chúng is ró-chlaonta in aghaidh oibreacha Dé mar a léirítear tríd an saol iad.[38]

Séanadh agus bochtú tuisceana den chineál seo atá i gceist in 'Dán Beag an Earraigh Bhig' agus droim láimhe á tabhairt ag pobal na hÉireann do thuiscintí dúchasacha, dar leis an fhile:

> Bhí báisteach throm aréir ann;
> Tá na díogaí
> Ar sceith le huisce reatha;
> Sabhaircín amháin
> Ag gobadh a chinn amach
> Is lus na gcnapán.
> Billeoga pingne mar screabh lobhartha
> Ar chlochla an 'drywall',
> I dtús mí Feabhra
> Ní thagann aon ní slán
> Ó ionsaí glas an nuafháis
> Is ón raidhse geall le do-thuigthe
> Atá tugtha léi ag Bríde.
> Sinne amháin
> Le himeacht na nua-aoise
> Atá fachta matamaiticiúil.
> Ní ghéillimíd don Earrach
> Go dtí teacht na gealaí nua
> Is rabharta mór na Márta
> Is an chomhfhad lae is oíche
> Atá Eorpach is intleachtúil. (DD 66)

Fóireann an tríú dán de chuid Duraković a roghnaigh Ní Dhomhnaill don tsraith 'Aistriúcháin' go binn do chnuasach a bhfuil an scéal béaloidis 'Trí Anam an Duine' mar réamhrá leis. De réir an bhéaloidis agus i bhfianaise bhundánta Ní Dhomhnaill, ní teorainn dhocht atá idir an saol seo agus an saol eile. Tá an tuiscint seo le sonrú ar dhán Duraković dar teideal 'Tá an tAibreán Ann':

> Is níl aon mhealladh sa tsaol; go hobann deintear vaimpír
> Den gcré mharbh, ag análú, ag análú, is le gach anáil,

Tá anamnacha na marbh ag glacadh ordaithe ón mhí is cruálaí
Is iad ag tnúth le socrú síos ar na bláthanna cumhra. (CA 100)

Is minic a áirítear obair aistriúcháin mar obair thánaisteach nach
bhfuil ina cuid lárnach d'*oeuvre* an fhile ná nach bhfuil ar aon chéim le
bunchumadóireacht chruthaitheach an scríbhneora. Mar a léiríonn an plé
thuas, ámh, thig leis an dá chineál cumadóireachta a chéile a chothú, agus
is amhlaidh atá i gcás Ní Dhomhnaill. Is gné eile den cheangal traschultúir
é an t-aistriúchán liteartha agus mar is léir ón chuntas thíos, mhothaigh Ní
Dhomhnaill dáimh ar leith leis an Iúgslaiv agus ghoill bánú agus scrios na
tíre le linn an chogaidh go mór uirthi:

> Then we travelled through a rolling, well-farmed landscape studded
> with new chalet-type houses all the way to Belgrade. The level of
> housing was impressive and so was the intensive farming. Not an
> inch was wasted. Knowing that these houses had been built mostly
> by remittances sent back by members of farm families working in
> the parts of Europe we had come from, mostly Holland, France and
> Germany, did nothing to lessen their pleasantness. Actually, coming
> from a family which a generation before had sent huge remittances
> (half my mother's pay as a GP in England) back home to educate her
> siblings and keep up the farm, made me particularly susceptible to
> enjoying the pleasant industriousness through which we passed. Once,
> very early in the morning, I saw a pheasant roosting on the lowest
> branch of a tree at the edge of a tidy beech forest. Years later during
> the Bosnian war, as Serb and Croat forces thrashed each other back
> and forth through the *Krajina*, news footage of the same areas showed
> unforgettable scenes of those beautiful chalets in still-smoking ruins
> and the good farmland between them desolate and either overgrown
> or shattered by craters.[39]

AISTRIÚ NA FILÍOCHTA MAR GHNÍOMH FREASÚRACH

Bhí imir den pholaitíocht fhreasúrach a shamhlaítear go coitianta le dream
Innti, agus imir den gníomhaíochas a shamhlaítear le Michael Davitt
go speisialta, i gceist le rannpháirtíocht Ní Dhomhnaill sa tionscnamh
liteartha *Scar on the Stone*. Iarracht chomhfhiosach a bhí sa tionscadal sin
aird an domhain mhóir a dhíriú ar chás na Boisnia agus pobal léitheoirí
idirnáisiúnta a aimsiú d'fhilí Boisniacha. Bhí tiomantas polaitiúil i gceist

tráth ar bhraith Ní Dhomhnaill agus filí eile nach raibh dóthain airde á
tabhairt ar chruachás mhuintir na Boisnia. Mar seo a mhínigh eagarthóir
an chnuasaigh an scéal:

> Bosnia was the Spanish Civil War of our time. [...] But unlike Spain,
> or even Vietnam, Bosnia never quite became a *cause célèbre* for artists
> and intellectuals abroad, apart from a small minority, having failed
> somehow to muster a critical mass of ethical imagination.[40]

Mar a luadh cheana, foilsíodh seacht gcinn d'aistriúcháin le Ní
Dhomhnaill sa chnuasach *Scar on the Stone*. Sé bliana ina dhiaidh sin,
foilsíodh ocht n-aistriúchán le Ní Dhomhnaill ar dhánta Duraković as
Béarla agus as Gaeilge san iris *Metamorphoses* (2004) in éineacht le trí dhán
a d'aistrigh Reyes Lázaro go Spáinnis agus í ag brath ar aistriúcháin Bhéarla
Ní Dhomhnaill.

Tugann taighde sochpholaitíochta Francis Jones (2010) fianaise ar an
fheidhm pholaitiúil a bhí le cúrsaí aistriúcháin i gcás Chogadh na Boisnia.
Bunaithe ar an scrúdú a rinne sé ar aistriú na filíochta ón Bhoisnis agus ón
tSeirbis go Béarla idir na blianta 1992 agus 2008, an cnuasach *Scar on the
Stone* san áireamh, dhearbhaigh Francis Jones gur baineadh úsáid as cúrsaí
aistriúcháin le linn na mblianta sin le tacú le hidé-eolaíocht pholaitiúil
ceann amháin nó ceann eile de na bunphobail, agus leis an leagan sin a
chur chun cinn ar bhonn domhanda. I gcás na n-aistriúchán ón Bhoisnis
go Béarla, mar shampla, ba ar dhearcadh agus ar fhéiniúlacht iltíreach na
mbunfhilí a leagadh béim, dar leis.

Is fiú a lua go raibh toise seachliteartha ag roinnt le gníomhaíochas
Ní Dhomhnaill. Thacaigh sí le rún a rith *Aosdána* i nDeireadh Fómhair
na bliana 1993 ag cáineadh pholasaí an Aontais Eorpaigh i dtaca leis an
Bhoisnia de. Ina theannta sin, bhí sí ar dhuine de na daoine a shínigh litir
a foilsíodh ar leathanaigh *The Irish Times* i mí an Mheithimh 1994, ag
áiteamh ar Rialtas na hÉireann meas a léiriú ar an cheart a bhí ag muintir
na Boisnia iad féin a chosaint. Lena chois sin, bhuail sí le Dick Spring a bhí
ina Thánaiste agus ina Aire Gnóthaí Eachtracha ag an am le cás na Boisnia
a phlé.[41]

CEANGAL

Mar is léir óna bhfuil pléite san aiste seo, cé gur cuid lárnach de thionscadal
filíochta Nuala Ní Dhomhnaill an béaloideas dúchasach, ní faoi anáil

Dhomhan Thoir na scéalaíochta amháin atá a cuid saothair. D'fhág a taithí phearsanta ar shaol agus ar chultúr Moslamach na Tuirce lorg ar a cuid filíochta, lorg nach dtugtar dóthain suntais dó nuair a bhíonn traidisiún na Gaeilge mar fhráma tagartha againn. Mar a luadh ag tús na haiste seo, is í an chéad bhean í a ghnóthaigh duais liteartha Zbigniew Herbert. Is fiú an méid a bhí le rá ag Czesław Miłosz faoi thionscadal filíochta Herbert féin a thabhairt chun cuimhne anseo:

> Objects of his poetry seem to follow this reasoning: European culture entered a phase where the neat criteria of good and evil, of truth and falsity, disappeard; at the same time, man became a plaything of powerful collective movements expert in reversing values, so that from one day to the next black could become white, a crime a praiseworthy deed, an obvious lie an obligatory dogma.[42]

Is iontach mar a léiríonn cuid mhaith d'fhilíocht dhéanach Ní Dhomhnaill go speisialta an comhfhios Eorpach céanna. Is amhlaidh an scéal do chuid mhór de lucht a comhaimsire agus na filí atá ag saothrú na filíochta Gaeilge ó bunaíodh *Innti* i leith. Bhí an t-ómós don dúchas taobh leis an oscailteacht i leith an Bhéarla, an dáimh le cúrsaí aistriúcháin, an tsuim i litríochtaí i dteangacha eile agus an bhéim ar an choinsias shóisialta le tabhairt faoi deara ar mheon eagarthóirí agus údair *Innti* ón tús. Léiríonn a bhfuil bainte amach ag Ní Dhomhnaill mar fhile gurbh fhíor do dhream *Innti* go bhféadfaí aghaidh a thabhairt ar shaol chasta na nua-aimsire chomh maith le héadáil chultúrtha agus liteartha an domhain mhóir a chur in iúl trí mheán na filíochta Gaeilge ach muinín a chur inti.

NODA

CA   *Cead Aighnis* (An Daingean: An Sagart, 1998)
DD   *An Dealg Droighin* (Baile Átha Cliath: Cló Mercier, 1981)
F   *Feis* (Maigh Nuad: An Sagart, 1991)
FMM *The Fifty Minute Mermaid* (Oldcastle, Co. Meath: Gallery Press, 2007)
FS   *Féar Suaithinseach* (Maigh Nuad: An Sagart, 1984)

Dílis don Fhís

COLM BREATHNACH

'gurbh fhéidir filí a chur faoi athoiliúint'[1]
('An Bhuíon Lámhaigh', Liam Ó Muirthile, FF, 126–8)

Sa dán sin 'An Bhuíon Lámhaigh', d'éirigh le Liam Ó Muirthile léiriú a thabhairt ar ghné áirithe de shaol na cathrach i gCorcaigh sna naoi gcéad déag seascaidí agus seachtóidí. Tá an dán suite i dtábhairne an *Phoenix*. Seo mar a dhein Jim O'Mahony, fear go raibh baint aige le bannaí ceoil éagsúla i gCorcaigh i ndeireadh na seachtóidí agus tús na n-ochtóidí, cur síos ar an tábhairne sin: 'Basically, if you were a punk, a mod or a general degenerate or weirdo you'd drink upstairs and then all the communists used to drink downstairs.'[2] Ach, mar a léiríonn Liam, ba chuid de shaol sin na cathrach na filí chomh maith, agus pé ní i dtaobh 'athoiliúint' a chur orthu faoi réimeas na gcumannach nuair a thiocfadh sin, is cinnte go raibh oiliúint á cur ar fhilí i 'Scoil na Mumhan'[3] an uair sin. Agus má bhí filí i measc na mac léinn agus na n-iníonacha léinn, rud a bhí, bhíodar ann go rábach, leis, i measc na foirne teagaisc. Le mo linnse ar an gColáiste, bhí Seán Lucy agus John Montague ina léachtóirí i Roinn an Bhéarla. Agus, dar ndóigh, bhí Seán Ó Tuama i Roinn na Gaeilge. Maidir leis na mic léinn, bhí triúr againn sa rang Gaeilge céanna a bhí ag scríobh filíochta an uair úd[4]. Bhí ar a laghad beirt fhilí eile sa rang Béarla ina rabhas sa chéad bhliain. Agus le linn dom a bheith ann chuireas aithne ar fhilí Béarla go bhfuil a n-ainm in airde as a bhfuil foilsithe ó shin acu, leithéidí Theo Dorgan, Greg Delanty agus Gerry Murphy. Ina theannta sin, ba le linn dom a bheith ar an gColáiste a chuireas aithne i dtosach ar Michael Davitt agus ar Nuala Ní Dhomhnaill. Chasfaí Liam Ó Muirthile agus Gabriel Rosenstock orm beagán níos déanaí.

Nuair a chuas chun an Choláiste ar dtús i nDeireadh Fómhair na bliana 1978, b'é Gabriel Rosenstock an t-aon duine d'fhilí *Innti* go raibh cnuasach curtha amach aige. Bhíos ró-óg le go ndéanfainn aon nath puinn de *Susanne sa Seomra Folctha*[5] nuair a foilsíodh é, ach ní fhéadfaí gan ceann a thógaint den teideal agus, chomh maith leis sin, de theidil cuid de na dánta ann, 'Deireadh Seachtaine na Martinis Dry' nó 'Laoi an mheir-Indiaigh dhíbeartha', abair, gur comhartha iad iontu féin go raibh cor eile i meanma na nua-fhilíochta Gaeilge. Faoin dtráth gur fhágas an Coláiste agus iarchéim bainte amach agam, bhí *Gleann ar Ghleann* le Michael Davitt, *An Dealg Droighin* le Nuala Ní Dhomhnaill agus *Tine Chnámh* le Liam Ó Muirthile tagtha amach agus bhí *Innti* 'ar a barraicíní arís'.[6]

Bhínn ag freastal tamall ar cheardlanna filíochta Béarla, agus mé i mo fhochéimí agus bhíos tosnaithe ar dhánta a fhoilsiú agus ar léamha a thabhairt. D'eagraigh Seán Ó Tuama ceardlanna filíochta Gaeilge do mhic léinn trí bliana as a chéile idir 1978 agus 1980. I nDún Chíomháin, an tigh atá ag an gColáiste i mBaile an Fheirtéaraigh, a reáchtáladh iad. Leanaidís ar feadh seachtaine nó mar sin i rith laethanta saoire na Nollag. Tuairim is deichniúr againn, idir mhic léinn a bhí ag scríobh filíochta agus mhic léinn eile go raibh suim ar leith acu sa bhfilíocht a d'fhreastail orthu.

Bhí aoi-scríbhneoir ann gach bliain. An chéad bhliain b'é Michael Hartnett a bhí mar aoi againn. Bhí an cnuasach *Adharca Broic* díreach foilsithe.[7] Bhí cóipeanna de na profaí aige le taispeáint dúinn. B'é seo an chéad chnuasach i nGaeilge[8] ag an bhfile seo go raibh ainm in airde air as a shaothar Béarla agus é ag cur an tsaothair nua seo inár láthairne. Chuaigh 'Fís Dheireanach Eoghain Rua Uí Shúilleabháin' agus na dánta dúlra 'An Giorria' agus 'An Dobharchú Gonta' i gcion orm, chomh maith, dar ndóigh, leis an dán fada 'An tSochraid Mheidhre', ach is í an chuimhne is mó a fhanann liom ná é ag léamh 'Aigne Trí Chriathar' lena 'churfá' buile:

> An oíche ag tafann, casachtach dhorcha
> (cogar sa chúinne, cogar sa chúinne)
> Ní cloig ag caint is ag síorghlaoch ormsa
> (cogar sa chúinne, cogar sa chúinne)

Ba ag aithris na síocóise a bhí sé agus an dán á léamh aige. B'eo glór údarásach agus bhí an glór sin ag labhairt linn anois as Gaeilge.

Nollaig 1979, b'é Michael Davitt a bhí chugainn agus an cnuasach *Gleann ar Ghleann* ar tí teacht amach.[9] Chomh maith leis sin, i mo chás-sa, bhí Michael tar éis glacadh cheana féin le dán uaim le haghaidh *Innti 4*, a bhí ar na bacáin an uair sin. Ghlac sé le ceann eile uaim nuair a casadh ar a chéile sinn ag an gceardlann. Chuaigh an dán 'Meirg agus Lios Luachra' i bhfeidhm orainn ar fad a déarfainn, ón tosach:

gur imigh an t-am
mar seo mar siúd
sall timpeall
faoi
gurbh é an t-am a d'imigh
an t-am a bhí romhainn
sa todhchaí

go dtí

go raibh ceol mileoidin in uachtar
mediums pórtar á n-ól
arán tí ar bord

Agus siar amach go deireadh. Chuir línte mar 'Aithne dhúnchaoineach atá anois agam/Orm féin' agus 'mhiosáil mo chroí bít ar an gCaorán Mór' agus 'Nach ceait mar atá/Ag deireadh an lá' iontas orainn. Agus chuir greann séimh 'I gCuimhne ar Lís Ceárnaighe, Blascaodach' agus an meascán den gcomhréir aisteach 'Tráth bhíodh …' agus den ngnáthchaint 'fán fad' ort, a chladhaire' atá ann draíocht orainn. Ba 'Laethanta Breátha ó Ollscoil Chorcaí' sinne chomh maith, dár ndóigh, a bhíodh ár 'marú le Gaelainn', leis, ar uairibh ag leithéidí Lís. Ba dhán é sin a thuigeamar láithreach ar leibhéal instinniúil, d'fhéadfaí a rá. Braithim an rud céanna faoi go leor dár scríobh Michael. File é a dhein taifead ar shlí ar leith ina shaothar ar nithe a bhain le taithí lucht na Gaeilge, i ndánta mar '(Positively) Sráid Fhearchair', 'Máistir Scoile', 'Débhéascna', 'Oscail na Seanchréachta', 'Revival' agus 'Dán Déanta as Glac Téarmaí ón gCoiste Téarmaíochta i gComhar'. Níor scríobhadh an dán 'Cuimhní Cré' go dtí tuairim is bliain tar éis na ceardlainne i nDún Chíomháin, mar sin ní raibh sé i measc na ndánta a léigh sé dúinn agus a phléamar an uair sin. Is dán é, áfach, go bhfuil brí speisialta ann domsa ar shlí. Labhrann Michael ann faoin tslí gur fhéach sé ar John Lennon (as 'na ciaróga') mar a bheadh 'deartháir críonna' ann. Is mar sin a fhéachaimse, leis, ar Micheal, faoi mar gur dheartháir críonna liom é ar bhealach. Thug sé treoir dom agus roinn sé a thaithí liom, agus sin go minic trína chuid filíochta. Go leor dár ngabhas tríd, bhí gafa aige siúd tríd romham. Dhein sé brí a chur sa bhfreacnarcas agus dhein sé ceiliúradh agus iniúchadh agus sciúradh ar mhóimintí miona agus móra an tsaoil ar shlí a bhí ag teacht le mo mheon féin. Bhí a ghlór féin forbartha aige agus thógadh sé ceann den tslí ina n-úsáideadh daoine eile focail agus nathanna. Go leor de na scéalta grinn a bhíodh aige faoi dhaoine bhainfidís le rudaí a dúirt daoine nó leis an tslí ina ndúradar é. Spreagadh sé sin tú mar fhile le ceann a thógaint dá leithéid nó le breis cúraim a ghlacadh tú féin i mbun úsáid na teanga. Is cuimhin liom an ceann a thóg sé den líne 'laethanta an choipthe thart' sa dán 'Fíon Baile' agamsa, díreach de bhrí, mar a dúirt sé, gurb é 'coipeadh' an focal ceart sa chomhthéacs inar úsáideadh é. Bhaineadh sé leas ar leith leis as seanfhocail. B'fhoinse thábhachtach aige *Seanfhocail na Mumhan* leis An Seabhac.[10] Shníomhadh sé athleaganacha de sheanfhocail agus athfhriotal astu trína shaothar go minic, leithéidí 'idir chromadh agus ceallalós' ('Idir chromadh agus liathadh is measa a bhíonn siad' ag an Seabhac) nó 'I gcoinne na n-ard suas/Fan chlathacha na gcluas/Le fánaí sclaigeacha síos/ Isteach i machairí na súl'[11] ('Bíonn cluasa ar na claitheacha agus súile ar an machaire' ag an Seabhac). Spreag an cur chuige sin, leis, an t-ábhar file le féachaint ar na hacmhainní traidisiúnta atá sa teanga arís.

Tháinig Nuala chugainn an bhliain dár gcionn agus dánta aici a d'fhoilseofaí in *An Dealg Droighin* níos déanaí. Is cuimhin liom í ag labhairt linn faoi Gabriel García Márquez agus Carl Jung agus faoi John Berryman agus Bab Feirtéir. Bhí an réalachas draíochta, aircitíopaí agus *Dream Songs* agus an béaloideas i dtreis i dteannta a chéile, agus trína chéile againn, sa phlé. N'fheadar cad a bhí á léamh agamsa an uair sin. Roimhe sin bhínn ag léamh Hermann Hesse, Franz Kafka, agus Paul Celan b'fhéidir, agus e.e. cummings dála Davitt, ach d'athdhearbhaigh an sampla a thug Nuala dúinn arís an tábhacht a bhaineann leis an léitheoireacht ó thaobh an scríbhneora de. Is cuimhin liom roinnt de na dánta a bhí ag Nuala le léamh inár dteannta. 'Venio Ex Oriente' dár ndóigh, ina bhfuil an meascán iontach de 'spíosraí na mbasár' agus 'boladh na meala ó Imleacht Shlat' agus 'cumhráin na hAráibe' agus 'mus ... na móna'. Tá an meascán céanna den Oirthear allúrach agus den Iarthar (Iarthar Dhuibhneach) sa dán coscrach 'Breith Anabaí Thar Lear'. I dtús an dáin luaitear na fearaistí a bhí le cur timpeall an chliabháin aici de réir nósanna na Tuirce chun an leanbh a chosaint, fearaistí ar cuma nó cranna foirtil an Direánaigh iad, dar ndóigh, agus i ndeireadh an dáin tá 'mo shúil mhillteach', is é sin an drochshúil go bhfuil creideamh inti i bpáirt idir na Gaeil agus muintir na Meánmhara. Bhí nuacht ag baint leis an méid sin. Léiriú luath is ea 'Breith Anabaí Thar Lear' ar an earraíocht a bhainfeadh Nuala as an mbéaloideas le cora an tsaoil a idirmhíniú.

Bhí tábhacht thar cuimse, ar shlí nár thuigeamar ag an am b'fhéidir, leis na ceardlanna sin. Níorbh é amháin go raibh deis againn ár saothar a chur i láthair scríbhneoirí aitheanta ach, rud ab fhearr ná sin, dheineadar triúr a saothar féin a phlé linn ar shlí a chuir leis an dtuiscint a bhí againn ar phróiseas na scríbhneoireachta féin. Le linn na seisiún ceardlainne agus lasmuigh díobh, do phléigh Seán Ó Tuama agus an triúr filí sin, faoi seach, leis na mic léinn mar chomhfhilí. Ba mhór an t-ábhar misnigh an méid sin don scríbhneoir a bhí i dtús greise.

Chomh maith leis na ceardlanna sin in UCC, deineadh Ceardlann Náisiúnta Scríbhneoireachta a eagrú i gColáiste na hOllscoile, Gaillimh sa bhliain 1982, is dóigh liom. Bhí Seán Ó Tuama ina stiúrthóir ar an gceardlann sin chomh maith agus fuaireas féin agus Louis de Paor agus Aodán Ó Dúill áiteanna inti. Bhí an triúr againn tosnaithe ar chéimeanna MA faoin dtráth sin. Tionóladh an cheardlann sa Ghaillimh thar chúpla deireadh seachtaine agus i rith laethanta saoire na Cásca. Thaistealaímis go dtí an Ghaillimh ó Chorcaigh i dteannta Sheáin. Ba chuid den oiliúint é, chomh maith, d'fhéadfaí a rá, a bheith ina theannta ar na turasanna sin. Chomh maith leis an dtriúr againne, bhí roinnt scríbhneoirí eile go bhfuil cáil anois orthu sa cheardlann sin, leis. Ina measc bhí Liam Mac Cóil, Mícheál Ó Conghaile, Seán Ó Curraoin agus Cathal Ó Searcaigh. B'iontach an deis é, radharc a fháil ar shaothar daoine eile, ar obair a bhí idir lámha acu agus plé a dhéanamh agus aiseolas a fháil ar an méid a bhí á scríobh agam féin. Is maith is cuimhin liom éisteacht le Cathal Ó Searcaigh ag tabhairt léamh poiblí sa Ghaillimh. Thógas ceann den tslí go raibh sé ar a shocracht os comhair an lucht éisteachta. Thóg sé tamall orm féin dul i dtaithí ar an léamh poiblí ach bhí eiseamláir Chathail agam le leanúint ón dtosach. Scil ann féin is ea é, beag beann ar chumadh na filíochta, an fhilíocht a léamh nó a aithris. Tá filí maithe ann nach bhfuil go maith ag léamh a saothair féin. Ach is breá an rud é file a chloisint ag léamh dáin dá chuid féin nó dá cuid féin. Thug an saothar a chuir Liam Mac Cóil faoi bhráid na ceardlainne éachtaint dom, leis, ar ghnéithe d'obair an phrósaire nach raibh taithí agam orthu. B'iontach liom an méid taighde a dhein sé ar an ábhar go raibh sé ag plé leis agus an phleanáil a dhein sé ar an scéal agus ar na carachtair agus mar sin de. Cé nach raibh aon aoi-scríbhneoirí i gceist leis na ceardlanna seo, bhí caighdeán ard sna saothair a chuir na rannpháirtithe ar fáil. Is léir ar an méid a d'éirigh le go leor dóibh siúd a bhí páirteach sna ceardlanna a chur i gcrích ó shin cén saghas mianach a bhí sa dream sin. Seachas Cathal Ó Searcaigh, go raibh cúpla cnuasach curtha amach aige faoin dtráth sin, ní dóigh liom go raibh aon ní puinn foilsithe ag an gcuid eile againn. Ach is leor a lua, is dóigh, gur dhein Seán Ó Curraoin roinnt de na dánta a foilsíodh ina dhiaidh sa chnuasach *Beairtle* a chur faoi bhráid na ceardlainne, le léiriú a thabhairt ar an mianach sin. Ba mhór an spreagadh ann féin é áit a fháil ar an gceardlann gan trácht ar an tairbhe a bhain le bualadh le scríbhneoirí eile agus cúrsaí scríbhneoireacht a chur trí chéile.

> 'bhíos ar neamh ná bhíos?'
> ('Paidir ~32, Ón Ríocht' Michael Davitt, *Scuais* 49)[12]

Thosnaigh mo mhuintir ar laethanta saoire an tsamhraidh a chaitheamh i gCorca Dhuibhne uair éigin i lár na seascaidí. D'fhanaimis ar lóistín i dtithe éagsúla i mBaile an Chalaidh, Cloichear agus an Ghráig agus ar feadh roinnt blianta bhímis thuas staighre i siopa búistéara Sheáin Uí Chonchubhair i mBaile an Fheirtéaraigh. Bhí Gaeilge ag mo thuismitheoirí agus iad ag iarraidh a gclann a thógaint le Gaeilge. Cuireadh chuig scoileanna lán-Ghaeilge sinn. Ba chuid nádúrtha den iarracht sin ag mo mhuintir sinn a thógaint le Gaeilge blaiseadh de shaol na Gaeltachta a thabhairt dúinn. Ó bhí mé i mo gharsún beag go dtí gur fhágas an Coláiste sna fichidí luatha dom ba ghnách liom cuid éigin den samhradh a chaitheamh timpeall ar Bhaile an Fheirtéaraigh nó Dún Chaoin. Agus, dar ndóigh, bhí oiliúint le fáil ansan a bhí chomh luachmhar céanna ó thaobh an ábhair file de agus a bhí an oiliúint a cuireadh ar fáil ar an gColáiste. Chuireas aithne ar dhaoine mar Sheán de hÓra (an t-amhránaí), Tomás Ó Cinnéide (a scrígh *Ar Seachrán*) agus a dheirfiúr Neil (bean tí lóistín mac léinn agus oide múinte mín), Séamus Ó Lúing ('Pound'), Ger Ó Cíobháin (a scrígh *Cogarnach Ár gCósta*), Dónall Ó Catháin (tábhairneoir agus feighlí focal), Cáit Feiritéar ('An Bhab', an scéalaí) agus Seosamh Ó Dálaigh (an bailitheoir béaloidis). Bhí cur amach acu sin ar fad ar a dtraidisiún féin agus ba chuid den dtraidisiún sin iad go léir sa mhéid gur dhein gach duine acu é a sheachadadh ar aghaidh ar a slite féin. Do mhúin an Pound 'An Bairille' dom tráthnóna Domhnaigh lasmuigh de Thigh Uí Chatháin. Is iomaí sin uair a chonac Dónal Ó Catháin ag tarraingt an Duinníneach chuige laistigh den chuntúirt má bhí plé ar bun ar bhrí focail éigin. Is cuimhin liom éisteacht leis an mBab i mbun seanchais i nDún Chíomháin ag oícheanta a d'eagraigh lucht an Choláiste agus is cuimhin liom, leis, tráth agus mé ar an meánscoil agus sinn ar thuras scoile go Corca Dhuibhne gur thug Seosamh Ó Dálaigh caint dúinn agus go rabhas mórálach go raibh aithne agam ar dhuine go raibh aithne aige ar Pheig Sayers. Fiú mura raibh aon mheas ag go leor sa rang ar Pheig, bhraitheas féin ag an am gur chuid de m'oidhreacht féin ise agus a leabhar. Is cuimhin liom dul isteach ar an Oileán sa naomhóg le Pound agus an scríbhneoir Seán Mac Mathúna mar leathbhádóir aige. Is cuimhin liom a bheith ar seit *Ryan's Daughter* agus siúl síos sráid 'Kirrary' agus buillí doirn á mbualadh agam ar na painéil chairtchláir a bhí in ainm is a bheith ina liaga cloiche seasta ar thaobh na sráide ann. Nuair a bhíos naoi mbliana d'aois chuamar siar go Dún Chaoin an tráth go raibh an agóid ann i gcoinne dhúnadh na scoile. Is cuimhin liom a bheith istigh sa scoil an lá breá gréine sin agus aitheasc á thabhairt ag Máirtín Ó Cadhain. Níor thuigeas mórán dá raibh á rá aige ach thugas faoi ndeara go raibh drithlíní allais lena leicne. Sa nuachtscannán a glacadh an lá sin, táimse le feiscint sa lucht éisteachta agus bualadh bos á thabhairt do dhuine do na cainteoirí. Is cuimhin liom a bheith i mBaile an Fheirtéaraigh lá agus Seán Ó Tuama agus Thomas Kinsella a fheiscint i dteannta a chéile. Bhí dánta le Kinsella ar chúrsa na hArdteiste, eisean agus Kavanagh agus Eliot na filí Béarla is mó a thaitin liom ar an gcúrsa sin, ach bhí ardmheas agam ar Kinsella leis mar gheall ar an aistriúchán aige ar an dTáin. Cuid de na cuimhní is gile atá agam ar m'óige, baineann siad leis na tréimhsí saoire sin a chaitheas thiar. Dhein na daoine sin go léir, idir mhuintir na háite agus na laethanta breátha, agus sciamh an cheantair féin, áit ar leith de Chorca Dhuibhne i m'intinn.

'Do shiúil bean an leasa isteach im dhán'
('Fuadach' Nuala Ní Dhomhnaill, ADF 186)[13]

Nuair a thosnaíos ar an gColáiste, leanas orm ag dul go dtí siar go Corca Dhuibhne, ach anois ba chuid den chúrsa oiliúna chomh maith, d'fhéadfá a rá, an t-am a chaitheas thiar. Chomh maith leis an nGaeilge agus leis an mBéarla, bhíos ag gabháil don nGearmáinis agus don bhFealsúnacht sa chéad bhliain. Ba é an polasaí a bhí ag Roinn na Gearmáinise an t-am sin, gur chóir do dhuine gur mhian leis leanúint ar aghaidh leis an nGearmáinis go leibhéal na céime tamall a chaitheamh sa Ghearmáin i rith laethanta saoire an tsamhraidh. Thuigeas an chúis bhí leis an gcur chuige sin, gur tairbhe é tamall a chaitheamh i dteannta cainteoirí dúchais teanga má tá fút staidéar a dhéanamh ar an dteanga sin. Ach bhíos deimhneach de leis gur theastaigh uaim leanúint ar aghaidh leis an nGaeilge go leibhéal na céime agus, mar sin, chinneas gur chóir dom an beartas a mhol Roinn na Gearmáinise maidir leis an nGearmáinis a tharraingt chugam féin maidir leis an nGaeilge agus laethanta saoire an tsamhraidh a chaitheamh sa Ghaeltacht. D'éiríos as an nGearmáinis mar sin tar éis na chéad bhliana agus fuaireas post samhraidh sa bhliain 1979 i gCúil Aodha ag obair do mhuintir Uí Riada agus muintir Uí Lionáird a bhí ag tógaint monarchan le haghaidh an ghnó meala a bhí acu. An bhliain dár gcionn d'oibríos mar fhear faire oíche in Óstán Dhún an Óir i mBaile Uachtarach, Baile an Fheirtéaraigh. Agus an cinneadh sin glactha agam, de réir a chéile bhí suim á cailliúint agam sa chúrsa Béarla chomh maith agus mar sin d'éiríos as an mBéarla chomh maith. Níl a fhios agam an raibh baint ag bás m'athar leis sin nó nach raibh, ach bhíos fós ag scríobh sa dá theanga agus mé sa chéad bhliain. Cailleadh m'athair i mí Feabhra, 1979. Bhí sé breoite ar feadh tamaill roimhe sin agus scríobhas an dán 'Sámhchodladh' uair éigin sa bhFómhar nó i dtosach an Gheimhridh 1978. Tar éis a bháis scríobhas dán nó dhó Béarla i gcuimhne air agus foilsíodh ceann acu ar a laghad san iris *Quarryman*, iris mac léinn in UCC go raibh Greg Delanty ina eagarthóir air ag an am. Ach nuair a ghlac Michael Davitt le 'Sámhchodladh' le haghaidh *Innti* ba spreagadh é sin chun luí isteach ar an bhfilíocht Ghaeilge.

Nuair a bhíos ana-óg bhínn ag insint scéalta dom mháthair. Bhíodh na scéalta sin bunaithe, dar ndóigh, ar scéalta a bhí inste nó léite ag mo mháthair domsa. Bhí scéalta le Sinéad de Valera agus le Patricia Lynch faoi na síóga ina measc agus scéal an amhráin faoin gcruiteachán 'Dónal bocht cam' gur bhain na síóga an dronn dá dhroim. Is maith is cuimhin liom ócáid amháin go rabhamar ag siúl cois abhann ag baile agus gur thánamar ar gharrán beag i gceann de na páirceanna go dtugaimis na Trí Insí orthu. Shamhlaíos an garrán crann sin le lios, is cosúil, agus thosnaíos ar cheann de na scéalta sin agam a chumadh agus a eachtraí. Cuid den súgradh agam ab ea é scéal a chumadh agus a eachtraí. Tá cuimhne agam ar an ócáid cé nach cuimhin liom an scéal. Ach is maith liom a cheapadh gur fhilleas i mo shamhlaíocht ar an lios sin an tinfidh na blianta ina dhiaidh sin nuair a dhíríos i gceart ar an nGaeilge. Is cuimhin liom uair éigin sa chéad bhliain ar an gColáiste, gur scríobhas dán tar éis dom féin agus mo mháthair agus aintín liom, deirfiúr lem mháthair, turas gairid a thabhairt ar Chorca Dhuibhne. Ní raibh m'aintín riamh ann roimhe sin agus thug mo mháthair ann í leis an ndúthaigh a thaispeáint di. Ní raibh puinn Gaeilge ag an aintín sin agus b'é éirim an dáin sin agam, deinim amach, nach raibh sise i láthair san áit sin i gceart in aon chor mar go raibh sí dall ar an dteanga a bhí á labhairt ag muintir na háite sin. B'in, is dóigh liom, an chéad dán a chuir abhaile orm i ndáiríre gur chóir dom scríobh as Gaeilge. Bhí eithne de thuiscint ann, agus b'í an tuiscint í sin go raibh glór eile istigh ionam seachas an glór a bhíos á fhorbairt mar fhile Béarla agus gur dhílse an glór sin ar chuma éigin do mo mheon ná na gothaí a bhí á gcur agam orm féin sa Bhéarla. Do chuir Corca Dhuibhne fearann samhlaíoch do shaghas eile ar fad ar fáil dom. Tá tagairt déanta agam dó sin in áiteanna eile.[14]

Nuair a bhreacann tú focal bíonn an focal sin ag iarraidh focail eile a tharraingt chuige láithreach agus tá a scéal féin ag gach focal acu, na háiteanna ina raibh sé, an comhluadar a thaithigh sé cheana agus an obair a dhein sé, nithe gur féidir leis tarraingt astu. Má chuirim síos, mar shampla, an focal 'cat', tá Seán Ó Ríordáin ann, tá Pangur Bán ann agus an 'cat breac', an 'cat mara' agus 'mallacht mo chait ort' agus 'le cuimhne na gcat' agus 'Haigh didil dum, an cat is a mháthair', srl, srl. Má chuirim síos an focal *cat*, an t-ainm Béarla ar an ainmhí céanna, tá T.S. Eliot ann agus *'the cat sat on the mat'* agus *catnap* agus *the cat's whiskers* agus *'Hey diddle diddle/The cat and the fiddle'*. Ba le 'cat' na Gaeilge a b'fhearr liomsa a bheith ag plé as sin amach. I roinnt de na dánta is luaithe agam tá an méid sin le feiscint. Scríobhas an dán 'Éanlathas' tar éis an tsamhraidh úd a chaitheas i nDún an Óir. Tá tagairt ann do sheanchas na háite. Deirtear gur ainmníodh Tráigh an Fhíona ó bhairillí fíona a tháinig i dtír inti. Sa dán 'Eadarlúid faoi Chlúid' fuaireas an focal 'eadarlúid' ó Mháirtín Ó Cadhain ach is i gCorca Dhuibhne a chuala 'fachta báis' agus 'bucaití' agus is ag Amhlaoibh Ó Súilleabháin a bhí 'céirseach bhéaltana', is dóigh liom. Sa dán 'Seanamhrán', tá tagairt don amhrán 'Dónall Óg' sa líne 'Ní labhraíonn do ghadhairín orm sa chlós', chuas i muinín na Fiannaíochta sa dán 'Ath-Dhiarmaid'[15] agus in 'Macha', dán a scríobhadh tráth is déanaí ná sin arís, chuas i muinín na Rúraíochta. Tá na dánta sin go léir sa chéad chnuasach agam, *Cantaic an Bhalbháin*. Ach ba i gCorca Dhuibhne a cuireadh bonn faoin bhfonn dul leis an nGaeilge. Agus b'in rud a bhí i bpáirt agam le filí *Innti*.

> 'mar threabhas i ngort na bhfocal i gcuideachta a thuig idir innealra
> agus aimsir'
> ('Ar Fhágáil an Ghúim Dom' Gabriel Rosenstock, *Migmars* 17)[16]

Nuair a bhíos ag freastal ar an gCeardlann Náisiúnta Scríbhneoireachta bhraitheas gur chuid de chomhluadar scríbhneoirí mé ar shlí nár bhraitheas i gcás na ceardlainne Béarla sa chéad bhliain. Thuigeas a raibh ar siúl ag na scríbhneoirí eile agus na dúshláin a bhí rompu. Chomh maith leis sin, bhíos ag teacht ar thuiscint ar cad is pobal ann chomh fada agus a bhaineann leis an scríbhneoir. D'fhéadfainn pobal a shamhlú le haghaidh mo chuid filíochta Gaeilge, daoine go raibh aithne agam orthu agus gur theastaigh uaim mo shaothar a roinnt leo. De réir a chéile, ba dheacra dom pobal mar sin a shamhlú i gcás an Bhéarla. Chomh fada agus a bhain le comhluadar filí, dar ndóigh bheadh Kavanagh agus Kinsella, Paul Durcan, Seamus Heaney, Eliot, Auden, agus e.e. cummings, agus Bob Dylan , abair, agam i gcónaí mar chomhluadar agus na filí óga Béarla gur chuireas aithne orthu i UCC. Ach bhí comhluadar eile agam ar lic an dorais gur dhlúithe an dáimh agus an nasc fileata a bhí agam leo ar deireadh. Bhí Seán Ó Ríordáin, Máirtín Ó Direáin, Máire Mhac an tSaoi agus Seán Ó Tuama, Somhairle MacGill-Eain agus Ruaraidh MacThòmais sa chomhluadar sin, agus bhí Michael Hartnett ann agus, dar ndóigh, bhí Caitlín Maude ann, file gur gheall le réamhtheachtaí de chuid ghlúin *Innti* í. An dán 'Amhrán Grá Vietnam' mar shampla, tá sé lán den daonnacht agus den mbeocht ba *raison d'être* don iris *Innti*.[17] Tá an dán 'Comhairle' cosúil ina thús le 'Seo libh', an dán seolta a chuir an Ríordánach leis an gcnuasach *Eireaball Spideoige*, agus críochnaíonn sé ar bhealach fíor-Dhireánúil, 'ach is é bhur ndualgas/a bheith glic leis an mámh', agus eatarthu sin tá 'ná bacaigí le culaith ghléasta/ brisígí na rialacha go léir', línte ab fhuirist a shamhlú le déantús lucht *Innti*. Ar aghaidh an chomhluadair seo go léir amach, bhí filí *Innti* féin. Ba mhaith liom go n-áireofaí i measc an dreama sin mé, gur laistigh den ngluaiseacht sin nó den dtraidisiún sin a shaothróinn feasta. Ba spreagadh iad filí an Bhéarla agus filí na Gearmáinise, Paul Celan, Bertolt Brecht, srl., a mhéid a d'fhéadfainn brí a bhaint astu, ach ba chomhghleacaithe liom, nó 'comhfhilí' mar a dúirt Gabriel Rosenstock, feasta iad filí na Gaeilge.[18] Bhínn ag cumadh dánta ó bhí mé ar an mbunscoil. Mura raghainn ar an Ollscoil b'fhéidir nach leanfainn ar aghaidh leis an bhfilíocht agus, dá leanfainn, gach seans gur le filíocht an Bhéarla a raghainn. Ach ó chuaigh mé ar an Ollscoil, deineadh file go cinnte díom agus déarfainn, mar gheall ar Sheán Ó Tuama, gur deineadh file Gaeilge díom. Mar sin mura mbeadh *Innti* ann, táim deimhin de go mbeinn im fhile Gaeilge pé scéal é, ach bhí tionchar mór, ar a shon sin, ag lucht *Innti* ar mo chuid filíochta.

Seachas 'Pied Piper',[19] b'fhearr liom, mar a dúrt cheana, cuimhneamh ar Davitt mar dhearthár mór, mar a chuimhníonn sé féin ar John Lennon sa dán 'Cuimhní Cré'. Ní hea gur leanas gan cheist é, ach d'fhoghlaimíos uaidh. Léirigh sé féin agus filí eile *Innti* féidearthachtaí dom, ó thaobh foirme agus friotail de, agus ó thaobh acmhainní na teanga de. Agus má leanadar comhairle an Ríordánaigh in 'Fill Arís' agus má chuadar faobhar na faille siar, is má ghlacadar sampla Mháire Mhac an tSaoi in 'Jack' agus má rinceadar ar urlár soimint lena 'rogha 'pháirtí' samhraidh, is má tharla fiú go bhfuaireadar faoiseamh mar a mhaígh an Direánach a gheobhadh sé féin 'ag siúl cois cladaigh', níorbh é sin amháin an méid a dheineadar. Thugadar abhaile leo an Ghaeltacht, thugadar amach as an réigiún oifigiúil í agus isteach ina ngnáthshaol laethúil. Bhí an teanga lárnach don gcúram, b'í an teanga a bhí ag tiomáint na hiarrachta ó thaobh a saothair uilig de.

In *Tine Chnámh* do chuir Liam Ó Muirthile friotal ar an saoltaithí agamsa mar a bhí déanta ag Davitt in *Gleann ar Ghleann* ach, an uair seo, in áit dearbhú a thabhairt ar an 'aithne dhúnchaoineach', ba í an 'aithne bhaile' a bhí agam orm féin a bhí á dearbhú ag Liam as Gaeilge. Do dhóimisne boinn rubair sna tinte cnámh a bhíodh againn i seana-chairéal sa 'ghort arbhair' nuair a bhíos óg agus bhíodh 'scamall dubh sa spéir ós cionn na comharsanachta'. Chaithinn tréimhsí le linn laethanta saoire an tsamhraidh ar fheirm de chuid cairde le mo thuismitheoirí in iarthar Chorcaí, chomh maith, agus bhí cur amach agam, mar sin, ar shaol an phobail tuaithe a léirítear i ndánta mar 'Portráid Óige I', 'An Parlús', 'Bás John Harte'. Is stíleoir cruthanta é Liam. Tá a shlí féin aige le dán a chur le chéile, le scéal a chur i láthair tríd an ndán.

Is é an focal 'iontas' an chéad fhocal a ritheann liom nuair a chuimhním ar fhilíocht Gabriel Rosenstock. 'Stánamar le hiontas ar an scáileán bán' a deir sé sa dán 'Teilifís', dán a thaitin láithreach an chéad uair a léigheas é agus dán gur breá liom é i gcónaí. 'An bhfaca daonnaí sliabh/riamh?' a fhiafraíonn sé sa dán 'Sliabh'. Breathnadóir é go gcuireann an domhan, agus an saol, iontas air. An tabhairt faoi ndeara sin, an grinndearcadh a dheineann sé ina chuid filíochta trí chéile is féidir é a fheiscint go háirithe san haikú aige. Cuid inti féin den tionscadal filíochta aige atá saothraithe agus forbartha aige ó thosach is ea an haikú. An meon atá taobh thiar den haikú is meon é atá ag teacht leis an meon atá le fáil i dtraidisiún na Gaeilge chomh fada agus a bhaineann leis an gcomhghaol idir an duine agus dúlra. Is beag duine gur féidir leis an fhoirm seo a chleachtadh go héiritheach agus go leanúnach ach tá sin déanta ag Gabriel. D'fhoghlaimíos féin mórán ó Gabriel mar gheall ar shaothrú an haikú agus is dóigh liom gur chuaigh sé sin chun tairbhe do mo chuid filíochta féin ní amháin maidir leis na haikúnna a scríobhaim ó thráth go chéile ach maidir le mo chuid filíochta i gcoitinne.

Is áirithe gur dhein filí *Innti* mar ghrúpa fuinneamh nua a chur i bhfilíocht chomhaimseartha na Gaeilge i ndeireadh an fichiú haois. Ach tá glór sainiúil ag gach duine acu, agus nuair a deirim gur leanas iad, is é atá á mhaíomh agam ná gur leanas a sampla. Dheineas mo ghlór féin a fhorbairt ach sin mar gheall ar an spreagadh a fuaireas uathu sin. Sna seascaidí agus sna seachtóidí bhíodh trácht i measc daoine óga ar chur chuige ailtéarnach, ar dhearcadh ailtéarnach, ar shlí mhaireachtála ailtéarnach. Bhí daoine ag iarraidh cor nua a chur sa tsochaí ar fuaid an domhain. Laistigh de shochaí na hÉireann bhí lucht na Gaeilge ag iarraidh cor nua a chur ina saol féin trí chearta níos leithne a éileamh dóibh féin. Bhí mo thuismitheoirí féin páirteach i bhfeachtas chun meánscoil lán-Ghaeilge a bhunú i gCorcaigh. Agus an tráth sin díreach, maidir le litríocht na Gaeilge, d'fhéadfaí a rá gur dhein 'na filí óga' rogha ailtéarnach a chur ar fáil. Mar gheall ar an meas a bhí acu ar an nglúin filí a chuaigh rompu, seachas dá ainneoin, spreagadh iad chun na tionchair éagsúla a bhí á n-imirt orthu ag an ógchultúr idirnáisiúnta a thabhairt isteach ina ndánta mar a dhein na filí sin rompu nua-fhilíocht na Gaeilge a chur ar a bonnaibh ó na daichidí ar aghaidh. Ar an tslí sin chuireadar ardán ar fáil do go leor filí eile dá nglúin féin agus filí ní b'óige ná iad. Ba chuid de mo shaoltaithí féin, mar a deirim, gach gné den saol acu féin a raibh filí *Innti* ag tarrac astu. 'chonaiceamar fís/i naoi déag seasca a trí' a dúirt Davitt.[20] Nach in a dheineann an file, físí is ea é nó í. Chuir filí *Innti* fís ar fáil. 'ba tú ár ndeartháir críonna/ar bhealach/is d'fhan tú dílis don fhís' a deir Davitt.[21] Tá go leor againn dílis don fhís sin go fóill.

Dílis don fhís
(*do Mhichael agus Liam*)

'Is d'fhan tú dílis don fhís'
     Cuimhní Cré Michael Davitt

Níor éiríomar as.
Níor thugamar isteach.
Is dóigh linn fós
go mb'fhéidir gurbh fhéidir
le cúnamh na ndéithe,
faoi chúram na mbéithe,

le focal draíochta
le líne filíochta
nó le leathrann

an domhan
a chur bundún thar ceann,

le foghar pabhair
le siollabadh triollata
le meadar ceadail
le briathra diamhra

le friotal miotail
le sanas i ganfhios
le héirim méaraim
le haighneas faghartha

le déine méine
le meabhair leabhair
le míreanna fírinne
le héitheach tréitheach

le samhail mheabhail
le parabal spearabal
le prosóid chosabacóide
le dúnadh iontach

an saol go léir
a chur bunoscionn,
a thiontú
síos suas
scun scan
ar nós
na lachan sa chanáil
is a prompa in airde.

CHAPTER 10

A Munster Beat

CLÍONA NÍ RÍORDÁIN

Ceol a chloistear fós sa Mhumhan,
Fiú in áiteanna 'nar tréigeadh an chanúint.[1]

Seán Ó Ríordáin's poem 'Ceol Ceanntair' [The Music of the District] is conducive to understanding the connections between the *Innti* poets and the English-language poets who followed them to University College Cork at the start of the 1970s.[2] Ó Ríordáin uses several terms to explore the concept of *ceol* [music]: *fonn* [air], *blas* [accent], *fuaimeanna* [sounds]. Each synonym is suggestive of the non-verbal, stressing the signifier rather than the signified. The poem is a metaphor for the traces the Irish language has left in Munster English, a hauntology,[3] suggesting the spectre of the Irish language remains ever present. The poem is also indicative of hybridity – the native elements, Ó Ríordáin implies, have infused the language imposed by the coloniser. The poem appears in *Línte Limbó* (1971), Ó Ríordáin's penultimate collection. Ó Ríordáin had moved, at that time, from the motor tax office in Cork Corporation to the leafier surroundings of University College Cork. His presence on campus was exemplary of the creative atmosphere flourishing in the university at that time. Ó Ríordáin's district was, *de facto*, the college and the city of Cork and its wider Munster hinterland. His poetry, although written in Irish, is typical of the hybrid output described by Jahan Ramzani in *The Hybrid Muse*,[4] devoted to the study of post-colonial poets from W.B. Yeats to Okot p'Bitek. In this essay, I argue that the conditions in Ireland from the late 1960s to the mid-1990s mirrored the hybridity of the post-colonial position, with a resurgence of the post-colonial project emerging in the wake of the commemorations of the fiftieth anniversary of the 1916 Rising in 1966, and the eruption, in 1969, of a civil war in the north-eastern corner of Ireland. I propose to show how a post-colonial political stance and a hybridity of language and form, coupled with an interest in a transnational style of literature, extended into the poetic practices of both the English-language poets and their Irish-language comrades. As Ramzani says: 'all of these writers [...] enact the cross-cultural energies and complexities of post-coloniality in the poetry's hybrid forms, figures and vocabularies'.[5] In this essay I will demonstrate how those same energies animate the work of both cohorts of poets.

THE POST-COLONIAL PROJECT

The English-language cohort of poets entered UCC at the start of the 1970s when Ireland was approaching its sixth decade of independence. Yet, as David Lloyd suggests in 'Regarding Ireland in a Post-Colonial Frame',[6] the temporal frame of the post-colonial moment is experienced differently via sequentiality and repetition. 1966 marked the fiftieth anniversary of the 1916 Easter Rising, an event viewed as the founding action of the Irish state. Commemorations brought the intensity of that moment back into focus. Questions of language and nationhood were again pushed to the forefront of Irish life. The rebel poets were inspirational figures for the younger generation, in their teens or childhood when the fiftieth anniversary celebrations were enacted. Greg Delanty's verses illustrate this point:

> And when we played the Easter Rising, I was
> Fierce Pearse, wheelchair Connolly and Cork's own Big Fella,
> Never Joseph *Mary* Plunkett, wearing my Billy the Kid cowboy hat
> Pinned to one side Volunteer-style; though somewhat reluctantly
> I took my turn at being an executing Tommy.[7]

The play-acting is indicative of the rebel poets' place in a pantheon of mythical heroes, as remote as the alternative stable of cowboys and Indians that inhabited the children's subconscious.

And so, when the 'Troubles' broke out, Northern Irish poets were pressed into service. Seamus Heaney wrote eloquently about the burden this public duty of writing placed upon them, perhaps most pointedly in 'Flight Path': 'When, for fuck's sake, are you going to write / Something for us?'[8] South of the border, poets were no less anguished, but perhaps (with the exceptions of Paul Durcan and Thomas Kinsella[9]) more reticent about taking up their pens to compose poems that might be viewed as propaganda or interference. However, this vision of the poetic landscape is complicated by an examination of the poetic output (both in Irish and English) of the UCC poets.

Refugees, fleeing sectarian violence, flooded south in 1969 following the burning out of Catholic families and the sectarian violence that characterised the clashes shaking the Northern statelet.[10] Seán Dunne records their arrival in 'Refugees, 1969':

> They swarmed South in trains and stayed
> for weeks in a disinfected barracks.
> The word 'refugee' failed to fit those
> who walked around Waterford in salvaged clothes,
> or idled on benches chewing matchsticks.[11]

The vocabulary used by Dunne describes disease or vermin, via the extended trope of 'swarm' and 'disinfected', and its attendant images of lazy parasites ('idled' or 'salvaged'). In the second movement, Dunne stresses the disparity between the perceived bad behaviour of the refugees ('Others fought in chip shops or went on the piss') and the television footage of the same people following the atrocities:

> They were far from faces in a flickering crowd
> streaming from ghettoes as sirens wailed,
> or women stumbling from a bombed hotel
> waving bundles to a welcome of flashbulbs.[12]

Dunne's lines suggest a form of performativity, a glamour of victimhood in the 'welcome of flashbulbs'. Yet Dunne also stresses the similarity between the refugees and the southerners in the concluding lines: 'They were like ourselves. When they left / We waved like exiles from a boat drawing out'. The oxymoronic distantiation of those remaining *in situ* reflects both the uneasy conscience of the southerners and the sense of abandonment felt by those who returned to their homes north of the border. The extended sonnet form used by Dunne illustrates the unease of the subject matter. Characterised by a succession of run-on lines, the sonnet is divided into septet and octet, seeming distended and swollen. The consonance of the last two lines, their skewed cesura and plangent *enjambement*, underlines the absence of the satisfactory conclusion conferred by a rhyming couplet.

Elsewhere in 'Against the Storm', Dunne juxtaposes the headlines, bomb blasts and warnings against the intimacy of domestic life. The image is that of the cries of a trapped hare whose distress is covered by laughter:

Unreal and loud,
Laughter drowned the warnings calling

Urgent as the cry of a trappèd hare.
In spite of headlines now I catch
The stir of my sleeping son
Turning to beginning his second year.
Against all horror I set such acts,
Intimate and warm as gathered friends
Huddled in a room against the storm
Or around the table for a final meal.[13]

Stylistically, Dunne imitates the stanza adopted by Yeats in his sequence 'Meditations in Time of Civil War'.[14] In the contrast between Dunne's sleeping son and the storm raging in the body politic, Dunne underlines his attachment to the private sphere. Later, Dunne rejects all clichéd images of Ireland, embracing Mozart and Ella Fitzgerald, highlighting the inadequacies of the contemporary Irish state:

They shoot heroin these
times in streets where Connolly said lives
were lost in slumland hunger and disease
while suburbs sat in cushioned ease.[15]

Dunne, the son of a factory worker, refers to James Connolly in this extract, implicitly criticising the failure of the Republic to create a new Ireland for the children of the working classes. This trope of class consciousness is another thematic that animates the poetry of both the English- and Irish-language cohorts; we shall return to this topic later in this essay.

Liam Ó Muirthile's poem 'Thuaidh', from his first collection *Tine Chnámh* (1984), spells out the tension between northerners and southerners gestured to by Seán Dunne: 'Daoine boga sibhse theas,' arsa cara, / 'Muidne thuaidh cruaidh.' ['You in the south are soft,' a friend says, / 'We're of tougher mettle up north.']16. The use of 'cara', without the definite article, makes his 'friend' a cartoonish, menacing figure in Irish, speaking in a staccato style reminiscent of gunfire. Ó Muirthile, RTÉ's Northern Ireland office Irish-language correspondent for a number of years, uses paronomasia ('thuaidh' [north] and 'cruaidh' [hard]), suggestive of the carapace of his northern friends. In the stanza that follows, Ó Muirthile describes what he calls 'dúthaigh anama' [a soul territory]. This evokes the tradition of *dinnseanchas* (the lore of place names); the enumeration of Béal na Blá and Cill Mhicíl [Bealnablath and Kilmichael], sites of celebrated ambushes during the War of Independence and the Civil War in County Cork, are included, staking a claim in the pursuit of freedom via losses incurred in the South. Ó Muirthile is unafraid to address the atrocities committed by opposing sides. He details the tit-for-tat killings and asks: 'an bhfuil scála sa bhúistéaracht, trócaire sa sceanairt ná chím?' [Is there some scale to the butchery that I can't see, some mercy in the bloodletting?].[17] Ó Muirthile also castigates independent Ireland: 'Tá gnó leis idir lámha anseo le críochnú fós a chroí' [Here too there's work to do that must be seen through].

Michael Davitt addresses the issue of the Northern conflict in a number of poems. The conflict is central in 'Do Bhobby Sands an Lá sular Éag' [For Bobby Sands the Day before he Died], for instance.[18] In 'Sos' [Ceasefire], Davitt addresses the issue of the 1994 ceasefire, using the Irish term 'sos', meaning a 'rest', or a 'nap' and perhaps a ceasefire.[19] Voiced for a republican, Davitt's poem is a re-writing of the *aisling* form. The poem is addressed to an unidentified female, known only as 'a shráidbhean' [a streetwalker]. Her body is sexualised in a vulgar way, echoing the location of the poem in a fast-food restaurant. Davitt litters the poem with brand names 'Fillet o'Fish', 'Big Mac'. The body of the alternative to the 'spéirbhean' ('beautiful lady') is compared to a dustbin; both the 'sráidbhean' and the protagonist are characterised by self-loathing: 'Ar ball scaobfaidh mé mé féin / isteach i mbosca bruscair do choirp' [Later, I'll scrape myself off / into the wastebin of your body]. Davitt makes use of forms and tropes traditional to the Irish literary canon, only to undermine and subvert them in an extremely provocative fashion.

'The Troubles' was not the only topic to inform the political-historic matter in the poetry of the English-language cohort. Thomas McCarthy from his very earliest collection *The First Convention* (1978) made the political matter of Ireland the subject matter of his poetry. McCarthy is anxious to document the complexity and rich texture of Irish history, charting the golden age of merchant Cork in his volume *The Merchant Prince* (2005), and the Anglo-Irish ascendancy of Munster in *The Last Geraldine Officer* (2009). Later, in *Pandemonium* (2016), McCarthy addresses the more recent political and economic woes of the country in the wake of the financial crisis of 2008. McCarthy's preoccupations are echoed by those of Liam Ó Muirthile or Michael Davitt, when, by voicing the words of their respective parents in English, are layering the Irish texture of their poems, acknowledging what Ó Muirthile calls his 'Anglo-Irish English' of Cork city.[20] This linguistic hybridity can also be seen as a political act, an acknowledgement of the fragility of the ecosystem in which the Irish language exists, a recognition too that the reality of Ireland's centuries of poverty and emigration meant that the working class could not afford to be purist in their choice of conflicts or language.

This is a point made strongly by Maurice Riordan in his sequence of poems entitled 'The Idylls' where the mud engulfing the combatants from east Cork is an equalising factor that removes all questions of class, nationality or religion.[21] This sentiment is echoed by Patrick Cotter in 'The Monument', devoted to the soldier on the monument to the war-dead of the First World War on Cork's South Mall:

> Even as a child I was concerned for him:
> this least triumphant of soldiers;
> butt up, muzzle in the ground, ready to furrow,
> helmeted head, tilted in melancholy.
> [...]
>   My father
> dismissed his Irishness with an uncharacteristic
> whiplash of Nationalism. Was he English?
> No! What was he? Lacking a spike, I knew
>
> he couldn't be one of those Germans who
> achtunged weekly across the panels of *Victor*.[22]

Just as Delanty's pantheon of heroes extends to cowboys and Indians, the childhood-self of the lyric 'I' in this poem references another aspect of popular culture in circulation at the time, the weekly comics, such as *Victor*, imported from the UK; their images and narrative were writ large in the imagination of Irish children for much of the twentieth century. The concluding verses of Cotter's poem echo Heaney's 'In Memoriam Francis Ledwidge',[23] with their common exploration of the ambiguous status of retuning soldiers:

> and Easter Sunday celebrant crowds turned
> their backs to him, he who stands so faithfully
> over a flaking rollcall of fusiliers' names,
> McCarthy, Murphy, Prendergast, O'Sullivan:
>
> a list as long as the road to Thurles.[24]

Cotter's attention to the fusiliers, McCarthy, Murphy, Prendergast, O'Sullivan, common Irish names, underlines the inclusive working-class dimension to enlistment during the First World War. Cotter, and many of the poets, writing both in Irish and in English, were the first generation of their families to attend both second-level and third-level institutions. The preoccupation with inscribing the working-class voice into the canon was shared by other poets writing at the time, notably Dermot Bolger and Michael O'Loughlin.

Theo Dorgan's emblematic 'A Nocturne for Blackpool' offers a soundscape of working-class life, where clinking milk bottles and humming breweries provide the 'ground bass for the nocturne of Blackpool'.[25] Dorgan is concerned to document 'the legend of the ordinary' and the intrusion of the constraints and processes of factory life and manual labour into the domestic space. He also charts the effects of the first oil crisis, spelling factory closures (notably the Dunlop and Ford factories) and redundancies:

> Here is a woman the wrong side of forty, sightless in her kitchen
> As she struggles to make sense of the redundancy notice,
> Of her boorish son, just home, four years on the dole, foul-mouthed,
> Of her husband, who has aged ten years in as many days.[26]

Elsewhere, the protagonist of the poem evokes the smells of factory work, comparing his trade with that of his father's:

> I move the words as you moved heavy tyres.
>
> True, there is no sickening stench of rubber,
> No heat from the curing pans, no rage
> at management, choked back by need as much as pride –
> But father, the range of uselessness is wide.[27]

This 'smellscape' completes the sensory depiction of the conditions endured by the working classes. Dorgan's 'Blackpool Nocturne' is dedicated to Mick Hannigan, whose father worked alongside Greg Delanty's in the Eagle Printing Works. Delanty also is at pains to explore the processes of printing in his collection entitled *The Hellbox* (1998).

Dorgan and Gerry Murphy also pay homage to the figures from the labour movement in the twentieth century. Murphy does so in poems such as 'Among Thieves', dedicated to Michael O'Riordan, fellow Corkman, and founder of the Communist Party of Ireland.[28] In 'Nora Harkin Remembers Peadar O'Donnell', Dorgan stresses the comradeship of those involved in manual labour:

> [...] looking for comrades and for work.
>
> I'll bet you he keeps his mouth shut, sensible man.
> He'll turn from the forepeak, stub out the cigarette
> And join in the hauling of the heavy net. His is a world of work
> Like yours, a world of sober fact, of bread and basics.[29]

And, in a trope that echoes the preoccupation with the enrolment of the working-class men of Cork in the armed forces, Colm Breathnach in *An Fear Marbh* (1998) records his father's technical talents as a gunner: 'Sárshaighdiúir agus gunnadóir den scoth / an teist a bhí ag an leifteananantchornal ort.' [You were an outstanding soldier and a crack gunner / that was the lieutenant colonel's opinion of you].[30] The comments are attributed in terms of rank to a senior officer, highlighting yet again the class differential between serving officers and NCOs.

Beyond these very concrete historical-political concerns, the poets from both cohorts were also drawn to questions linked to language and to the Irish language in particular.

HYBRIDITY OF LANGUAGE AND THE CENTRALITY OF IRISH

Importantly, the Irish language at UCC during much of the twentieth century was a living language. This is a reflection of the status of the Irish language in the wider hinterland of Cork city, including the *Gaeltachtaí* and *Breac-Ghaeltachtaí* of Munster. The English-language and Irish-language divide was not fixed in Cork city. On the northside of the city An Mhainistir Thuaidh (The North Monastery) turned out generations of men well-versed in the Irish language. Its graduates include poets Seán Ó Ríordáin, Michael Davitt, Gerry Murphy, Theo Dorgan and Billy Ramsell. Support for the language was visible also in the two vibrant branches of Conradh na Gaeilge, An Club Leabhar and An Ciorcal Comhrá. Liam Ruiséal's bookshop stocked a wide variety of titles in Irish. Beyond those well-established vectors for the Irish language, Cork business and cultural entrepreneurs had come together to set up Gaedhealachas Teoranta/ Gaelachas Teoranta in 1944, an association inspired by attempts to protect

Danish language and culture against German invasion.[31] Their activities, ranging across County Cork, extended to the foundation of Irish-language summer schools for children, residential primary schools, an Irish-medium secondary school, and a monthly magazine, *Agus*, which would publish early poems by Nuala Ní Dhomhnaill and Michael Davitt.[32]

The greater Cork city area was also home to an Irish-language community in Ard Barra, Gleann Maghair, where families brought their children up through the medium of Irish. In 1968, Beití Ó Tuama, wife of Seán Ó Tuama, set up one of the first naíonraí (Irish-medium pre-schools) in Ireland in Dún Laoi, on the North Mall. Seán Ó Ríordáin's diaries, *Anamlón Bliana* (2014), are a testament to the interconnectedness of the two communities. These local factors, combined with the presence on campus of key interlocutors, such as Tomás Ó Canainn, Ó Ríordáin, Seán Ó Riada and Ó Tuama, were enough, as Liam Ó Muirthile suggests, to testify 'to the fact that the Gaeltacht could exist within the city and that a contemporary urban discourse that was totally in accord with the community language spoken in the Gaeltacht was realisable'.[33]

The English-language poets had the example of their *Innti* peers as proof positive that poetry, and moreover poetry in Irish, was making things happen, given the tremendous welcome given at the launch of the second issue of *Innti*. Theo Dorgan has described the countercultural whiff of subversion that entered the classroom in the austere North Monastery school when Michael Davitt came selling the first number of the broadsheet.[34] Dorgan understood that the language was a living, vibrant entity that he could possess for its own intrinsic value and not because of any worth placed on it within institutional boundaries, be they those of school or state.

The cohort of English-language poets also displayed an interest in Irish-language sources. Maurice Riordan's first collection, *A Word from the Loki* (1995), places Irish sources within a wider general context. The poem 'Some Sporting Motifs' (WL, 47) includes hurling in a list that extends to shinty, golf and cricket. His tongue-in-cheek comparison of the design of the modern cricket ball with the Irish *sliotar* seems to ridicule the whole notion of separate sports as determined by the early rules of the GAA: 'two eights of dried skin, hemp-sewn around / a light, bouncey [*sic*] core. Balls it could be called, / or bollocks, to indicate its dual number'.[35] Other etymological musings are more affectionate, as in 'Shadows' (WL, 5): 'I'm stretched on a grass bank looking for ladybirds, / God's cows as I know them, herding with a straw into my hand'. 'God's cow' is the literal translation of the Irish term for the ladybird, 'Bóin Dé'.[36]

This whimsical, gentle approach to the Irish language, which sees it as a linguistic factor that colours the Irish soundscape and psyche, can also be seen in Patrick Cotter's poem 'Madra':

> The dog who read books had nowhere
> in his brain for the words to go.
>
> As they streamed in through his eyes, line
> by line they re-emerged through each
>
> fibre in his fur with a yelp.
> He watched his master's noiseless act
>
> of reading and copied him as
> best he could turning the pages
>
> by swishing his nose, swivelling
> his head from side to side and top
>
> to bottom over each page. Words
> of English left him a shiny,
>
> glistening coat but Irish words left
> him with the most peculiar
>
> smell, attracting the barks in par-
> ticular of wolfhounds and red
>
> setters, water spaniels, Kerry
> Blues, and the keening of priests who
>
> prayed only in hidden ditches
> near forgotten limestone mass rocks.[37]

Cotter advances by association, admitting the shiny attraction of the English language but making connections via words in Irish to a range of dogs viewed as being native breeds. He links the language also to the persecution of the penal laws, and the ancient tradition of keening the poem is suggestive, via the multiplicity of breeds, of the variation and diversity that has been lost with the language.

This linguistic meditation on the nature of language and on the consequences of language loss is common in the work of many of the poets under consideration in this essay. It can be seen, for instance, in Gerry Murphy's enigmatic poem 'Ten Words in Irish':

> *do Mháire Davitt*
> Í imithe
> ar a Yamaha
> go Omaha.
>
> Mé buartha,
> buartha,
> buartha.[38]

With its dedication to Máire Davitt, wife of Michael, Murphy's intention is to echo Davitt's irreverence for the Irish-language movement. Davitt lampooned the movement mercilessly in poems like '(Positively) Sráid Fhreachair',[39] detailing the issues of inclusion and exclusion that dogged the Irish-language revival since its inception; or again in 'Docloíteacht',[40] an ironic account of scorekeeping as a device in the language movement. Murphy's choice of 'Yamaha' and 'Omaha' as rhymes for 'imithe' and 'buartha' reflects the de-sacralisation of the language. Murphy's poem rejects a constrained purist version of language, offering instead a form of hybridity that can be seen elsewhere in Davitt's *oeuvre*. The following example in 'Luimneach' illustrates the point:

> Ba cheart go dtuigfinn níos fearr sibh
> Is bhur rúnaithe corcra dáchosacha
> Is bhúr gcairde *ginandtonic* i *loungebars*
> Ag caint faoi rugbaí is faoin Tuaisceart
> I mBéarla spideogach RTÉ.[41] (FM, 14/15)
>
> [I should learn to understand you,
> Your purple two-legged secretaries
> And your ginandtonic friends in loungebars
> Twittering about rugby and the North
> In RTÉ's speckled English.]

In this verse, just as in Murphy's poem, we note the intrusion of a linguistic other into the body of the poem. Whereas Murphy integrates the terms without italics into his text, Davitt's othering is done via italics, indicative of the presence of a foreign citation or word. However, the compression of a term such as 'gin and tonic' into one single word signals the manipulation Davitt wishes to impose on what he calls 'Béarla spideogach RTÉ' [RTÉ's speckled English]. In these lines, a certain bourgeois managerial culture and its material correlatives are called into question. As well as the emblematic G&T, Davitt also mentions rugby, a game which is also a marker of social class in Ireland.

Elsewhere, Davitt's affection for such hybridity is mimicked by Colm Breathnach in a poem entitled 'Ar Shroichint Caoga Bliain d'Aois dó Féachann Duine dos na Filí Óga Siar' [On Reaching the Age of Fifty One of the Young Poets Looks Back]. Dedicated to Michael (Davitt), Breathnach includes English-language expletives such as 'Bhuellll/ fUCCkit/ ... ha' (RD, 139) together with Anglicised orthography of Irish words, 'raghaim a mooo' [I go astray], or Gaelicised writing of English words, such as in this sequence when both languages become intertwined:

> bhíomar mar shampla ag scann(al)ánú
> an (lúbaí-dúbaí) lá (dí-dá) seo
> i gCoinvint an 32ú Grásta
> is dúirt le fear an cheamara
> is sinn ag siúl síos saghas pasáiste
> 'tá chomh maith agat
> seat a thógáil sa dorchla'
> agus cad a dhéanfadh mo frigeanmudán
> ach na soilse a mhúchadh is tosnú ag scannánaíocht sa *dark*
> chuas le báiní (RD, 140)

> [we were, for instance, on location
> one (looby-do-dah) day (die dumb)
> in the Convent of the 32nd Grace
> and sez I to the cameraman
> as we walked down a sort of corridor
> 'you better take a shot here
> to catch that sense of being enclosed.'
> and what did that feckineejit go and do
> but put out the *solas* and start fil(e)m(ent)ing in the dark
> I went stark raving mad][42]

The code-switching, typical of the language spoken in Gaeltacht communities, is indicated by the italicisation of the work *dark*. However, we also come across the neologism 'seat' (from the English 'shot') and the portmanteau word 'frigeanmudán', a compression of frigging (written with Gaelicised orthography) and 'amadán' [fool], together with the mischievous capitalisation of UCC in the term 'fUCCkit', all indicative of the *plaisir du texte* on offer. Breathnach's poem also highlights the mistrust of language itself, be it Irish or English, and the lack of stable signifiers.

In this linguistic soup, we are reminded of a poem by Liam Ó Muirthile, 'The Shaky Bridge', translated by Greg Delanty, placed as an epigraph to Ó Muirthile's collected poems:[43]

An droichead crochta
A bhainimis amach
Chun é a chroitheadh
Le spleodar óige amháin.

Samhail gan meirg gan mairg
Idir bruacha dhá theanga
Ag croitheadh i mbun dáin:
Droichead Uí Ríordáin.

The suspension bridge
We sought it out
Only to give it a right shake
With the gusto of youth.

Symbol without rust without regret
Between the banks of two languages
Shaking with the frenzy of poetry:
Ó Ríordáin Bridge.

As well as being a suspension bridge beloved of the citizens of Cork, it is a bridge of the imagination erected by Ó Muirthile and his fellow poets between the banks of two languages they love so well.

If, as we have seen, this frenzy of poetry led the Irish-language poets of the *Innti* cohort to shake the suspension bridge of language, their coevals in the English-language generation were no less engaged in such experiments, and in a similar shaking-up of the bridge of language. Maurice Riordan's poem 'Irish' reflects on the nature of language itself.[44] Thomas McCarthy makes use of Irish too and his translations from Irish thicken the texture of *The Merchant Prince* and *The Last Geraldine Officer*.

Theo Dorgan, published in issue 9 of *Innti*, continues to translate from the Irish and also includes fragments from Irish poems in the body of his poems. This is the case in the poem 'Crossing the Border' where the refrain 'Ní fada uainn anois an lá / Má mhairimid, má fhanann beo' [The day is not far off now / If we survive, if we remain alive] is used as a counterpoint to the plaintive laments of those who had to flee their homeland.[45] Or in a poem called 'The Lost Gaeltacht of Lower Manhattan': the poem's tight distiches record the frenzy of life in New York City. Dorgan includes the words of a lullaby in Irish as a repeated one-line incursion into the world represented by the Irish language, a poignant response to the question of the ticket-collector: 'Tell me,' he asks, 'do they still speak Irish over there?'[46] More recently, Dorgan has published an Irish-language translation of poems by Federico García Lorca (*Bailéid Giofógacha*, Coiscéim, 2019). Dorgan's translation of Lorca, frequently referred to both in Dorgan and Murphy's work, is indicative also of an impulse to translate poetry from other cultures, to create a poetry that extends beyond national boundaries.

As we have seen earlier, the reflection on the nature of language and the burden that the responsibility of a minoritised language places on its poets is a thematic that runs through the work of many of the poets, chief among them being Gabriel Rosenstock. Where Gerry Murphy introduces place names and brand names as challenges to linguistic purity, Rosenstock draws on his German heritage to interrogate the strictures and burdens of language, in poems such as 'Konzipierung'[47] or 'Cothú'.[48] In both cases, the poems are generated by a term that intrudes into the Irish language, be it the German, or the Romany for hedgehog, '*Parchywechy*':

> An Ghiofógais atá ar ghráinneog?
> Parchywechy! (Teideal a chéad dáin).
>
> Sinne, filí na Gaeilge,
> Giofógais í ár dteanga án,
> Siollaí ag imeacht le fán:
> Nach breá an ciúta seo, an chomhréir siúd
> Nach suaithinseach an nath úd
> Seo linn ina ndiaidh
> Nó is priaclach ár ndán.

[The Romany for a hedgehog?
Parchywechy! (The title of his first poem).

We poets in Irish,
Our illustrious language is Gypsy,
Syllables forever going astray;
Savouring this sally, that syntax,
The other distinctive note.
We tear after them
Unsure of our poetry's future.]

In this extract, Rosenstock signals the fate, delightful yet precarious, of the Irish-language poet: standard-bearer for the first official language of the state, yet viewed with a mixture of suspicion and curiosity by some of those who write in the state's second language.

Rosenstock and Murphy alike see their poetry as being part of world literature. For Murphy, this is signalled by his magpie technique of borrowing poetic sources from poets across a range of languages and poetic traditions. Rosenstock, on the other hand, expresses his all-encompassing enthusiasm for translation and the literatures of elsewhere in the following terms:

> Goethe was probably one of the first people in Europe to talk about Weltliteratur, or world literature, and to create an east–west cross-pollination in his West-östlicher Divan. The same impulse is in a lot of my own work.[49]

This notion of cross-pollination is germane to the concept of hybridity outlined by Homi Bhabha, an essential trait of the transnational element that characterises the two cohorts of poets. This attitude inspires and informs so much of Rosenstock's poetry. A glance at the index page of his selected poems is sufficient to grasp the range of references and cultures shaping his poetics, from an engagement with the philosophy of Hare Krishna to a creative dialogue with German-language poets.

Translation is central to the creative impulses of both groups of poets. Rosenstock's prodigious output also includes translations of the collected poems of his old friend Liam Ó Muirthile, acknowledged in the author's note to the collected poems which salutes the generosity and virtuosity of his comrade. Rosenstock is also alert to the nuances and development of thinking in translation studies, making use, in some of his recent work, of the term 'transcreation' to describe his practice.[50] As a self-proclaimed anarchist, Rosenstock also relishes the difference embodied in writing in Irish:

> I like being different. It is not so much a question of liking being different, I feel different [...] Had we an Ireland today that was 90 per cent Irish-speaking, I would probably join the other 10 per cent – whatever that might be, Anglo-Irish, Hiberno-French [...] anything you wish to imagine. I like minorities. The world needs them more and more as we jostle towards consensus, towards homogeneousness.[51]

His exploration of transnational forms is also done via formal devices, such as the *haiku* and the *tanka*. Patrick Cotter, on the other hand, draws much of his inspiration from German sources; his poetry is studded with references to Heine, Celan and Rilke. One of the final projects that Liam Ó Muirthile undertook before his death was *Arthur Rimbaud* (2019), a translation of Rimbaud's *Illuminations*; it brings together Ó Muirthile's skill as a translator and his desire to inscribe the brilliance of Rimbaud within the Irish-language canon.

Many of the poets discussed here have also been the instigators of large-scale anthologies in translation. Theo Dorgan was the co-editor of *The Great Book of Gaelic* (Canongate, 2002); it comprised poems in Scots Gaelic and Irish translated to English. Dorgan was also one of the driving forces behind *The Great Book of Ireland*, a compendium of Irish- and English-language poems. Patrick Cotter edited the number of *Poetry Chicago* (2015) devoted to new Irish poets.[52] Among the notable translation anthologies of Greg Delanty is *The Word Exchange* (Norton, 2012); he also translated a selection of Seán Ó Ríordáin's poems (Bloodaxe, 2021). Moreover, many of the English-language poets participated in the Cork European City of Culture project 2005, where the poets of all the new EU accession states were each represented by a single poet, all of whom were then translated to English by Cork poets. Produced by Southword, the imprint of the Munster Literature Centre (MLC), the collection signalled the ambition of hospitality in translation, a concept developed by Antoine Berman, in his essay 'L'Auberge du lointain'.[53] This openness and spirit of hospitality characterises the work of both cohorts of poets.

CONCLUSION

As I have demonstrated, many elements argue in favour of the links between the English-language poets and their Irish-language *compadres*. The various collaborations in anthologies and projects outlined above are also a testament to the truly collegial nature of these poets. The circulation between both language groups and the solidarity displayed in translation projects is mirrored in the paratextual inscriptions and co-operations that span the language divide and extend across a period of almost fifty years. Although the initial group of *Innti* poets were older than the cohort that followed them, the younger *Innti* poets Colm Breathnach (b. 1961) and Louis de Paor (b. 1961) overlapped with Greg Delanty and Patrick Cotter's periods of study in the college. College publications and workshops, both within and without the university, contributed to the bonds, paratextual and intertextual markers of friendship and influence that dot the work of both groups of poets. The Munster Literature Centre, and latterly the Ó Bhéal readings (under the direction of Paul Casey), have also played no small part in continuing to provide opportunities for the poets to come together. This may take the form of readings during the Cork International Poetry Festival, the Winter Warmer Festival, International Book Day, or via publishing projects funded and promoted by MLC, notably within the pages of *Southword*, or the new Irish-language journal *Aneas* established by the MLC in 2020. It can also be seen in its pamphlet publications such as *King of the Lam* (2020), a series of laments written for Liam Ó Muirthile by Greg Delanty. The new generation of poets associated with UCC, such as Doireann Ní Ghríofa or Billy Ramsell, continue to pursue this translanguage companionship in the pages of their work.

GLOSSARY

FM   *Freacnairc Mhearcair* by Michael Davitt
RD   *Rogha Dánta* by Colm Breathnach
WL   *Word for Loki* by Maurice Riordan

Comhrá ag na hEagarthóirí le Nuala Ní Dhomhnaill

13 BEALTAINE 2021

Ba ag Scoil Merriman na bliana 1969 a chuiris tú féin in aithne mar fhile do shaol na héigse. Ní foláir nó go raibh ana-mhisneach agat seasamh os comhair an tslua sin; an rabhhais muiníneach riamh anall?
Bhuel, b'é ré úd na n*Animals* agus na *Beatles* agus bhímid go léir ábhairín stóinsithe fénár muinín. Bhíomar ana-stóinsithe. Agus do sheasas suas agus dúrt é. Bhí Caitlín Maude ann – ó do bhíos i ngrá léi – do tháinig sí suas chugam agus mhol sí mé. Bhí sí ag amhrán is bhí sí go hiontach. Bhí sé ana-mhaith domsa ó thaobh misneach de.

Agus d'éirigh leat dán a chur i gcló ansin?
Sea, bhí dán in *The Irish Times*. Thug na' héinne ceann dó go mbeidís i mBéarla, mar sin chuireas isteach cúpla ceann i nGaeilge. Fuaireas trí phunt nó rud éigin mar dhuais agus ba dheas an rud é sin.

Níl aon aiféala ort, an bhfuil, gur chloígh tú leis an nGaelainn in áit an Bhéarla?
Níl in aon chor. D'éirigh liom mo shaol a dhéanamh tríd an nGaelainn agus táim ana-shásta gur dhein. D'fhéadfainn dul go Béarla ach ní bheadh sé leath chomh maith. Tá fo-ghearrscéal agam agus aistí chomh maith. Agus i mBéarla a bhíonn siad san mar teastaíonn ó dhaoine in áiteanna éagsúla aiste Bhéarla a bheith acu.

Tá guth údarásach agat sa Bhéarla chomh maith i mbun próis. D'aithneófá do ghuth láithreach. An dtéann sé dian ort na haistí Bearla sin a scríobh?
Níl siad pioc níos deacra ná rud éigin i nGaelainn. Tá rud éigin i nGaelainn, bhuel is fiú níos mó iad, mar sin is fiú liom níos mo iad, agus dá bhrí san, bím sásta níos mó oibre a chur isteach iontu ná na rudaí i mBéarla. Dhera, cuireann tú díot na rudaí i mBéarla.

Agus nuair a bhí tu in UCC ansin i do mhac léinn, lean tú ort ansin ag cumadh dánta as do stuaim fhéin. An raibh na filí i réim i saol na hollscoile?
Bhí Michael Davitt sa tarna bliain ag an am san. Agus ó bhí svae leis. Bhí – conas a déarfaidh mé é – bhí Diaghilev dár gcuid fhéin againn. Dhéarfadh sé 'raight, raghaimid an pub so', agus bheadh na daoine glanta go léir ach amháin fodhuine a bhí ag ól piúnt. N'fheadar cad a cheapfaidís féin – na rudaí bochta – nuair a bhí an Gael anso ag spalpadh orthu. A bhíomar lán le *éclat* mar a déarfá, de sprid.

Maidir le cúrsaí inscne in UCC ag an am, an raibh i bhfad níos mó fear ag gabháil don chéim?
Ó bhí, ní raibh mórán ban in aon chor ann. Tháinig sé go dtí *Innti 1* agus dúirt Con Ó Drisceoil liom: 'Bhfuil aon ní agat?' Agus ní raibh! Mar sin, ní rabhas ann. Agus bhí ceann agam do *Innti 2* agus faoi *Innti 3* bhíos tagtha chugam fhéin. Bhí mórán rudaí tarlaithe im' shaol agus bhíos imithe i dtreo na filíochta. Ach go dtí sin ní rabhas. Bhíos i dtreo an mugadh magadh a bhíonn ar siúl ag daoine óga. Ní rabhas i dtreo na filíochta i ndáiríre in aon chor. Ach ansin, sa Tríú Bliain, tharla an rud so, an '*Ward of Court*' san, agus dhein sé sin file díom. Bhris sé an sprid a bhí ionam, ach dhein duine nódh díom dá bharr.

An raibh tacaíocht in UCC don bhfile óg a bhí ag teacht in inmhe?
Bhí! Bhuel, bhí Seán Ó Ríordáin ar an gcampas. D'fhéadfá dul ar a thuairisc cúpla uair sa tseachtain. Agus dheineas cúpla uair! Agus lá go raibh an bhéaltriail agam, thug sé amach chun béile mé, i mbéal na Blarnan áit éigin. Thugas an scéal go léir dó agus bhí sé ana-thuisceanach ar mo thaobhsa. Bhí an Tuamach, bhí sé cabhrach leis. Théinn amach go dtína thigh, tráthnóntaí Dé Domhnaigh agus bhímis ag caint is ag plé agus bhíodh sé ag moladh dom é seo a léamh agus é siúd a léamh agus ba mhór an chabhair é.

Tá ana-cháil ar an dTuamach ó thaobh theagasc na litríochta de. Ar chuaigh sé i bhfeidhm ort mar mhúinteoir?
Ó do dhein. Ana-mhúinteoir ab ea é. Bhí sé íseal uasal insa tslí go ligfeadh sé dúinn bheith ag caint as barr ár dteangaibh agus rudaí a rá. Agus d'éistíodh sé linn. Sea, bhí sé an-mhaith mar theagascóir.

Agus an mbíodh sé fhéin i láthair ag na hoícheanta filíochta?
Ní bhíodh chun na fírinne a rá, ní bhíodh. Cheap sé gur mugadh magadh an duine óig a bhí i gceist, ach ní hea. Bhí rud éigint dílis, rud éigin ana-dhomhain agus ana-dhílis ag baint leis an rud.

Nuair a bhí na hoícheanta móra filíochta sin ar siúl i gCorcaigh, agus, tá mé
ag cuimhneamh go háirithe b'fhéidir ar an seoladh sin do Innti a 3, caithfidh
go raibh siad ana-spleodrach go deo.
Ó bhí. Bhí an oíche sin ana-spleodrach. Ag an am san bhíos ag déanamh an
Dip, bhíos thuas i Luimneach. Thána anuas dó agus bhí sé ana-spleodrach,
bhí. Ach cuid den ngnáthrud ab ea é. Cuid de imeachtaí an tsaoil ab ea é,
ach amháin gur cuimhin liom go raibh fear na bpíb ó Albain. Agus ansan,
amuigh san oíche nuair a bhíomar ag caint le cheile, thosnaigh sé ag amhrán,
ó agus bhí sé dochreidte. Bhí sé dochreidte! Is cuimhin liom rudaí mar sin.
Sin é an rud is mó faoin oíche sin a d'fhág a rian orm.

Tá grianghraf ana-cháiliúil díot fhéin is de Davitt, agus Rosenstock is Ó
Muirthile ar an dtráigh. Grianghraf a ghlac Bill Doyle. Cad a insíonn an
grianghraf sin dúinn mar gheall ar an gceathrar agaibh?
Sin grianghraf go bhféadfadh socheolaí an diabhal de obair a dhéanamh
air! Féach mise agus táim trasna ós na leaids óga agus tá na leaids óga lán
de spadhar agus mise agus drochghiúmar orm agus mé siúlta liom fhéin!
Agus, d'fhéadfá an domhan de léamh a dhéanamh as san. Bhíos difriúil ós
na daoine eile, bhíos beagáinín gramhasach.

Luaigh tú uair amháin liom go rabhais i do 'token woman' acu.
Is fíor go rabhas! Bhí an ollscoil ana-dhifriúil ón meánscoil, meánscoil na
gcailíní. Meánscoil ab ea í a bhí cáiliúil sa Mhumhain ó thaobh intleachta
de agus mar sin. Agus bhí an Mháthair Benigna agus daoine eile a bhí ana-
freacnarcach agus nua-aimsearthach agus bhíomarna suas chun dáta. Ní
hamháin go rabhamar chomh maith leis na fearaibh, bhíomar i bhfad níos
fearr na iad! Bhí sé intuigthe go rabhamar níos fearr ná iad! Agus ansan
chuas go dtí an ollscoil agus thugas fé ndeara go raibh dearcadh difriúil
idir mnáibh agus fearaibh. Agus b'in pléasc uafásach san aghaidh ná rabhas
ag súil leis. Chuirfeá suas do lámh chun ceist a fhreagairt agus i gcónaí
d'fhreagrófaí na buachaillí ar dtúis agus b'fhéidir ná bacfaí leis na mná in
aon chor. Rudaí mar sin a chuir an ghoimh orm, chun an fhírinne a rá. An
ghoimh dhearg orm!

Agus nuair a chuimhníonn tú siar ar do chuid laethanta in UCC, cad a
sheasann amach duit?
Ó seasann an bhliain dheireanach amach nuair nár luaigh éinne amháin de
mo '*so-called friends*', mo chairde, níor thánadar in aon ghiorracht dom. Fiú
amháin labhairt liom, níor dheineadar. Toisc go rabhas ag siúl amach le fear

ná raibh mo mhuintir mór leis. Seasann sé san amach go mór agus go dona agus fíorghránna im' aigne maidir le Corcaigh. Dá bhrí san tá Corcaigh síos, síos, síos go mór im' mhachnamh ó shin. D'fhág sé rian uafásach orm. Agus fágann fós!

Caithfidh go rabhais ana-uaigneach mar sin sa bhliain dheireanach, an rabhais?
Bhíos. Bhíos. Ana-uaigneach ar fad ar fad. Ach 'sé a dhein file díom. Sin é a dhein file díom, mar thosnaíos ag léamh John Berryman *Dreamsongs* agus chuaigh sé sin ana-mhór i bhfeidhm orm. Ansin conas *persona* difriúil a aimsiú; thosnaíos le Mór agus mar sin de.

Is dócha gur sheas an tréimhse dhian sin leat mar sin féin. An gá don ealaíontóir a bheith beag beann ar dhaoine go pointe?
Caitheann tú a bheith beag beann. Agus, sa diabhal leo. Ní rud é gur féidir leat a fhoghlaim. Is dócha gur dúchas é, an cheanndánacht san.

Agus conas gur tharla sé mar sin go luaitear ceathrar ceanndána le hInnti; tú fhéin agus Davitt, Rosenstock agus Ó Muirthile?
Is dócha gur trí thimpiste a tharla sé, gur tharla go rabhamar i gCorcaigh ag an am céanna. Muna mbeadh an t-oideachas poiblí ann, ní bheadh Davitt ná Ó Muirthile ábalta dul go dtí an ollscoil. Agus is iontach an rud go gcuadar ann!

Agus iad tarraingthe i dtreo na Gaelainne chomh maith.
Bhí sé sin chomh tábhachtach. Nuair a chuas ann ar dtúis bhíos i dtreo an Bhéarla mar bhí rudaí ar siúl i mBéarla, ach de réir a chéile is i dtreo na Gaeilge a chuas ar fad agus sa deireadh ní raibh aon bhaint agam le dream an Bhéarla mar is as Gaelainn a bhí na' haon rud ar siúl. An lá a tháinig *Innti 3* amach bhí míle cúig chéad duine ann. Nó sin a deirtear. Agus oíche iontach ab ea é. Agus bhí dream na Gaelainne i bhfad chun tosaigh ar dhream an Bhéarla ó thaobh léamhanna de. Mar is trí léamhanna a dheineamar aon rud a chur in iúl. Agus bhíodar go mór chun tosaigh ar dhream an Bhéarla ag an am san.

Agus nuair a deir daoine gur gluaiseacht a bhí ionaibh, cá seasann tusa air sin?
Níorbh aon ghluaiseacht sinn. Mar ní rabhamar chomh histeach is amach ar a chéile agus a bhíonn gluaiseachtaí. Ní rabhamar riamh. Ní raibh aon tuairim acu san cad a bhí ar siúl agamsa.

Ó thaobh na filíochta de?

Go díreach, ní raibh tuairim dá laghad acu.

Agus nuair a luaitear Innti leat anois, conas mar a bhraitheann tú?

Tá an ré san thart, ach is maith an rud go gcuirfí an ré san i gcuimhne do dhaoine mar is ré ana-thábhachtach é. Cuid áirithe dem' shaol is ea é. Ach *Innti*, ghabh sé le Davitt níos mó ná an chuid eile againn. Louis, freisin, ina dhiaidh sin. Davitt ab ea an fear a dhein *Innti* de *Innti*. Ní bheadh ann ach seanphíosa páipéir murach é. Agus eisean a dhein an leabhar. Eisean – is leis sin – ar ceart é a lua, níos mó ná an chuid eile againn.

Interview with Gabriel Rosenstock
by the Editors

17 AUGUST 2021

What comes to mind when you hear the word Innti?
Many languages, including Irish and English, refer to boats and other vessels, and the sea itself, as feminine. We have a question of gender in *Innti* in a grammatical sense (as referring to a *naomhóg*) and the sexual undertone is also present in the word. The fact that the word is *Innti* and not the standard *Inti* is also a declaration of identification with dialect.

'A declaration of identification with dialect' – what else was being declared in the first few editions?
A necessary break with the past, a joyful breaking of new ground after the diet of introspection which Seán Ó Ríordáin provided, and the general malaise, greyness and authoritarianism of the preceding generation in Ireland (the fifties), with its mass emigration, subservience to a loveless Catholic hierarchy, drabness of surroundings, sameness of diet and other real and imagined woes.

We never fully engaged with the artistic and intellectual community because, after all, *Innti* was an Irish-language poetry magazine with few concessions to those whose Irish was no better than school-Irish, at best. (There was one edition which carried prose translations in English.) And, for the most part, the Gaeltacht community, until recent decades, did not engage in matters of an artistic or intellectual nature outside of the Gaelic tradition itself. They were too busy making a living from small holdings, from fishing, and from the '*bean an tí*' industry to be bothered with whatever might have preoccupied the artistic and intellectual community in Europe: surrealism, dadaism, existentialism, the discoveries of Jung and Freud, the whole gamut of continental artistic and philosophical experience.

To be frank, I don't think the so-called pied piper of the *Innti* generation, Michael Davitt, was a well-read intellectual at all. He was very intelligent, very clever, but he absorbed very little of world culture other than Bob Dylan. In fact, I forget the context, but somewhere Davitt refers to me as having my nose stuck in 'The Penguin Books of Fiji Verse' or some such ridiculous title – as if the co-founder of a poetry journal should not familiarise himself with world literature. In a sense, this is the nub of the matter. Liam [Ó Muirthile] was widely read in French literature and my first encounter with him was when he shyly handed me a sheaf of his Irish-language versions of Jacques Prévert, a poet whose popularity extended beyond the usual suspects of a poetry-reading clique.

Nuala [Ní Dhomhnaill] was widely read but I remember one of her biographical notes mentioning the influence of Susanne Langer (the American philosopher who wrote about how art influences us) and this caused general hilarity among Cork Gaels and Corca Dhuibhne Gaels who were familiar with Cork slang: 'he's an awful langer' was – and still is – an often-used Cork colloquialism which could either derive from '*langaire*', a type of fish, or *langur*, the Indian monkey brought back to Cork by soldiers who had spent some time with imperial forces in India.

I don't think *Innti 1* made a clean break with the past: perhaps that's not even possible. So, you had avant-garde poems by Tomás Mac Síomóin (impenetrable to traditionalists) rubbing shoulders with a lament for Seán Ó Riada written by An Gabha Gaelach. In a sense, the *Innti* slogan was a marching order into no-man's-land, intellectually and aesthetically.

Before *Innti*, I was associated with a journal called *MOTUS*, founded by Roderic Campbell, a maverick and eccentric who seemed to have read everything. I visited him years later in Sydney, Australia, where he was editing an encyclopaedia of insects. No better man. A cicada had landed on his hand. 'The bloody thing has just pissed on me!' To this day I don't know was he messing with me or not. Campbell was always up to all sorts of antics. He gave me a small part in a Japanese Noh play that he produced.

MOTUS died a death but *Innti* went on to publish fifteen editions in all. Its smart appearance served as a model for other poetry magazines, such as *The SHOp*.

Getting back to Langer! Nuala once rightly said: 'If we would have new knowledge, we must get a whole world of new questions.' She could have started asking a number of questions – and thereby demanded answers from the rest of us, thus steering *Innti* down a few interesting alleyways – but my gut feeling is that she simply didn't bother to engage with any of us. In that sense, *Innti* was not a movement at all, simply a platform. It didn't have the intellectual rigour to formulate a manifesto. Had Campbell joined us in Corca Dhuibhne and become an Irish speaker, the *Innti* thrust would have been broader and deeper. Traditionalists such as An Gabha Gaelach would have been advised to try *Feasta* instead, or take a magic mushroom before penning his next elegy. Campbell might have led us out of no-man's land. This is speculation, of course. But that's what *Innti* meant to me, a slogan, an *aisling*, a blind rush towards no-man's-land – fuelled by a love of language, a passion to find out what an alternative Ireland might look like and sound like, because one thing was obvious – Anglophone Ireland wasn't doing much for any of us, in any shape or form.

Given how involved you were with MOTUS, *why did you gravitate towards* Innti? *Did you have an itch that* MOTUS *alone couldn't scratch? Or was it a shrewd quinella?*

When all around me the notion existed that English is a world language, a vital language, Irish is a dying language, I believed the opposite. Something in me believed that English – ever-renewing itself, vampire-like, through contacts with other languages, including Irish and Hiberno-English – was finally exhausting itself and Irish, an ancient language, was now capable of offering untapped riches to modern poets who were determined to make up for hundreds of years of the language's under-exploitation and neglect. There was a sense – and there still is today – of using the language for the very first time to explore a whole array of subjects previously untouched, especially in the context of city living and the rapidly approaching notion of the global village with hippy stalls redolent of marijuana that spoke of One Planet, meditation and other vortexes of East–West dialogue. In this vortex, or whirling mass, of new information and stimuli, why shouldn't our excitement, our wonder, our ecstasy and inspiration not be expressed, tentatively and gradually, with more mastery, in Irish? It was in Roderic Campbell's own library, not in the groves of academe, that I first encountered haiku and maybe then the seed was sown to champion Irish-medium haiku. There was no question of weighing up between *Innti* and *MOTUS*. Irish had a claim to my heart. My first teacher, Sr Celsus, was a native speaker from Múscraí. I was lucky enough to have been able to improve my grasp of Irish with numerous stays at summer colleges – Foynes, Ballybunion, Muiríoch, and before attending UCC I spent a while in Ros Muc. It was Davitt who persuaded me to veer towards Corca Dhuibhne. One such 'pilgrimage' to Corca Dhuibhne had a bunch of us working for Comharchumann Forbartha Chorca Dhuibhne, clearing fields of rocks and digging drains. I didn't know one end of a shovel from the other but as my hands began to blister there was a sense of doing something, giving something back to the people who were sharing their language with us. No, Roddy Campbell Esq., a poseur who often wore a top hat, wouldn't be seen with a shovel in his hand, roughing it with Irish speakers in the wilds of the Dingle peninsula. Sorry *MOTUS*, your intellectual breadth is more impressive than that of *Innti*, but *Innti* has the older soul, now dancing wildly, nakedly in the New.

Seán Ó Ríordáin's poem 'Fill Arís' is almost like a manifesto in the way he instructs his readers to go west to Corca Dhuibhne if they wish to discover their true self – 'do chló ceart'. Did you find your true self during those trips to Corca Dhuibhne or what did Corca Dhuibhne represent for you?

I've been rattling on about *Innti's* lack of a core vision but the *Fill Arís* doctrine was something we seemed to subscribe to, for a while, or some of us. However, to talk about finding one's *cló ceart* in this manner is an easy fix. The human mind and personality are not quite as simple as that and the undoing of history would have needed a second 1916, something that didn't happen, but needs to happen.

Now, it would have been different had we formed a study group and read and discussed *The Wretched of the Earth* by Frantz Fanon. Tomás Mac Síomóin (who was lecturing in biology for a while in UCC) was the only one I knew who had read Fanon; politics was a bit of a turn-off for me at the time.

There are two ways of interpreting what is meant by *do chló ceart*, a nationalist approach and a spiritual approach. In terms of cultural nationalism, *do chló ceart* might mean identifying with the Gael rather than, let us say, with the ascendancy. This can lead to fascist tendencies if left unchecked. Today's thinking suggests that we're not going to evolve as human beings if we continue to have such a binary approach. After all, look at the interest shown by Hyde and many of his Church of Ireland contemporaries in Gaelic civilisation. All that came to naught, almost. In spiritual terms, *do chló ceart* could mean realising 'your real self'. As Yeats said, 'I am looking for the face I had before the world was made.' That face predates Gael and ascendancy alike! This would become a much more vital quest for me, eventually, than anything that could be framed in terms of 'cultural nationalism'.

Corca Dhuibhne was a revelation in many respects. Listening to Seán de hÓra for the first time was a hair-raising experience. Of course, there's always the danger of embracing what you might call 'native exoticism'. There was never going to be a physical Shangri-La for me, not in Corca Dhuibhne or in India. I've been to India about twenty times so there must be more of a 'Go east, young man!' in me than 'Go west'.

But getting back to *do chló ceart*. I didn't like Ó Ríordáin's mind, or his diction. That's a fact. Never warmed to him. Liam once told me that Ó Ríordáin should be regarded as a European poet. He was a *Breac-Ghaeltacht* poet and a cultural nationalist. That would be closer to the truth. What had he seen of Europe? Where are the cultural references to Europe, where are the cultural influences? One can detect Hopkins, perhaps, but the tapestry of European culture is not revealed in his work. At least, I can't see it.

So what impact did those frequent trips to Corca Dhuibhne have on you?
To have a strong sense of place, re-enforced by a knowledge of history and local lore, is something that lots of people seem to have in this country. I suppose it's a rural thing to this day in many parts of the world.

I find maps confusing. I can't follow a map. I don't drive or engage in hill-walking, etc, or I'd be completely lost. Davitt's poem *Ragham Amú*, which means 'let's get lost', is dedicated to me.

I have a very poor sense of direction. I didn't know where the townlands of Corca Dhuibhne stood in relation to each other. I was out on the bog one day with Ger Ó Cíobháin in a place called Na Gorta Dubha. Even after Ger had pointed out a few landmarks to me, I still didn't know where I was. I didn't know where Na Gorta Dubha was – where I was standing, or how I got there. Or how I'd get out of there.

Corca Dhuibhne seemed to be very much alive in conversation among *Innti* poets. Corca Dhuibhne one step removed took on a special aura. Davitt's ashes were partly scattered in Corca Dhuibhne so you can imagine the magical hold which that place must have had on him. I felt a bit lost in Corca Dhuibhne, to tell you the truth.

You referred earlier to Innti *as a platform; tell us about the importance of the live readings in Cork in the early 1970s. What do you recall about the atmosphere at these large gatherings?*
Some of the readings were quite spectacular and hugely attended. This was an international phenomenon, of course: Yevtushenko and Voznesensky, for instance, drew massive crowds, their very popularity making them suspect. Poetry readings in a football stadium? What next? I saw nothing wrong with it. If you're doing something to popularise poetry and bringing the language out of a ghetto or cocoon, there's nothing much wrong with that, at least as a passing fashion.

But in fact, poetry is essentially a solitary art and public readings are merely for performance and show. If successful readings meant we sold a few more copies of *Innti*, that wasn't a bad day's work. With smartphones and the like (I've resisted the temptation so far of owning a mobile phone), performances can be captured. There isn't all that much available by way of memorabilia from those days, though Caitríona Ní Chléirchín put an exhibition together a few years ago in Cork City Library.

Getting back to the public readings: sure, there's euphoria associated with a very well-attended poetry reading. When Russian poets – and Beat poets such as Allen Ginsberg – attracted large audiences, this signalled that society was on the cusp of change and maybe this is where poets can exercise a prophetic role. In other words, nothing from mass media becomes believable anymore; news headlines appear as the ravings of absurdists and the only thing that makes sense is something like Ginsberg's utterances (which authorities sought to suppress): 'I saw the best minds of my generation destroyed by madness, starving hysterical naked, dragging themselves through the negro streets at dawn looking for an angry fix ...'

I'm not saying that *Innti* poets had read or studied or recited such lines but they were certainly imbued by the spirit of these lines which can be found in so many of Dylan's bardic utterances: 'a hard rain's gonna fall'. Davitt was an outstanding interpreter of Dylan, accompanying himself on the guitar.

Half a century or so after the founding of *Innti*, Liam Carson asks me to do transcreations of Dylan for *IMRAM – Féile Litríochta Gaeilge*. Why didn't the *Innti* generation translate Dylan at the time? That's another question. I don't have the answer.

What influence did Innti *have on the poetry that followed?*
If we wish to talk about the influence of *Innti* on the subsequent course of Irish-language poetry, maybe it's not so much anything that *Innti* expressed as a movement (because a movement it was not) but rather what *Innti* absorbed from the spirit of the sixties and the seventies, thus changing what would be acceptable henceforth as the subject matter and the voice of poetry in Irish. In his Introduction to Iris Murdoch's *The Sea, the Sea* (Vintage, 1999), John Burnside says:

> The mid-seventies saw the culmination of an apparent spiritual awakening in Europe and America. Buddhism, the teachings of Meister Eckhart, Sufi, Hindu and Native America myth, the emergence of the

ecology movement – all suggested the beginnings of a paradigm shift away from the dominant patriarchal-consumerist model by which we had become accustomed to living, and a real engagement with principles such as mercy, compassion and right action ...'

Burnside's list is selective but the general thrust of his overview is accurate. If *Innti* absorbed some of the *Zeitgeist* described by Burnside, many of the poets who followed us were of the same sympathetic mind. Cathal Ó Searcaigh was influenced by the Beats, and Native America is wonderfully present in the Crazy Horse poems of Gearóid Mac Lochlainn. Burnside himself has been influenced by deep ecology and couldn't the same be said about Biddy Jenkinson? Burnside mentions patriarchy; is not Nuala Ní Dhomhnaill a counterpunch to the dominance of patriarchal values?

However, Burnside's mention of a 'spiritual awakening' causes a few problems in an Irish context. What does it mean? How many reviewers, anthologists, critics of Irish-language poetry have referred to it? How many judges who have awarded *Oireachtas* prizes, or other prizes, in poetry knew what Sufism was, or Advaita, Daoism or Zen? It was often akin to someone writing about Notre Dame cathedral who had never heard of Christianity.

Mar fhocal scoir, in my student days, I saw a lot of people trying to break out of a shyness, an awkwardness, an inherited inferiority complex and confusion. *Innti* came to represent a new zest, a confidence, a sense of daring, humour and fun; a mistrust of the establishment with its received doctrine and authoritarianism. This attitude helped creativity to flourish and encouraged experimentation. In my own case, the body-mind and the world itself became a laboratory. How can you learn anything without exploration and experimentation?

I continue to explore and experiment. The wisdom of the Upanishads has taught me that this process never actually began, in time or space (or Cork!) and can never end because the creative imagination is simply a mysterious expression of the eternal self: *Innti* for me is still a daily command to plunge into the unknown.

Afterword

AILBHE NÍ GHEARBHUIGH AND TRISTAN
ROSENSTOCK

In a review of Liam Ó Muirthile's collection *Dialann Bóthair*, Bernard O'Donoghue likens the *Innti* poets to 'The Group' in Belfast, referring to Heaney, Longley, et al: 'Ó Muirthile comes of a 1970s generation of poets in UCC which is hardly less remarkable a flowering than the famous Hobsbaum group in the Queen's Belfast of the 60s.'[1] The essays in this collection highlight the achievements of the *Innti* poets, in terms of the journal with which they are associated and the fabled poetry events in which they participated. The poetic accomplishments of the 'core four' are given individual treatment, illuminating new perspectives on their work, while the recollections of Rosenstock and Ní Dhomhnaill of the period are explored in the preceding two conversations with the editors. With the exception of Ní Dhomhnaill, whose work has received substantial scholarly attention, there is comparatively little by way of critical engagement with the poetry of Davitt, Ó Muirthile or Rosenstock, or indeed that of Louis de Paor or Colm Breathnach. This collection set out to demonstrate the significance of *Innti* in Ireland's cultural landscape, and to reignite readers' interest in the work of the poets associated with it.

While Tadhg Ó Dúshláine maintains that the *Innti* poets considered themselves to be a 'branch' of an international revolution,[2] many of the commentators in this book of essays would disagree with such an interpretation. It could well be, as Alan Titley remarked in the Foreword, that they were *individual* poets 'who came together under the magic hand of chance'. There seems to be a sense that multiple factors, both tangible and intangible, were at play in the genesis of *Innti*. It has been suggested by the editors of this book that an overlooked aspect of the journal's heyday was the convening of a community of urban Irish-language speakers at *Innti* launches and poetry readings, a vital lifeline for a minority language.

As one might expect of young poets, they challenged and provoked the literary old guard, not least by founding the journal *Innti* that would provide a platform for the kind of poetry they wished to publish, work that would not be acceptable in the more established journals of *Comhar* and

Feasta.[3] Inclusivity was a hallmark of *Innti*'s editorial approach, which saw the folk poetry of Johnny Chóil Mhaidhc alongside the more abstract and *avant-garde* work of Tomás Mac Síomóin. The poetic experimentation of the younger poets was met with suspicion on the part of more senior poets, as evidenced in a letter from Eoghan Ó Tuairisc to Seán Ó Tuama on the publication in 1974 of the Goldsmith Press anthology *Rogha an Fhile*: 'Mo thuairim féin go bhfuil laige nach beag le sonrú ar an chuid is freacnaircí di. Seans nach dtuigeann an mhuintir óg an gaol atá idir 'smacht' agus ealaín.'[4] ['I am of the opinion that one can detect a particular deficiency in the most contemporary [of the poems]. Perhaps the young folk don't understand the relationship between "discipline" and art.'][5]

Reflecting on the early days of the journal, Liam Ó Muirthile remarked: 'Like many campus initiatives of its time, *Innti* turned the course of poetry in Irish toward the demotic and formal experimentation. It admitted a frank sexuality, and presented a brazen, youthful face to the world.'[6] What of the 'youthful face' of poetry today? There has been no comparable campus initiative since *Innti*, as Ríona Ní Fhrighil and Róisín Ní Ghairbhí have noted,[7] though a new generation of Irish-languages poets is garnering attention.[8] In considering this new generation of poets, Máirín Nic Eoin has remarked:

> There does not appear to be a geographical cluster or centre of activity for poetry in Irish, but that poetry is seen and heard, published and performed, in a wider range of contexts than ever before. There is no single charismatic Pied-Piper figure leading a vanguard of younger poets, but distinctive voices are emerging from the pages of literary periodicals and student publications, and appearing in handsome first and subsequent collections.[9]

At the forefront of this new generation is Aifric Mac Aodha (b. 1979) who was first published in *Innti 15*. Asked by editor Eavan Boland to reflect on the value of poetry in the contemporary moment, Mac Aodha was quick to acknowledge the significance of the *Innti* 'pioneers', in particular their impact on audiences beyond traditional poetry circles:

> The current generation of Irish-language poets (the women, in particular) profit from a kind of *Innti*-indebted positive discrimination – almost fifty years on, we can still rely on a respectful audience. I often wonder if we deserve it. [...] Crowd chemistry counts for nothing in the long run ... and posterity will make short work of hair-flickers,

shore fishers and Sunday painters. For the time being at least, many of our older, short-changed post-*Innti* poets will just have to choke their way through this bad bout of *banfhile*-fatigue while cursing the 'fillies' in private for stealing whatever oxygen comes the way of Irish-language writing, in general. In our defence, we know as well as they do that the real challenge is to follow *Innti*'s piper off-stage and behind the scene(s), to 'get to grips', as Davitt did, with muddled love and grief.[10]

As acknowledged above, there have been other 'post-*Innti* poets' whose work has received scant attention. While not wishing to detract from the poetic achievements of the current generation, it should be noted that some have benefited from the dual-language format, particularly in editions by Gallery Press.[11] Mac Aodha and Gallery Press founder Peter Fallon co-edited the bilingual anthology *Calling Cards: Ten younger Irish poets*, which is intended to provide valuable oxygen for the current generation. Included here are poets who have published full collections with Gallery Press (Mac Aodha, Ailbhe Ní Ghearbhuigh and Caitríona Ní Chléirchín), those whose Irish-language books have garnered prizes (Simon Ó Faoláin, Marcus Mac Conghail and Proinsias Mac a'Bhaird), those who have yet to publish full collections (Caitlín Nic Íomhair, Máirtín Coilféir, Stiofán Ó hIfearnáin), and the acclaimed bilingual poet and writer Doireann Ní Ghríofa.[12]

In 2020 a new dedicated Irish-language literary journal, *Aneas*, was established by the Munster Literature Centre. Its first issue featured new poems by twenty poets, two pieces of short fiction, a translated short story and three book reviews. In the editorial, Simon Ó Faoláin acknowledges 'an féinmheas agus an dínit' ('the self-respect and dignity') that *Innti* bestowed on Irish-language literature.

Reflecting on *Innti* upon the death of Liam Ó Muirthile in 2018, Gabriel Rosenstock declared that if *Innti* had any 'offspring' it was the literary festival Imram.[13] Liam Carson, who founded Imram in 2004, asserts that the festival shares some of the same energy as *Innti*; curiously, though, this claim is absent from the English-language version of the website, which may indicate the extent to which English-language audiences are unfamiliar with *Innti*. Imram sets out to place 'the Irish language and its literature at the heart of public life within a modern, energetic and multicultural framework'.[14] Among the most successful events to draw audiences are Irish-language versions of the songs of Bob Dylan, Leonard Cohen, Joni Mitchell and others. Although Imram events take place mainly in Dublin, they occasionally feature in festivals around Ireland and abroad.

Established in Dublin in 2015 by bilingual performance poet Ciara Ní É, 'Reic' is a monthly multilingual spoken word and open mic night which could be said to be true to the spirit of inclusivity of *Innti*. It also chimes with the importance Davitt placed on the 'community' thing (rud 'pobail'), on being in front of people reciting work at a social event, rather than remaining within a literary clique.[15] In 2019, Reic, in association with the Irish Writers' Centre, commissioned four film poems – 'FísDánta' – by Ciara Ní É, Séamus Barra Ó Súilleabháin, Eoin P. Ó Murchú and Lauren Ní Chasaide. Endeavours such as these, while existing beyond the realm of *Innti*, are almost certainly indirectly indebted to the acclaim that *Innti* garnered in the cultural life of Ireland.

It would be premature to speculate on the influence of *Innti* on the individual poets of this 'new' generation. For those who once lamented the 'worrying dearth of young emerging poets in Irish',[16] there must surely be grounds for optimism to read poems by the new generation alongside new work by Nuala Ní Dhomhnaill, Gabriel Rosenstock, Louis de Paor and Colm Breathnach on the pages of *Aneas*. If *Innti* was central to the story of Irish-language poetry from 1970 onwards, as Eoghan Ó hAnluain once asserted,[17] it remains to be seen if there will be one particular vehicle – or many – that encapsulates the current vibrant poetry scene.

Gabriel Rosenstock's assessment of Bill Doyle's iconic photograph of the *Innti* 'movement' of Davitt, Ní Dhomhnaill, Ó Muirthile and himself on Killiney beach is telling:

> Gluaiseacht? Ag gluaiseacht óna chéile ón gcéad lá riamh a bhíomar [...] Ní raibh an ceathrar i ngrianghraf Doyle ar aon aigne faoi rud ar bith. Bhí a n-aigne féin ag gach diabhal duine acu [...] Féachaim ar an ngrianghraf arís – a chompás féin ag an gceathrar againn, i dtaisce áit éigin.[18]

> Movement? We were moving away from each other from day one [...] The foursome in Doyle's photograph never agreed on anything. Each had their own bloody mind [...] I look at the photograph again – each of us with our own compass, hidden somewhere.[19]

It is hoped this collection of essays will reiterate the significance of the poetry journal *Innti* and provoke further discussion of the individual poets whose work was launched on its pages.

Notes

FOREWORD. Under the Magic Hand of Chance: The genesis of *Innti*

1 Virginia Woolf, *Mr. Bennett and Mrs. Brown* (London: Hogarth Press, 1924), p. 4.
2 Seán Ó Tuama (ed.), *Nuabhéarsaíocht* (Dublin: Sáirséal & Dill, 1950).
3 An tOireachtas is a literary and cultural festival founded in 1897 by the Gaelic League featuring stage and literary competitions. It was inactive for a time after 1924 but was successfully revived in 1939 and remains very popular.
4 Séamas Ó Céilleachair (ed.), *Nuafhilí (1942–1952)* (Dublin: Oifig an tSoláthair, 1956).
5 Séamas Ó Céilleachair (ed.), *Nuafhilí 2 (1953–1963)* (Dublin: Oifig an tSoláthair, 1968).
6 Breandán Mac Aodha (ed.), *Cnuasach 1966* (Dublin: Scepter, 1966).
7 Frank O'Brien, *Filíocht Ghaeilge na Linne Seo* (Dublin: An Clóchomhar, 1968).
8 Máirtín Ó Cadhain (1906–70) was born in the Connemara Gaeltacht and is widely considered to be the finest prose writer of the twentieth century. His most celebrated work is the novel *Cré na Cille* which has been translated as *The Dirty Dust* (2015) and *Graveyard Clay* (2016), both published by Yale University Press and Cló Iar-Chonnacht.
9 Ceoltóirí Chualann were a group of Irish traditional musicians formed by Seán Ó Riada in 1960. Some of the band members went on to establish the group The Chieftains.
10 Seán Ó Ríordáin, 'Scoil Filíochta', *The Irish Times*, 26 January 1974, p. 12.
11 Seán Ó Ríordáin, 'Nuafhilíocht', *The Irish Times*, 28 April 1973, p. 12.
12 Seán Ó Ríordáin, 'Scríobh 1', *The Irish Times*, 11 January 1975, p. 12.
13 Ibid.
14 Seán Ó Ríordáin, 'File Nua', *The Irish Times*, 2 February 1974, p. 12.
15 Ibid.
16 Author's translation.
17 Séamas Ó Céilleachair (ed.), *Nuafhilí 3 (1964–1977)* (Dublin: Oifig an tSoláthair, 1979).

RÉAMHRÁ

1 Féach agallamh le Michael Davitt in aguisín thráchtas Mháirín Uí Cheallaigh, 'Cor Úr: Staidéar ar fhilíocht chomhaimseartha na Gaeilge', tráchtas PhD, Ollscoil Uladh, Cúil Raithin, 1997, lch 35, luaite in Tadhg Ó Dúshláine, 'Michael Davitt', in Ríona Ní Fhrighil (eag.), *Filíocht Chomhaimseartha na Gaeilge* (Baile Átha Cliath: Cois Life, 2010), lch 50.
2 I léirmheas ar *Modern Irish Poetry: A new Alhambra* by Frank Sewell, maíonn Peter Denman: 'The core *Innti* poets were principally Michael Davitt, the founder and editor, and with him Liam Ó Muirthile and Gabriel Rosenstock, in that they were founding contributors. Ní Dhomhnaill's poetry was to be the magazine's major find in its early manifestation.' Peter Denman, *Irish University Review*, vol. 31, no. 2, autumn/winter, 2001, lgh 512–16 [lch 515].
3 Seán Ó Ríordáin, 'Scoil Filíochta', *The Irish Times*, 26 Eanáir 1974, lch 12.
4 Seán Ó Tuama, 'Modern Poetry in Ireland: Background', in *Repossessions: Selected essays on the Irish literary heritage* (Cork: Cork University Press, 1995), lgh 3–9.
5 Tadhg Ó Dúshláine, 'Anois Tacht an Eala', in Tadhg Ó Dúshláine agus Caitríona Ní Chléirchín (eag.), *Léachtaí Cholm Cille XLI: Filí INNTI go hiontach* (Maigh Nuad: An Sagart, 2011), lch 129.

6   Ar na daoine eile, bhí Risteard Breathnach, ceann Roinn na Gaeilge, Tadhg Ó Ciardha, cláraitheoir, agus M.D. Mac Cáthaigh, uachtarán na hollscoile. Féach Seán Ó Coileáin, *Seán Ó Ríordáin: Beatha agus saothar* (Baile Átha Cliath: An Clóchomhar, 1982), lch 349.
7   Ex Libris Sheáin Uí Ríordáin, Leabharlann an Boole.
8   Uí Cheallaigh, 'Cor Úr', lch 50.
9   Michael Davitt, 'Eagarfhocal', *Innti 7*, 1982.
10 Michael Davitt, 'Uige an Chuimhnimh', *Feasta*, Nollaig, 1984, lgh 32–5.
11 Seán Ó Ríordáin, 'A Theanga Seo Leath-Liom', in *Na Dánta* (Indreabhán: Cló Iar-Chonnacht, 2011), lch 139.
12 Robert Anthony Welch, *The Cold of May Day Monday: An approach to Irish literary history* (Oxford: Oxford University Press, 2014), lch 262.
13 Agallamh a dhein Nuala Ní Dhomhnaill le heagarthóirí an leabhair seo. Féach aguisín 1.
14 Louis de Paor, *Leabhar na hAthghabhála* (Indreabhán/Northumberland: Cló Iar-Chonnacht/Bloodaxe, 2016), lch 26.
15 Davitt, 'Eagarfhocal', *Innti 7*, 1982.
16 de Paor, *Leabhar na hAthghabhála*, lch 26. Féach freisin an comhrá le Gabriel Rosenstock sa leabhar seo.
17 Pádraig de Paor, *Na Buachaillí Dána: Cathal Ó Searcaigh, Gabriel Rosenstock and ról comhaimseartha an fhile sa Ghaeilge* (Baile Átha Cliath: An Clóchomhar Tta, 2005), lgh 244–5.
18 Gabriel Rosenstock, 'Comhar-rá: Cathal Ó Searcaigh agus Michael Davitt', *Comhar*, iml. 42, uimh. 10, Deireadh Fómhair 1983, lgh 18–21, 23–4 [lch 19].
19 Eoghan Ó hAnluain, 'Cor Nua san Fhilíocht', in Seán Ó Mordha (eag), *Scríobh 1* (Baile Átha Cliath: An Clóchomhar Tta, 1974), lgh 67–74.
20 Eoghan Ó hAnluain, 'Nuafhilíocht na Gaeilge 1966–1986: Úire agus buaine', *Léachtaí Cholm Cille XVI* (Maigh Nuad: An Sagart, 1986), lgh 7–23.
21 Is beag anailís atá foilsithe ar an ábhar, cé is moite de chorr-alt agus an dá leabhar seo a leanas: Ó Dúshláine agus Ní Chléirchín (eag.), *Léachtaí Cholm Cille XLI*; Tadhg Ó Dúshláine, *Anois Tacht an Eala: Filí Chorcaí Innti agus an réabhlóid chultúrtha* (An Daingean: An Sagart, 2012).
22 Ó Coileáin, *Seán Ó Ríordáin*.
23 Seán Ó Ríordáin, 'Ná Fan', in *Na Dánta* (Indreabhán: Cló Iar-Chonnacht, 2011), lch 177. Tá roinnt miondifríochtaí poncaíochta le sonrú sa leagan ar *Innti 1*.

CHAPTER 1. New Turns: A perspective on intergenerational shifts in independent Ireland, 1958–1973
1   Commentators differ on the precise starting date. Mary E. Daly, *Sixties Ireland: Reshaping the Economy, State and Society, 1957–1973* (Cambridge: Cambridge University Press, 2016).
2   T.K. Whitaker was leader of a team of senior civil servants drafting *Economic Development*: his was the name on the published document.
3   For analysis, see Joseph Lee, *Ireland 1912–1985: Politics and society* (Cambridge: Cambridge University Press, 1989), pp. 329–410; Daly, *Sixties Ireland*; also Tom Garvin, *Judging Lemass: The measure of the man* (Dublin: Royal Irish Academy, 2009).
4   John F. McCarthy (ed.), *Planning Ireland's Future: The legacy of T.K. Whitaker* (Dublin: Glendale, 1990), p. 40. This contains important essays on the genesis of Whitaker's new departure.
5   Ibid., p. 99.
6   Oliver MacDonagh, *Ireland: The modern nations in historical perspective* (New Jersey: Prentice-Hall, 1968), p. 132.
7   J.J. Lee (ed.), *Ireland 1945–70* (Dublin: Gill & Macmillan, 1979), p. 166.

8 Daly, *Sixties Ireland*; also Graham Brownlow, 'T.K. Whitaker: Engineering prosperity or preventing the future?', *Irish Economic and Social History*, vol. 42, 2015, pp. 93–103.

9 The best-known Cassandra text was John O'Brien (ed.), *The Vanishing Irish* (New York: McGraw-Hill, 1954). Anxiety at demographic anaemia was also apparent in the Commission on Emigration and other Population Problems 1948–1954: Reports (Dublin, 1955).

10 McCarthy, *Planning Ireland's Future*. Already established were the IDA (1950), An Córas Tráchtála (1951), Bord Iascaigh Mhara (1952), Bord Fáilte (1952), Irish Management Institute (1952), Irish membership of IMF (1957), An Foras Riaracháin (1957), An Foras Talúntais (1958), finance acts, with capital budget and export incentives (1956–8).

11 For a bright commentary on the 1960s, see Fergal Tobin, *The Best of Decades: Ireland in the 1960s* (Dublin: Gill & Macmillan, 1984).

12 For criticism of planning, see D.A.G. Norton, *Problems in Economic Planning and Policy Formation in Ireland, 1958–1974* (Dublin: Economic and Social Research Institute, 1975).

13 See http://files.nesc.ie/nesc_reports/en/NESC_64a_summary_1982.pdf [Accessed 28 February 2023].

14 For industrial issues, see Charles McCarthy, *The Decade of Upheaval: Irish trade unions in the 1960s* (Dublin: Institute of Public Administration, 1973).

15 Daly, *Sixties Ireland*; also Tom Garvin, *Preventing the Future: Why was Ireland so poor for so long?* (Dublin: Gill & Macmillan, 2004).

16 Tony White, *Investing in People: Higher education in Ireland from 1960 to 2000* (Dublin: Institute of Public Administration, 2001); John Walsh, *The Politics of Expansion: The transformation of educational policy in the Republic of Ireland, 1957–1972* (Manchester: Manchester University Press, 2009).

17 Adrian Redmond (ed.), *That Was Then, This Is Now: Change in Ireland, 1949–1999* (Dublin: CSO, 2000), p. 49.

18 But the Succession Act 1965 made inheritance provision for widows and for children.

19 Siobhán Kilfeather, 'Irish Feminism', in Joe Cleary and Claire Connolly (eds), *The Cambridge Companion to Modern Irish Culture* (Cambridge: Cambridge University Press, 2005), p. 108.

20 June Levine, *Sisters: The personal story of an Irish feminist* (Dublin: Ward River Press, 1982), p. 92.

21 Tom Inglis, *Moral Monopoly: The Catholic Church in modern Irish society* (Dublin: Gill & Macmillan, 1897); Mary Kenny, *Goodbye to Catholic Ireland* (London: Sinclair-Stevenson, 1997); Louise Fuller, *Irish Catholicism since 1950: The undoing of a culture* (Dublin: Gill & Macmillan, 2002).

22 For example Kenny, *Goodbye*, pp. 342–6.

23 There is a perceptive discussion of the timing of this decline in James S. Donnelly, Jr, 'A Church in Crisis: The Irish Catholic Church today', *History Ireland*, vol. 8, no. 3, 2000, pp. 12–17.

24 Arthur Marwick, *The Sixties* (Oxford: Oxford University Press, 1998).

25 Brian Fallon, *An Age of Innocence: Irish culture 1930–1960* (Dublin: Gill & Macmillan, 1999); Tom Kilroy, *Over the Backyard Wall: A memory book* (Dublin: Lilliput Press, 2018), pp. 208–30.

26 The spillover from British television signals in areas in the east and in the border areas further accentuated the cultural flow.

27 John Bowman, *Window and Mirror: RTÉ television 1961–2011* (Cork: Collins Press, 2011); John Horgan, *Broadcasting and Public Life: RTÉ news and current affairs, 1926–1997* (Dublin: Four Courts Press, 2004); Robert Savage, *A Loss of Innocence? Television and Irish society 1960–1972* (Manchester: Manchester University Press, 2010); Bob Collins, 'Broadcasting and Public Policy: Personal reflections', in Kevin Rafter and Mark O'Brien (eds), *The State in Transition* (Dublin: New Island Books, 2015), pp. 53–77.

28 Charles Lysaght, 'Brian Walsh (1918–98)', in James McGuire and James Quinn (eds), *Dictionary of Irish Biography*, vol. 9 (Dublin: RIA / Cambridge: Cambridge University Press, 2009), pp. 729–32.

29 See Marwick, *The Sixties*, pp. 584–675.

30 For a crisp overview, see Niall Ó Dochartaigh, 'Northern Ireland since 1920', in Richard Bourke and Ian McBride (eds), *The Princeton History of Modern Ireland* (Princeton, NJ: Princeton University Press, 2015), pp. 141–67.

31 An Coimisiún um Athbheochan na Gaeilge, *An Tuarascáil Dheiridh*, Par. 7297 (Baile Átha Cliath, 1964).

32 The Fine Gael position was included in Declan Costello's *Just Society* document of 1964.

33 Séamas Ó Buachalla, *Education Policy in Twentieth-Century Ireland* (Dublin: Wolfhound Press, 1988), pp. 341–56.

34 Aindreas Ó Cathasaigh, *Ag Samhlú Troda: Máirtín Ó Cadhain 1905–1970* (Dublin: Coiscéim, 2002); Chinatsu Hakamada, 'Máirtín Ó Cadhain, Misneach, and the Irish Language Movements in the 1960s', unpublished MA dissertation, NUI Galway, 2004.

35 Ó Cathasaigh, *Ag Samhlú Troda*; also Mary E. Daly and Margaret O'Callaghan (eds), *1916 in 1966: Commemorating the Easter Rising* (Dublin: Royal Irish Academy, 2007).

36 Ó Buachalla, *Education*, p. 354; for a critical overview, Liam S Andrews, *The Decline of Irish as a School Subject in the Republic of Ireland 1967–1977* (Lurgan: An Conradh Ceilteach, 1978).

37 See *Splanc Dheireadh na Gaeltachta*, documentary film on Gluaiseacht Chearta Sibhialta na Gaeltachta, written and directed by Bob Quinn and Donncha Ó hÉallaithe (screened TG4, 2002).

38 An Comhchaidreamh was an association of university student societies founded in 1935.

39 Máire Ní Mhurchú agus Diarmuid Breathnach (eds), 'Seán Ó Tuama, 1926–2006', in *Beathaisnéis a Naoi* (Dublin: Clóchomhar, 2007), pp. 121–5.

40 Proinsias Mac Aonghusa, *Ar Son na Gaeilge: Conradh na Gaeilge 1893–1993* (Dublin: Conradh na Gaeilge, 1993), pp. 322–46.

41 For a scintillating account see Daniel T. Rodgers, *Age of Fracture* (Cambridge, MA: The Belknap Press, 2012).

42 It is worth remembering that by 1970 Corca Dhuibhne was not only a privileged site of literature, folklore and language, but also the set of *Ryan's Daughter*.

CAIBIDIL 2. *Sex, Drugs and Rock 'n' Roll*: An chollaíocht i saothar *Innti*

1 Caoilfhionn Nic Pháidín and Seán Ó Cearnaigh (eds), *A New View of the Irish Language* (Dublin: Cois Life, 2008), lch 142.

2 Hélène Cixous, Keith Cohen and Paula Cohen, 'The Laugh of the Medusa' le Hélène Cixous, *Signs*, vol. 1, no. 4 (Chicago: The University of Chicago Press, 1976), lgh 875–93. Is í an t-údar a d'aistrigh gach sliocht, mura luaitear a mhalairt.

3 Cathal Ó Searcaigh, 'Burning Sage', in Gabriel Rosenstock, *Margadh na Míol in Valparaíso* (Indreabhán: Cló Iar-Chonnacht, 2013), lch 28.

4 Caoimhín Mac Giolla Léith, 'Metaphor and Metamorphosis in the Poetry of Nuala Ní Dhomhnaill', *Éire-Ireland*, iml. 35, uimh. 1–2, 2000, lgh 150–72.

5 Bríona Nic Dhiarmada, *Téacs Baineann, Téacs Mná* (Baile Átha Cliath: An Clóchomhar, 2005), lch 116.

6 Ríóna Ní Fhrighil, *Briathra, Béithe agus Banfhilí: Filíocht Eavan Boland agus Nuala Ní Dhomhnaill* (Baile Átha Cliath: An Clóchomhar Tta, 2008), lch 82.

7 Theresa O'Connor (ed.), *The Comic Tradition in Irish Women Writers* (Gainesville: University Press of Florida, 1996), lch 155.

8   Luce Irigaray, *This Sex Which Is Not One*, trans. Porter and Burke (Ithaca: Cornell University Press, 1985), lch 106.

9   Bríona Nic Dhiarmada, *Téacs Baineann, Téacs Mná: Gnéithe de fhilíocht Nuala Ní Dhomhnaill* (Baile Átha Cliath: An Clóchomhar Tta, 2005), lch 122.

10 Ibid.

11 Ibid., lch 123.

12 Julia Kristeva, *Powers of Horror: An essay on abjection*, trans. Leon S. Roudiez (New York: Columbia University Press, 1982).

13 'Menstrual blood, on the contrary, stands for the danger issuing from within identity (social or sexual); it threatens the relationship between the sexes within a social aggregate and through internalisation, the identity of each sex in the face of sexual difference', Kristeva, *Powers of Horror*, lch 71.

14 C.G. Jung, 'Archetypes of the Collective Unconscious', eds Sir Herbert Reard et. al., trans. R.F.C. Hull, in *The Archetypes of the Collective Unconscious: The collected works*, vol. 9, no. 1, edn 2 (London: Routledge, 1969 [1959]), lgh 1777–8.

15 Ibid., lgh 19–20.

16 Ní Fhrighil, *Briathra, Béithe agus Banfhilí*, lch 83.

17 Noëlle McAfee, *Julia Kristeva* (New York and London: Routledge, 2004).

18 Hélène Cixous, 'The Laugh of the Medusa', in *New French Feminisms: An anthology* (Amherst: University of Massachusetts Press, 1980), lch 253.

19 Scarúnach ó thaobh na n-inscní de .i. a bheith ag rá go bhfuil mná mar seo agus fir mar siúd.

20 'Eroticism is a revolt against a thinking that privileges the space of the subject', Hugh Silverman (ed.), *Continental Philosophy VII: Philosophy and Desire* (New York and London: Routledge, 2000), lch 29.

21 'There is no other primary significatum in literary works than a certain desire: to write is a mode of Eros', Roland Barthes, *Critical Essays*, trans. Richard Howard (Evanston: Northwestern University Press, 1972), lch xvi. [Aistriúchán ar *Essais Critiques* (Paris: Seuil, 1964).]

22 'The text is an object of pleasure', Roland Barthes, *Sade, Fournier, Loyola*, trans. Richard Miller, (New York: Hill & Wang, 1976), lch 7.

CAIBIDIL 3. 'Máistir Maith Maolshásta': Seán Ó Tuama agus filí *Innti*

1   Féach mar shampla Liam Ó Muirthile, 'The Gaeilgeoir, Modern Style', *The Irish Times*, 21 April 1977; Liam Ó Muirthile, '1968', *Innti 13*, 1990, lgh 61–7; Alan Titley, Réamhrá, in Dermot Bolger (eag.), *An Tonn Gheal/The Bright Wave: Poetry in Irish now* (Dublin: Raven Arts Press, 1986), lgh 12–22; Eoghan Ó hAnluain, 'Nua-fhilíocht na Gaeilge 1966–1986: Úire agus buaine', *Léachtaí Cholm Cille XVI* (Maigh Nuad: An Sagart, 1986), lgh 7–23; agus Tadhg Ó Dúshláine, *Anois Teacht an Eala: Filí Chorcaí, Innti, agus an réabhlóid chultúrtha* (An Daingean: An Sagart, 2011).

2   Michael Davitt, 'Uige an Chuimhnimh ...', *Comhar*, Nollaig 1984, lch 32.

3   Gabriel Rosenstock, 'Athdhúchas agus Treochtaí Eile', *Comhar*, Lúnasa 1984, lch 42.

4   Nuala Ní Dhomhnaill, 'Ó Liombó go dtí Sráid Grafton', *Innti 12*, 1989, lch 44.

5   Seán Dunne (eag.), *The Cork Anthology* (Cork: Cork University Press, 1993), lch 7.

6   Ó Muirthile, 'Gaeilgeoir', lch 8.

7   Ibid., luaite ag Ó hAnluain i 'Nuafhilíocht na Gaeilge 1966–1986: Úire agus buaine', *Léachtaí Cholm Cille XVI* (Maigh Nuad: An Sagart, 1986), lch 16.

8   Ó Muirthile, 'Gaeilgeoir', lch 8.

9   Ibid.

10 Liam Ó Muirthile, *Foinse*, 17 Meán Fómhair 2006, agus luaite ar ainm.ie (Seán Ó Tuama).

11 Michael Davitt, 'In the Fields of Love', léirmheas ar *Rogha Dánta: Death in the land of youth*, Seán Ó Tuama; *The Irish Times*, 10 December 1997, lch 14.

12 Seamus Heaney, Nótaí Neamhfhoilsithe ó Sheoladh, *Rogha Dánta: Death in the land of youth*, Seán Ó Tuama (1997).

13 Seamus Heaney in Dennis O'Driscoll (eag.), *Stepping Stones: Interviews with Seamus Heaney* (London: Faber & Faber, 2008), lch 153.

14 Michael Davitt, 'Mac Léighinn Bhíos gan Oibriughadh', *Gleann ar Ghleann* (Baile Áth Cliath: Sáirséal Ó Marcaigh, 1981), lch 31.

15 Rosenstock, 'Athdhúchas', lch 42.

16 Seán Ó Tuama, *An Grá in Amhráin na nDaoine* (Baile Átha Cliath: An Clóchomhar, 1960), lch 80.

17 Seán Ó Tuama, *Repossessions: Selected essays on the Irish literary heritage* (Cork: Cork University Press, 1995), lch 8.

18 Seán Ó Tuama, 'Slabhraí óir ...': Comhrá le Seán Ó Tuama', *Innti 9*, 1985, lgh 27–54.

19 Vera Ryan, *Dan Donovan: An everyman's life* (Cork: The Collins Press and Everyman Palace Theatre, 2008), lch 91; Pádaig Ó Siadhail, *Stair Dhrámaíocht na Gaeilge 1900–1970* (Indreabhán: Cló Iar-Chonnacht, 1993), lgh 154–61.

20 Ryan, *Dan Donovan*, lgh 92–5.

21 Ibid., lch 96.

22 Ibid.

23 Ibid., lch 98.

24 Philip O'Leary, 'Knocking Down Old Walls: Seán Ó Tuama (1926–2006)', in *An Underground Theatre: Major playwrights in the Irish language 1930–80* (Dublin: UCD Press, 2017), lch 217.

25 Ibid., lch 204.

26 Seán Ó Tuama, *Moloney agus Drámaí Eile* (Baile Átha Cliath: An Clóchomhar, 1966), lch 34.

27 Ibid., lch 107.

28 Ryan, *Dan Donovan*, lch 98.

29 Ó Tuama, *Moloney*, lch 107.

30 Ryan, *Dan Donovan*, lch 98.

31 Ó Tuama, 'Comhrá', lch 43.

32 Máirtín Ó Murchú, 'Focal Tiomnaithe', in Pádraigín Riggs, Breandán Ó Conchúir agus Seán Ó Coileáin (eag.), *Saoi na hÉigse: Aistí in ómós do Sheán Ó Tuama* (Baile Átha Cliath: An Clóchomhar Tta., 2000), lch viii.

33 Ó Murchú, 'Focal Tiomnaithe', lch viii; O'Leary 'Knocking Down Old Walls', lch 184.

34 Ó Tuama, 'Comhrá', lch 44.

35 Ó Tuama, 'Pleanáil don Ghaeilge agus don Ghaeltacht', *Comhar*, Márta 1983, lch 22.

36 Ibid., lch 26.

37 Seán Ó Tuama, 'A View from the Nineties', *Aguisíní* (Baile Átha Cliath agus Gaillimh: Coiscéim agus Ionad Léann na hÉireann, 2008), lch 19.

38 Ó Murchú, 'Focal Tiomnaithe', lch viii; O'Leary 'Knocking Down Old Walls', lch 182.

39 Ó Tuama, 'A View from the Nineties', lch 21.

40 Ó Tuama, *Cúirt, Tuath agus Bruachbhaile: Aistí agus dréachtaí liteartha* (Baile Átha Cliath: An Clóchomhar, 1990).

41 Ó Tuama, 'View from the Nineties', lch 33.

42 Ó Tuama, 'Comhrá', lch 36.

43 Ó Tuama, *An Grá i bhFilíocht na nUaisle* (Baile Átha Cliath: An Clóchomhar, 1988), lch 7.

44 Ó Tuama, *Repossessions*, lch xvi.

45 Ó Tuama, *Cúirt, Tuath*, lch 58.

46 Ibid., lch 57.

47 Robert Welch, Reámhrá le *Rogha Dánta: Death in the land of youth*, Seán Ó Tuama (Cork: Cork University Press, 1997), lgh vii–viii.

48 Ó Tuama, *Filí faoi Sceimhle* (Baile Átha Cliath: An Gúm, 1984), lch vii; *An Grá i bhFilíocht na nUaisle*, lch 5.

49 Ó Tuama, *Repossessions*.

50 Louis de Paor, 'Contemporary Poetry in Irish 1940–2000', in Margaret Kelleher and Philip O'Leary (eag.), *The Cambridge History of Irish Literature. Vol. 2: 1890–2000* (Cambridge: Cambridge University Press, 2006), lgh 317–56.

51 Ó Tuama, 'Cloch ina Leacht', *Feasta*, Nollaig 1949, lch 11.

52 Heaney, 'Outstripping Silence', *RePublica*, no. 4, 1996, lch 177.

53 Douglas Hyde, *A Literary History of Ireland* (London and New York: Ernest Benn Limited and Barnes & Noble Inc., 1967 [1899]).

54 Heaney, 'Nótaí Neamhfhoilsithe'.

55 Eoghan Ó hAnluain, *Sunday Miscellany*, RTÉ Radio 1, 1 Deireadh Fómhair 2006.

56 Ó Tuama, *Aguisíní*, lch 58.

57 Heaney, 'Nótaí Neamhfhoilsithe'.

58 Ó Tuama, *Aguisíní*, lgh 11–15.

CAIBIDIL 4. 'Mairim i Ré Chinniúnach': Gné d'fhilíocht Mhichael Davitt

1 Sean Ó Ríordáin, *Na Dánta* (Indreabhán: Cló Iar-Chonnacht, 2011), lch 130.

2 Tadhg Mac Dhonnagáin, 'Positively Sráid Fhearchair', *Solas Gorm*, Gael Linn CEF139, 1988, ceirnín.

3 Féach Colm Ó Snodaigh, *Dún Chaoin: Oscail an scoil* (Baile Átha Cliath: Coiscéim, 2017), lgh 148–55.

4 Máirtín Ó Cadhain, *Páipéir Bhána agus Páipéir Bhreaca* (Baile Átha Cliath: An Clóchomhar, 1969), lgh 36–7.

5 Seán Ó Tuama, 'Michael Davitt: File séimh foréigneach', in *Cúirt, Tuath agus Bruachbhailte: Aistí agus dréachtaí liteartha* (Baile Átha Cliath: An Clóchomhar, 1990), lgh 146–58.

6 Ibid., lch 154.

7 Michael Davitt, 'Uige an Chuimhnimh', *Comhar*, Nollaig 1984, lch 32.

8 Tadhg Ó Dúshláine, *Anois Tacht an Eala: Filí Chorcaí Innti agus an réabhlóid chultúrtha* (An Daingean: An Sagart, 2011), lch 68.

CHAPTER 5. From *Leath to Leath*: Liam Ó Muirthile's embrace of uncertainty

1 Liam Carson, 'Mo Theanga', interview with Liam Ó Muirthile, *Fortnight*, no. 451, March 2007, p. 20.

2 Ibid.

3 Translated by Gabriel Rosenstock.

4 Translated by Gabriel Rosenstock.

5 Liam Ó Muirthile, 'Author's Note', *An Fuíoll Feá – Rogha Dánta / Wood Cuttings – New and Selected Poems* (Dublin: Cois Life, 2013), p. xl.

6 Translated by Gabriel Rosenstock.

CAIBIDIL 6. *Tá Deireadh Anois le Ré na bPleidhcí*: Tadhall fhilí *Innti* le hIarthar Duibhneach

1 Seán Ó Ríordáin, *Na Dánta* (Indreabhán: Cló Iar-Chonnacht, 2011), lch 154.

2 Michael Davitt, *Dánta 1966–1998* (Baile Átha Cliath: Coiscéim, 2004), lch 169.

3 Pádraig de Paor, *Na Buachaillí Dána* (Baile Átha Cliath: An Clóchomhar Tta., 2005), lgh 244–5.

4 Liam Ó Muirthile, *Tine Chnámh* (Baile Átha Cliath: Sáirséal Ó Marcaigh, 1984), lch 14.

5   Ibid., lch 34.
6   Pádraig Ó Cíobháin, *Le Gealaigh* (Baile Átha Cliath: Coiscéim, 1991), lgh 33–4.
7   Nuala Ní Dhomhnaill, *Cead Aighnis* (An Daingean: An Sagart, 1998), lch 66.
8   Davitt, *Dánta 1966–1998*, lch 40.
9   Ó Ríordáin, *Na Dánta*, lch 129.
10 Davitt, *Dánta 1966–1998*, lch 37.
11 Gabriel Rosenstock, *Susanne sa Seomra Folctha* (Dublin: Dublin Original Writing Ltd., athchló 2012), lch 30.
12 Ibid., lgh 18–19.
13 Ibid., lch 21.
14 Gabriel Rosenstock, comhfhreagras pearsanta leis an údar, ríomhphost, 8 Meitheamh 2019.
15 Davitt, *Dánta 1966–1998*, lch 67.
16 Ibid., lch 128.
17 Ibid., lch 16.
18 Originally written for a Leaving Certificate app called 'PoetryBeo'.
19 Ibid., lch 9.

CAIBIDIL 7. Gabriel Rosenstock, Cleasaí
1   Pádraig de Paor, agallamh neamhfhoilsithe le Gabriel Rosenstock, 1 Aibreán 2004.
2   Norbert Aujoulat, *Lascaux: Movement, space and time* (New York: Harry N. Abrams, 2005).
3   Gabriel Rosenstock, *Syójó* (Indreabhán: Cló Iar-Chonnacht, 2001), lch 49.
4   Caitríona Ní Chléirchín, 'INNTI: Ealaín, focalphéintéireacht agus meanma na réabhlóide', in *Léachtaí Cholm Cille XLI* (Maigh Nuad: An Sagart, 2011), lgh 83–111.
5   Gabriel Rosenstock, *Susanne sa Seomra Folctha* (Baile Átha Cliath: Clodhanna Teo., 1973).
6   Gabriel Rosenstock, *Margadh na Míol in Valparaíso* (Indreabhán: Cló Iar-Chonnacht, 2013), lch 280.
7   Ibid., lch 30.
8   Gabriel Rosenstock agus Cathal Ó Searcaigh, *Tuirlingt* (Baile Átha Cliath: Cló Earlsfort, 1978).
9   Claude Lévi-Strauss, 'The Structural Study of Myth', *The Journal of American Folklore*, vol. 68, no. 270, 1955, lch 440, www.jstor.org/stable/536768 [Léite 3 February 2023].
10 Rosenstock, *Margadh na Míol in Valparaíso*, lch 28.
11 Carl G. Jung, *The Archetypes and the Collective Unconscious* (Princeton, NJ: Princeton University Press/Bollingen, 1959), lgh 255–74.
12 Ibid.
13 Mary Douglas, 'The Social Control of Cognition: Some factors in joke perception', *Man*, vol. 3, no. 3, 1968, lgh 361–76, www.jstor.org/stable/2798875 [Léite 3 February 2023].
14 Mary Douglas, *Natural Symbols* (London: Routledge, 1970).
15 Victor Turner, *The Ritual Process: Structure and anti-structure* (Oxford: Routledge, 2017 [1969]); Arnold Van Gennep, *Rites of Passage* (Chicago: University of Chicago Press, 2019 [1909]).
16 de Paor, agallamh neamhfhoilsithe le Gabriel Rosenstock.
17 Gabriel Rosenstock, *Om* (Baile Átha Cliath: An Clóchomhar, 1983), lch 37.
18 Ibid., lch 38.
19 Gabriel Rosenstock, *Oráistí* (Indreabhán: Cló Iar-Chonnacht, 1991), lch 38.
20 Gabriel Rosenstock, *Méaram!* (Baile Átha Cliath: An Clóchomar, 1981), lch 35.
21 Jung, *The Archetypes and the Collective Unconscious*, lgh 255–74.
22 Robert C. Berwick and Noam Chomsky, *Why Only Us: Language and evolution* (Cambridge, MA: MIT Press, 2016).
23 Ibid., lgh 120, 139–48.

24 Ibid., lgh 63–5.
25 Noam Chomsky, Marc D. Hauser and W. Tecumseh Fitch, 'The Faculty of Language: What is it, who has it, and how did it evolve?', *Science*, vol. 298, no. 5598, November 2002, lgh 1569–79.
26 Noam Chomsky, *Powers and Prospects: Reflections on human nature and the social order* (London: Pluto Press, 1996), lgh 29–30.

CAIBIDIL 8. An Domhan Thoir agus Filíocht Nuala Ní Dhomhnaill

1 Pádraig de Paor, *Tionscnamh Filíochta Nuala Ní Dhomhnaill* (Baile Átha Cliath: An Clóchomhar, 1997); Bríona Nic Dhiarmada, *Téacs Baineann, Téacs Mná: Gnéithe de fhilíocht Nuala Ní Dhomhnaill* (Baile Átha Cliath: An Clóchomhar, 2005); Ríóna Ní Fhrighil, *Briathra, Béithe agus Banfhilí* (Baile Átha Cliath: An Clóchomhar, 2008).
2 Féach Ríóna Ní Fhrighil, 'Nuala Ní Dhomhnaill', in Ríóna Ní Fhrighil (eag.), *Filíocht Chomhaimseartha na Gaeilge* (Baile Átha Cliath: Cois Life, 2010), lgh 142–66.
3 Ina measc, Linda Revie, 'Nuala Ní Dhomhnaill's "Parthenogenesis": A bisexual reading', in Michael Kenneally (eag.), *Poetry in Contemporary Irish Literature* (Gerrards Cross: Colin Smythe, 1995), lgh 344–55; Hiroko Ikeda, 'Towards Our Own "Murúch": Reading Nuala Ní Dhomhnaill's "The Fifty Minute Mermaid"', *Journal of Irish Studies*, vol. 25, 2010, lgh 36–47; Cary A. Shay, 'Of Mermaids and Others: Remarkable revelations in "The Fifty Minute Mermaid"', *Nordic Irish Studies*, vol. 9, 2010, lgh 1–12; Molly E. Ferguson, 'The Subversion of Supernatural Lament in the Poetry of Nuala Ní Dhomhnaill', *Women's Studies*, vol. 42, no. 6, 2013, lgh 643–66; and Laura Kirkley, 'The Question of Language: Postcolonial translation in the bilingual collections of Nuala Ní Dhomhnaill and Paul Muldoon', *Translation Studies*, vol. 6, no. 3, 2013, lgh 277–92.
4 Féach Eric Falci, 'Translation as Collaboration: Ní Dhomhnaill and Muldoon', in Fran Brearton and Alan A. Gillis (eag.), *The Oxford Handbook of Modern Irish Poetry* (Oxford: Oxford University Press, 2012), lgh 328–40; Eric Falci, *Continuity and Change in Irish Poetry: 1966–2010* (New York: Cambridge University Press, 2012), lgh 152–85; Maria Johnston, '"Other Modes of Being": Nuala Ní Dhomhnaill, Paul Muldoon and Translation', in Peter Robinson (eag.), *The Oxford Handbook of Contemporary British and Irish Poetry* (Oxford: Oxford University Press, 2013), lgh 442–60.
5 Seán Ó Ríordáin, 'Nuafhilíocht', *The Irish Times*, 28 Aibreán 1973, lch 12.
6 Gearóid Ó Crualaoich, 'An Nuafhilíocht Ghaeilge: Dearcadh dána', *Innti 10*, 1986, lgh 63–6.
7 Gearóid Denvir, 'D'aithle na bhFilí', *Innti 11*, 1988, lgh 103–19; Bríona Nic Dhiarmada, 'Immram sa tSíce: Filíocht Nuala Ní Dhomhnaill agus Próiseas an Indibhidithe', *Oghma*, vol. 5, 1993, lgh 78–94.
8 Caoimhín Mac Giolla Léith, 'Contemporary Poetry in Irish: Divided loyalties and the chimera of continuity', *Irish Review*, vol. 6, 1989, lgh 46–54; Gabriel Rosenstock, 'Review of Spíonáin is Róiseanna', *Poetry Ireland Review*, vol. 39, 1993, lgh 102–9; Pádraig de Paor, 'Gnéithe den Saol Eile inár gCultúr Comhaimseartha: An leannán sí agus Lara Croft', in Micheál Ó Cearúil (eag.), *Aimsir Óg: Cuid a dó* (Baile Átha Cliath: Coiscéim, 2000), lgh 1–26.
9 Nuala Ní Dhomhnaill, 'Unalive Beings and Things That Don't Exist', in Oona Frawley (eag.), *Selected Essays* (Baile Átha Cliath: New Island, 2005), lch 202.
10 Ríóna Ní Fhrighil, 'Of Mermaids and Changelings: Human rights, folklore and contemporary Irish language poetry', *Estudios Irlandeses*, vol. 12, no. 2, 2017, lgh 107–21.
11 Kaarina Hollo, 'From the Irish: On *The Astrakhan Cloak*', *New Hibernia Review / Iris Éireannach Nua*, vol. 3, no. 2, 1999, lgh 129–41, ag lgh 135–6.
12 Barry Ó Seaghdha, 'The Task of the Translator', *The Irish Review*, vol. 14, 1993, lgh 143–7, ag lch 144; Louis de Paor, 'Disappearing Language: Translations from the Irish', *Poetry Ireland Review*, vol. 51, 1996, lgh 61–8, ag lch 66.

13 Nuala Ní Dhomhnaill, 'Kismet or the Workings of Destiny', in John Montague, Nuala Ní Dhomhnaill agus Paul Durcan, *The Poet's Chair: The first nine years of the Ireland Chair of Poetry* (Dublin: Lilliput Press, 2008), lgh 73–111.

14 John Dillon, 'Nuala Ní Dhomhnaill', in Gerald Dawe (eag.), *The Cambridge Companion to Irish Poets* (Cambridge: Cambridge University Press, 2017), lgh 401–11.

15 Ní Dhomhnaill, 'Kismet', lch 105.

16 Seán Ó Tuama, 'Filíocht Nuala Ní Dhomhnaill: An mháthair ghrámhar is an mháthair ghránna ina cuid filíochta', *Léachtaí Cholm Cille XVII* (Maigh Nuad: An Sagart, 1986), lgh 95–116, ag lgh 101–2.

17 Ibid., lch 97.

18 Ibid., lch 100.

19 Nuala Ní Dhomhnaill, 'Ceardlann Filíochta', *Léachtaí Cholm Cille XVII* (Maigh Nuad: An Sagart, 1986), lgh 147–79, ag lch 157.

20 Dillon, 'Nuala Ní Dhomhnaill', lgh 405–7.

21 Pádraig de Paor, 'An Máistir Dorcha', in Eoin Mac Cárthaigh agus Jürgen Uhlich (eag.), *Féilscríbhinn do Chathal Ó Háinle* (Indreabhán: An Clóchomhar, 2012).

22 Pádraig Ó Héalaí, 'Gnéithe de Bhéaloideas an Linbh ar an mBlascaod', *Léachtaí Cholm Cille XXII* (Maigh Nuad: An Sagart, 1992), lgh 81–163.

23 United Nations, Secretary General, '"May we all learn and act on the lessons of Srebrenica," says secretary-general, in message to anniversary ceremony', SG/SM/9993UN, 11 Iúil 2005, https://www.un.org/press/en/2005/sgsm9993.doc.htm [Léite 20 Márta 2019]

24 Luaite in Chris Agee (eag.), *Scar on the Stone: Contemporary poetry from Bosnia* (Newcastle upon Tyne: Bloodaxe Books, 1998), réamhrá neamhuimhrithe.

25 Caoimhín Mac Giolla Léith, 'Metaphor and Metamorphosis in the Poetry of Nuala Ní Dhomhnaill', *Éire-Ireland*, iml. 32, uimh. 1/2, 2000, lgh 150–72, agus lgh 159–60.

26 Ibid., lch 155.

27 Angus Calder, 'Poetry and War', *Eurozine*, 9 March 2000, https://www.eurozine.com/poetry-and-war/ [Léite 14 Aibreán 2021]

28 Máirín Nic Eoin, 'Scéal an Tuirimh Nua-Aoisigh: Téama na cogaíochta i nua-fhilíocht na Gaeilge', in Breandán Ó Conaire (eag.), *Aistí ag Iompar Scéil: In ómós do Shéamus P. Ó Mordha* (Baile Átha Cliath: An Clóchomhar, 2004), lgh 207–27; Máirín Nic Eoin, '"We Are No Longer Gaels": War and conflict in modern and contemporary Irish poetry', *Litteraria Pragensia*, vol. 28, no. 55, 2018, lgh 96–116; Margaret Greaves, '"Vistas of Simultaneity": Northern Irish elegies for Yugoslavia', *New Hibernia Review / Iris Éireannach Nua*, iml. 18, uimh. 3, 2014, lgh 31–50.

29 Agee, *Scar on the Stone*, lch 18.

30 Nuala Ní Dhomhnaill, *Pharaoh's Daughter*, Mitsuko Ohno [aistr.] (Tokyo: Shichosha, 2001).

31 Mirko Bonné, 'Schwarz', *Lyrikline*, Meitheamh 2004, https://www.lyrikline.org/en/poems/dubh-1961?showmodal=de [Léite 26 Márta 2021]

32 Fangzhe Qui agus Nuala Ní Dhomhnaill, 'Litríocht: Iarthar Duibhneach, Oirthear na hÁise', *Comhar*, iml. 76, uimh. 6, 2016, lgh 25–6.

33 John Caulfield, 'Unaska/Tír-fó-thoinn: Reimagining Ní Dhomhnaill through Japanese translation, music and art', *Aistriú*, 29 Aibreán 2020, https://www.aistriu.eu/blog/unaska-t%C3%ADr-f%C3%B3-thoinn-reimagining-n%C3%AD-dhomhnaill-through-japanese-translation-music-and-art [Léite 26 Márta 2021]

34 Louis de Paor (eag.), *Leabhar na hAthghabhála / Poems of Repossession* (Hexham, Northumberland agus Indreabhán: Bloodaxe Books agus Cló Iar-Chonnacht, 2016); Nuala Ní Dhomhnaill, *Northern Lights* (Loughcrew: The Gallery Press, 2018).

35 Ní Dhomhnaill, *Northern Lights*.

36 Agee, *Scar on the Stone*, lch 106.
37 James Wright agus Robert Bly, *Twenty Poems of Georg Trakl*, neamhdhátaithe, lch 2, https://
     dreamsongs.com/Files/Trakl.pdf [Léite 26 Márta 2021]
38 Ní Dhomhnaill, 'Ceardlann Filíochta', lgh 147–8.
39 Ní Dhomhnaill, 'Kismet', lgh 75–6.
40 Agee, *Scar on the Stone*, lch 27.
41 Mac Giolla Léith, 'Metaphor', lch 164.
42 Czesław Miłosz, *The Witness of Poetry* (Cambridge, MA: Harvard University Press, 1983),
     lch 90.

CAIBIDIL 9. Dílis don Fhís
1   Liam Ó Muirthile, *An Fuíoll Feá: Rogha Dánta / Wood Cuttings – New and Selected Poems*
     (Baile Átha Cliath: Cois Life), lgh 126–8.
2   Ellie O'Byrne, 'B-Side the Leeside: Nun Attax and the Knocknaheeny Shuffle', *Irish
     Examiner*, 1 Aibreán 2020.
3   'Ionad Bharra, Scoil na Mumhan', mana an choláiste ('Where Finnbarr Taught Let Munster
     Learn' as Béarla).
4   Sna nótaí beathaisnéise atá in *Innti 4* tá 'Mac léinn dara bliana i gColáiste na hOllscoile,
     Corcaigh' curtha síos don dtriúr sin.
5   In 1973 a foilsíodh *Susanne sa Seomra Folctha*, an bhliain chéanna a foilsíodh *Innti 3*.
6   *Innti 4*, an t-eagarfhocal, lch 5.
7   An chéad lá de Nollaig 1978 an dáta foilsithe atá luaite leis.
8   Cuireadh an dán fada 'Cúlú Íde' (móide leagan Béarla, 'The Retreat of Ita Cagney') i bhfoirm
     leabhair in 1975.
9   I ndeireadh na bliana 1981 a tháinig *Gleann ar Ghleann* amach ar deireadh, ach, dar ndóigh,
     bhí go leor dá bhfuil ann cumtha faoin dtráth go raibh Michael linn ag an gceardlann. Tá
     dátaí ó 1969 go 1980 curtha sa leabhar féin le roinnt de na dánta.
10 An Seabhac (Pádraig Ó Siochfhradha), *Seanfhocail na Mumhan* (Baile Átha Cliath: An
     Gúm, 1926) [eagrán nua 1984, eag. Pádraig Ua Maoileoin].
11 Michael Davitt, 'Voyeur', in *Scuais* (Indreabhán: Cló Iar-Chonnacht, 1998), lgh 9–11.
12 Michael Davitt, 'Paidir ~ 32, ón Ríocht', in *Scuais*, lch 49.
13 Nuala Ní Dhomhnaill, 'Fuadach', in *An Dealg sa bhFéar* (Indreabhán: Cló Iar-Chonnacht,
     2011), lch 186.
14 In 'Léacht Uí Chadhain 2010', *Feasta*, Aibreán agus Bealtaine, 2011, in 'Friotalú', in Ríona
     Ní Churtáin agus Tríona Ní Shíocháin (eag.), *Ní Insint Dán ach Bheith* (Magh Nuad: An
     Sagart, 2019), agus in 'Language Itself', in Amal Chatterjee (eag.), *Creative Writing: Writers
     on writing* (Newmarket, Sasana: Creative Writing Studies, 2014).
15 Mar aon le leath-thagairt a dhéanamh don dán 'AthDheirdre' le Máire Mhac an tSaoi
     (*Margadh na Saoire* (Baile Átha Cliath: Sáirséal agus Dill, 1956)).
16 Gabriel Rosenstock, 'Ar Fhágáil an Ghúim Dom', *Migmars* (Baile Átha Cliath: Ababúna),
     lch 17.
17 '... beartaíodh, roinnt mhaith *Innti* a bhunú i Márta 1970, chun daonnacht an fhile agus
     beocht a d(h)eantúis a chur in iúl ...' eagarfhocal, *Innti 7*, lch 4.
18 'Dom Chomhfhilí', *Migmars* (Baile Átha Cliath: Ababúna, 1985), lch 31.
19 'Chas Davitt cuid mhaith de na filí óga i dtreo eile, ba é an *Pied Piper* acu é ... sna seachtóidí',
     Seán Ó Tuama, 'Filíocht Nuala Ní Dhomhnaill', in *An Nua-Fhilíocht: Léachtaí Cholm Cille
     XVII* (An Daingean: An Sagart, 1986).
20 'Cuimhní Cré' in *Dánta: 1966–1998* (Baile Átha Cliath: Coiscéim, 2004), lch 34.
21 Ibid.

CHAPTER 10. A Munster Beat

1 Seán Ó Ríordáin, *Na Dánta* (Indreabhán: Cló Iar-Chonnacht, 2011), p. 159. 'A music that is still heard in Munster / even in places where the dialect has disappeared' [author's translation].

2 The English-language poets whose work is examined in this chapter include Patrick Cotter (b. 1963), Greg Delanty (b. 1958), Theo Dorgan (b. 1953), Thomas McCarthy (b. 1954), Seán Dunne (1956–95), Gerry Murphy (b. 1958) and Maurice Riordan (b. 1953).

3 Jacques Derrida, *Spectres de Marx* (Paris: Galilée, 2006 [1993]).

4 Jahan Ramzani, *The Hybrid Muse* (Chicago: Chicago University Press, 2001).

5 Ibid., p. 179.

6 David Lloyd, 'Regarding Ireland in a Post-Colonial Frame', *Cultural Studies*, vol. 15, no. 1, pp. 12–32.

7 Greg Delanty, *Selected Delanty* (Boston: Un-Gyve Press, 2017), p. 54.

8 Séamus Heaney, *Open Ground: Poems 1966–1996* (London: Faber & Faber, 1998), p. 413.

9 Thomas Kinsella, *The Butcher's Dozen*, 1972; Paul Durcan, 'The Night They Murdered Boyle Somerville', in *O Westport in the Light of Asia Minor* (London: Harvill Secker, 1975) or *Sam's Cross* (Dublin: Profile, 1978). Durcan's maternal family, the MacBrides, connects him with both the story of Ireland's quest for independence, and the poetry written in its wake.

10 See J.J. Lee, *Ireland 1912–1985* (Cambridge: Cambridge University Press, 1989), pp. 428–30.

11 Seán Dunne, *Collected* (Oldcastle, County Meath: The Gallery Press, 2005), p. 41.

12 Ibid.

13 Ibid., p. 47.

14 Daniel Alright (ed.), *W.B. Yeats: The Poems* (London: Dent, 1994), pp. 246–252.

15 Ibid., p. 67.

16 Liam Ó Muirthile, *An Fuíoll Feá* (Baile Átha Cliath: Cois Life, 2013), pp. 552–3.

17 Ibid., pp. 554–5.

18 Michael Davitt, *Freacnairc Mhearcair / The Oomph of Quicksilver* (Cork: Cork University Press, 2000), pp. 16–17.

19 Ibid., pp. 118–19.

20 Ó Muirthile, *An Fuíoll Feá*, p. xxxix.

21 Maurice Riordan, *The Holy Land* (London: Faber & Faber, 2007), pp. 13–35.

22 Patrick Cotter, *Perplexed Skin* (Galway: Arlen House, 2008), p. 53.

23 Séamus Heaney, *Opened Ground* (London: Faber and Faber, 1998), p. 185

24 Cotter, *Perplexed Skin*, p. 53

25 Theo Dorgan, *What This Earth Has Cost Us* (Dublin: Dedalus Press, 2008), pp. 20–1.

26 Ibid., p. 21.

27 Ibid., p. 88.

28 Gerry Murphy, *End of Part One* (Dublin: Dedalus Press, 2006), p. 123.

29 Dorgan, *What This Earth*, p. 68.

30 Colm Breathnach, *Rogha Dánta 1991–2006* (Baile Átha Cliath: Coiscéim, 2008), lch 132.

31 Archival material consulted in the offices of Gaelachas Teoranta.

32 *Agus* archives held by the offices of Gaelachas Teoranta.

33 Liam Ó Muirthile, *Ar an bPeann* (Baile Átha Cliath: Cois Life, 2006), p. 11 [author's translation].

34 Theo Dorgan, 'Rud Éigin ag Tarlú ach Ní Fios Duit Cad É: Bob Dylan agus an Nua Ghaeltacht', in Tadhg Ó Dúshláine agus Caitríona Ní Chléirchín (eag.), *Filí INNTI go hIontach* (Maigh Nuad: An Sagart, 2011), lgh 7–20.

35 Maurice Riordan, *A Word for the Loki* (London: Faber & Faber, 1999), p. 47.

36 Ibid., p. 5.

37 Patrick Cotter, *White Sonic Poise* (Dublin: Dedalus Press, 2021), p. 53.
38 Murphy, *End of Part One*, p. 64.
39 Davitt, *Freacnairc Mhearcair*, pp. 62–5.
40 Ibid., pp. 124–5.
41 Ibid., pp. 14–15.
42 Breathnach, *Rogha Dánta*, p. 139 [author's translation].
43 See https://journals.openedition.org/etudesirlandaises/3851?lang=en [Accessed 3 February 2023]
44 Maurice Riordan, *The Water Stealer* (London: Faber & Faber, 2013), p. 22.
45 Theo Dorgan, *Nine Bright Shiners* (Dublin: Dedalus, 2014), pp. 18–19.
46 Ibid., p. 26.
47 Gabriel Rosenstock, *Margadh na Míol i Valparaíso: The flea market in Valparaíso* (Indreabhán: Cló Iar-Chonnacht, 2014), pp. 288–9.
48 Ibid., pp. 156–7.
49 Lesa Ní Mhunghaile, 'Gabriel Rosenstock: "The Rejection of the Early Morning Dew"', in Sabine Egger (ed.), *Cultural/Literary Translators: Selected Irish-German biographies II* (Trier: Wissenschaftlicher Verlag, 2014), p. 201.
50 See the following article in *The Irish Times* that reviews one of Rosenstock's more recent volumes: https://www.irishtimes.com/culture/books/poetry-across-the-linguistic-divide-1.3730310 [Accessed 15 July 2020].
51 Ní Mhunghaile, 'Gabriel Rosenstock', p.199.
52 See the article on the publication in *The Irish Times*, https://www.irishtimes.com/culture/books/don-share-ireland-was-and-remains-for-me-a-country-of-and-for-poets-1.2329231 [Accessed 15 February 2021].
53 Antoine Berman, *La Traduction et la Lettre ou l'Auberge du Lointain* (Paris: Seuil, 1991).

AFTERWORD

1 Bernard O'Donoghue, 'On the Road ... from Cork', *Poetry Ireland Review*, no. 39, Autumn 1993, pp. 97–101, at pp. 97–8.
2 Tadhg Ó Dúshláine, 'Anois Tacht an Eala', in Tadhg Ó Dúshláine agus Caitríona Ní Chléirchín (eag.), *Léachtaí Cholm Cille XLI: Filí INNTI go hiontach* (Maigh Nuad: An Sagart, 2011), lch 129.
3 Gabriel Rosenstock interviewed for the RTÉ Raidió na Gaeltachta documentary *Innti: Iris agus ardán a linne*, first broadcast on 27 December 2021.
4 This letter can be found in Ó Ríordáin's personal copy of the Goldsmith Press anthology *Rogha an Fhile*, edited by Eoghan Ó Tuairisc. With special thanks to Elaine Harrington at Special Collections, Boole Library, UCC.
5 Editors' translation.
6 Liam Ó Muirthile, 'Offshore on Land: Poetry in Irish now', in Caoilfhionn Nic Pháidín (ed.), *A New View of the Irish Language* (Dublin: Cois Life, 2008).
7 Róisín Ní Ghairbhí and Ríóna Ní Fhrighil, 'Filíocht Ghaeilge na Linne Seo', in Ríóna Ní Fhrighil (eag.), *Filíocht Chomhaimseartha na Gaeilge* (Baile Átha Cliath: Cois Life, 2010), p. 305.
8 See, for example, Brian Ó Conchubhair, 'Contemporary Irish-Language Poetry: After *Innti*', in Jefferson Holdridge and Brian Ó Conchubhair (eds), *Post-Ireland? Essays on contemporary Irish poetry* (Winston Salem, NC: Wake Forest University Press, 2017), pp. 179–202; Ailbhe Ní Ghearbhuigh, 'The Contemporary Conditions of Irish-Language Literature', in Eric Falci and Paige Reynolds (eds), *Irish Literature in Transition, 1980–2020* (Cambridge: Cambridge University Press, 2020), pp. 27–43; and Daniela Theinová, 'Language and Crisis in

Contemporary Irish-Language Poetry', *Litteraria Pragensia: Studies in literature and culture*, vol. 30, no. 59, July 2020, pp. 26–47.

9   Máirín Nic Eoin, 'The Stuff of Which They're Made', in Eavan Boland (ed.), *Poetry Ireland Review*, no. 127, March 2019, pp. 56–64.

10 Aifric Mac Aodha, 'According to Kavanagh', in Eavan Boland (ed.), *Poetry Ireland Review*, no. 127, March 2019, pp. 128–9.

11 Ailbhe Ní Ghearbhuigh, *The Coast Road* (Oldcastle, Co. Meath: The Gallery Press, 2016); Aifric Mac Aodh, *Foreign News* (Oldcastle, Co. Meath: The Gallery Press, 2017); Caitríona Ní Chléirchín, *The Talk of the Town* (Oldcastle, Co. Meath: The Gallery Press, 2020). For a critical appraisal of some of these works, see Daniela Theinová, 'Who Owns the Game: The Gallery Press and Poetry in Ireland Now', *Litteraria Pragensia: Studies in literature and culture*, vol. 28, no. 55, 2018, pp. 11–29.

12 Peter Fallon and Aifric Mac Aodha (eds), *Calling Cards* (Oldcastle/Dublin: The Gallery Press/Poetry Ireland, 2018).

13 Gabriel Rosenstock, 'An Nua-Fhile Ársa ar Ghluaiseacht Ann Féin É', *Comhar*, vol. 78, Iúil 2018, pp. 24–6.

14 See http://imram.ie/en/about-imram/ [Accessed 20 August 2021]

15 Gabriel Rosenstock, 'Comhar-rá: Cathal Ó Searcaigh agus Michael Davitt', *Comhar*, vol. 42, no. 10, Deireadh Fómhair 1983, pp. 18–21, 23–4, at p. 19.

16 Máirín Nic Eoin, 'The Stuff of Which They're Made', in Eavan Boland (ed.), *Poetry Ireland Review*, no. 127, March 2019, pp. 56–64.

17 Eoghan Ó hAnluain, 'Nuafhilíocht na Gaeilge 1966–1986: Úire agus buaine', *Léachtaí Cholm Cille XVI* (Maigh Nuad: An Sagart, 1986), lgh 7–23.

18 Rosenstock, 'An Nua-Fhile'.

19 Editors' translation.

Leabharliosta | Bibliography

Agee, Chris (ed.), *Scar on the Stone: Contemporary poetry from Bosnia* (Newcastle Upon Tyne: Bloodaxe Books, 1998)

Aujoulat, Norbert, *Lascaux: Movement, space and time* (New York: Harry N. Abrams, 2005)

Berman, Antoine, *La Traduction et la Lettre ou l'Auberge du Lointain* (Paris: Seuil, 1991)

Berwick, Robert C. and Noam Chomsky, *Why Only Us: Language and evolution* (Cambridge, MA: MIT Press, 2016)

Bonné, Mirko, 'Schwarz', *Lyrikline*, Meitheamh 2004, https://www.lyrikline.org/en/poems/dubh-1961?showmodal=de [Léite 26 Márta 2021]

Breathnach, Colm, *Rogha Dánta 1991–2006* (Baile Átha Cliath: Coiscéim, 2008)

Caulfield, John, 2020. 'Unaska/Tír-fó-thoinn: Reimagining Ní Dhomhnaill through Japanese translation, music and art', *Aistriú*, 29 April 2020, https://www.aistriu.eu/blog/unasaka-t%C3%ADr-f%C3%B3-thoinn-reimagining-n%C3%AD-dhomhnaill-through-japanese-translation-music-and-art [Léite 26 Márta 2021]

Chatterjee, Amal (ed.), *Creative Writing: Writers on writing* (Newmarket, UK: Creative Writing Studies/Frontinus, 2014)

Chomsky, Noam, *Powers and Prospects: Reflections on human nature and the social order* (London: Pluto Press, 1996)

— Hauser, Marc D. and W. Tecumseh Fitch, 'The Faculty of Language: What is it, who has it, and how did it evolve?', *Science*, vol. 22, no. 298, 2002, p. 1569

Cotter, Patrick, *Perplexed Skin* (Galway: Arlen House, 2008)

— *Sonic White Poise* (Dublin: Dedalus Press, 2021)

Davitt, Michael, *Gleann ar Ghleann* (Baile Átha Cliath: Sáirséal Ó Marcaigh, 1981)

— 'Eagarfhocal', *Innti 7*, 1982

— 'Uige an Chuimhnimh', *Comhar*, Nollaig 1984

— 'In the Fields of Love', *The Irish Times*, 10 Nollaig 1997

— *Freacnairc Mhearcair/The Oomph of Quicksilver* (Cork: Cork University Press, 2000)

— *Dánta 1966–1998* (Baile Átha Cliath: Coiscéim, 2004)

Denman, Peter, book review, *Irish University Review*, vol. 31, no. 2, 2001, pp. 512–16

Denvir, Gearóid, 'D'aithle na bhFilí', *Innti 11*, 1988, pp. 103–19

De Paor, Louis, 'Disappearing Language: Translations from the Irish', *Poetry Ireland Review*, no. 51, 1996, pp. 61–8

— (eag.), *Leabhar na hAthghabhála/Poems of Repossession* (Hexham, Northumberland agus Indreabhán: Bloodaxe Books agus Cló Iar-Chonnacht, 2016)

De Paor, Pádraig, *Tionscnamh Filíochta Nuala Ní Dhomhnaill* (Baile Átha Cliath: An Clóchomhar, 1997)

— 'Gnéithe den Saol Eile inár gCultúr Comhaimseartha: An leannán sí agus Lara Croft', in Micheál Ó Cearúil (eag.) *Aimsir Óg – Cuid a Dó* (Baile Átha Cliath: Coiscéim, 2000)

— *Na Buachaillí Dána* (Baile Átha Cliath: An Clóchomhar Tta, 2005)

— 'An Máistir Dorcha', in Eoin Mac Cárthaigh agus Jürgen Uhlich (eag.), *Féilscríbhinn do Chathal Ó Háinle* (Indreabhán: An Clóchomhar, 2012)

Derrida, Jacques, *Spectres de Marx* (Paris: Galilée, 2006 [1993])

Dillon, John, 'Nuala Ní Dhomhnaill', in Gerald Dawe (ed.), *The Cambridge Companion to Irish Poets* (Cambridge: Cambridge University Press, 2017)

Dorgan, Theo, *What This Earth Has Cost Us* (Dublin: Dedalus Press, 2008)

—— agus Malcolm Maclean, (eag.), *An Leabhar Mòr/The Great Book of Gaelic* (Dún Éideann: Canongate, 2002)

Douglas, Mary, 'The Social Control of Cognition: Some factors in joke perception', *Man*, vol. 3, no. 3, 1968, pp. 361–76, www.jstor.org/stable/2798875 [Accessed 3 February 2023].

— *Natural Symbols* (London: Routledge, 1970)

Dunne, Seán (ed.), *The Cork Anthology* (Cork: Cork University Press, 1993)

Falci, Eric, 'Translation as Collaboration: Ní Dhomhnaill and Muldoon', in Fran Brearton and Alan A. Gillis (eds), *The Oxford Handbook of Modern Irish Poetry* (Oxford: Oxford University Press, 2012)

— *Continuity and Change in Irish Poetry: 1966–2010* (New York: Cambridge University Press, 2012)

Fallon, Peter and Aifric Mac Aodha (eds), *Calling Cards* (Oldcastle/Dublin: The Gallery Press/Poetry Ireland, 2018)

Ferguson, Molly E., 'The Subversion of Supernatural Lament in the Poetry of Nuala Ní Dhomhnaill', *Women's Studies*, vol. 42, no. 6, 2013, pp. 643–66

Greaves, Margaret, '"Vistas of Simultaneity": Norther Irish elegies for Yugoslavia', *New Hibernia Review/Iris Éireannach Nua*, vol. 18, no. 3, 2014, pp. 31–50

Heaney, Seamus, 'Outstripping Silence', *RePublica*, 4, 1996

— *Open Ground: Poems 1966–1996* (London: Faber & Faber, 1998)

— in Dennis O'Driscoll (ed.), *Stepping Stones: Interviews with Seamus Heaney* (London: Faber & Faber, 2008)

Hollo, Kaarina, 'From the Irish: On *The Astrakhan Cloak*', *New Hibernia Review/ Iris Éireannach Nua*, vol. 3, no. 2, 1999, pp. 129–41

Hyde, Douglas, *A Literary History of Ireland* (London and New York: Ernest Benn Limited & Barnes & Noble Inc., 1967 [1899])

Ikeda, Hiroko, 'Towards Our Own "Murúch": Reading Nuala Ní Dhomhnaill's "The Fifty Minute Mermaid"', *Journal of Irish Studies*, vol. 25, 2010, pp. 36–47

Johnston, Maria, '"Other Modes of Being": Nuala Ní Dhomhnaill, Paul Muldoon and translation', in Peter Robinson (ed.), *The Oxford Handbook of Contemporary British and Irish Poetry* (Oxford: Oxford University Press, 2013), pp. 442–60

Jones, Francis R., 'Poetry Translation, Nationalism and the Wars of the Yugoslav Transition', *The Translator*, vol. 16, no. 2, 2010, pp. 223–53

Jung, Carl Gustav, *The Archetypes and the Collective Unconscious* (Princeton, NJ: Princeton University Press/Bollingen, 1959)

Kirkley, Laura, 'The Question of Language: Postcolonial translation in the bilingual collections of Nuala Ní Dhomhnaill and Paul Muldoon', *Translation Studies*, vol. 6, no. 3, 2013, pp. 277–92

Lee, J.J., *Ireland 1912–1985* (Cambridge: Cambridge University Press, 1989)

Lévi-Strauss, Claude, 'The Structural Study of Myth', *The Journal of American Folklore*, vol. 68, no. 270, 1955, pp. 428–44, www.jstor.org/stable/536768 [Accessed 3 February 2023].

Lloyd, David, 'Regarding Ireland in a Post-colonial Frame', *Cultural Studies*, vol. 15, no. 1, 2001, pp. 12–32

Mac Aodh, Aifric, *Foreign News* (Oldcastle, Co. Meath: The Gallery Press, 2017)

— 'According to Kavanagh', in Eavan Boland (ed.), *Poetry Ireland Review No. 127*, 2019, pp. 123–9

Mac Aodha, Breandán (eag.), *Cnuasach 1966* (Dublin: Scepter, 1966)

Mac Dhonnagáin, Tadhg, *Solas Gorm* (Baile Átha Cliath: Gael Linn, 1988), ceirnín, CEF 139

Mac Giolla Léith, Caoimhín, 'Contemporary Poetry in Irish: Divided loyalties and the chimera of continuity', *Irish Review*, no. 6, 1989, pp. 46–54

— 'Metaphor and Metamorphosis in the Poetry of Nuala Ní Dhomhnaill', *Éire-Ireland*, vol. 35, nos. 1&2, 2000, pp. 150–72

McCarthy, John F. (ed.), *Planning Ireland's Future: The legacy of T.K. Whitaker* (Dublin: Glendale, 1990)

McDonagh, John (ed.), *A Fine Statement: An Irish poet's anthology* (Dublin: Poolbeg Press, 2008)

Miłosz, Czesław, *The Witness of Poetry* (Cambridge, MA: Harvard University Press, 1983)

Murphy, Gerry, *End of Part One* (Dublin: Dedalus Press, 2006)

Nic Dhiarmada, Bríona, 'Immram sa tSíce: Filíocht Nuala Ní Dhomhnaill agus próiseas an indibhidithe', *Oghma 5*, 1993, pp. 78–94

— *Téacs Baineann, Téacs Mná: Gnéithe de fhilíocht Nuala Ní Dhomhnaill* (Baile Átha Cliath: An Clóchomhar Tta, 2005)

Nic Eoin, Máirín, 'Scéal an Tuirimh Nua-Aoisigh: Téama na cogaíochta i nua-fhilíocht na Gaeilge', in Breandán Ó Conaire (eag.), *Aistí ag Iompar Scéil: In ómós do Shéamus P. Ó Mórdha* (Baile Átha Cliath: An Clóchomhar, 2004)

— '"We Are No Longer Gaels": War and conflict in modern and contemporary Irish poetry', *Litteraria Pragensia*, vol. 28, no. 55, 2018, pp. 96–116

— 'The Stuff of Which They're Made', in Eavan Boland (ed.), *Poetry Ireland Review*, no. 127, 2019, pp. 56–64

Ní Chléirchín, Caitríona, 'INNTI: Ealaín, focalphéintéireacht agus meanma na réabhlóide', in *Léachtaí Cholm Cille XLI* (Maigh Nuad: An Sagart, 2011)

— *The Talk of the Town* (Oldcastle, Co. Meath: The Gallery Press, 2020)

Ní Churtáin, Ríona agus Tríona Ní Shíocháin (eag.), *Ní Insint Dán ach Bheith* (Maigh Nuad: An Sagart, 2019)

Nic Pháidín, Caoilfhionn agus Seán Ó Cearnaigh (eds), *A New View of the Irish Language* (Dublin: Cois Life, 2008)

Ní Dhomhnaill, Nuala, 'Ceardlann Filíochta', in *Léachtaí Cholm Cille XVII* (Maigh Nuad: An Sagart, 1986)

— 'Ó Liombó go dtí Sráid Grafton', *Innti 12*, 1989

— *Cead Aighnis* (An Daingean: An Sagart, 1998)

— *Pharaoh's Daughter: Selected poems in Irish by Nuala Ní Dhomhnaill with translation into Japanese by Mitsuko Ohno* (Tokyo: Schichosha, 2001)

— 'Seal sa Domhan Thoir: Sojourn in the eastern world', *Éire-Ireland*, vol. 38, nos. 1&2, 2003, pp. 181–97

— *Selected Essays*, Oona Frawley (ed.) (Dublin: New Island, 2005)

— 'Kismet, or the Workings of Destiny', in John Montague, Nuala Ní Dhomhnaill and Paul Durcan, *The Poet's Chair: The first nine years of the Ireland Chair of Poetry* (Dublin: Lilliput Press, 2008)

— *Northern Lights* (Loughcrew: Gallery Books, 2018)

Ní Fhrighil, Ríóna, *Briathra, Béithe agus Banfhilí: Filíocht Eavan Boland agus Nuala Ní Dhomhnaill* (Baile Átha Cliath: An Clóchomhar Tta, 2008)

— 'Nuala Ní Dhomhnaill', in Ní Fhrighil (eag.), *Filíocht Chomhaimseartha na Gaeilge* (Baile Átha Cliath: Cois Life, 2010)

— 'Of Mermaids and Changelings: Human rights, folklore and contemporary Irish language poetry', *Estudios Irlandeses*, vol. 12, no. 2, 2017, pp. 107–21

Ní Ghairbhí, Róisín agus Ríona Ní Fhrighil, 'Filíocht Ghaeilge na Linne Seo', in Ríona Ní Fhrighil (eag), *Filíocht Chomhaimseartha na Gaeilge* (Baile Átha Cliath: Cois Life, 2010)

Ní Ghearbhuigh, Ailbhe, '"Pleased Not to Meet You!" The humor of Michael Davitt', *American Journal of Irish Studies*, vol. 13, 2016, pp. 163–78

— *The Coast Road* (Oldcastle, Co. Meath: The Gallery Press, 2016)

— 'The Contemporary Conditions of Irish-Language Literature', in Eric Falci and Paige Reynolds (eds), *Irish Literature in Transition, 1980–2020* (Cambridge: Cambridge University Press, 2020)

Ní Mhunghaile, Lesa, 'Gabriel Rosenstock: "The Rejection of the Early Morning Dew"', in Sabine Egger (ed.), *Cultural/Literary Translators. Selected Irish-German biographies II* (Trier: Wissenschaftlicher Verlag, 2014)

O'Brien, Frank, *Filíocht Ghaeilge na Linne Seo* (Dublin: An Clóchomhar, 1968)

Ó Buachalla, Séamas, *Education Policy in Twentieth-Century Ireland* (Dublin: Wolfhound, 1988)

Ó Céilleachair, Séamas, (eag.), *Nuafhilí (1942–1952)* (Dublin: Oifig an tSoláthair, 1956)

— (eag.), *Nuafhilí 2 (1953–1963)* (Dublin: Oifig an tSoláthair, 1968)

— (eag.), *Nuafhilí 3 (1964–1977)* (Dublin: Oifig an tSoláthair, 1979)

Ó Cíobháin, Pádraig, *Le Gealaigh* (Baile Átha Cliath: Coiscéim, 1991)

Ó Coileáin, Seán, *Seán Ó Ríordáin: Beatha agus saothar* (Baile Átha Cliath: An Clóchomhar, 1982)

Ó Coisdealbha, Seán, *An Tincéara Buí agus Dréachtaí Eile* (Baile Átha Cliath: Sáirséal agus Dill, 1962)

Ó Conchubhair, Brian, 'Contemporary Irish-language Poetry: After Innti', in Jefferson Holdridge and Brian Ó Conchubhair (eds), *Post-Ireland? Essays on contemporary Irish poetry* (Winston Salem, NC: Wake Forest University Press, 2017)

Ó Crualaoich, Gearóid, 'An Nuafhilíocht Ghaeilge: Dearcadh dána', *Innti 10*, 1986, lgh 63–6

O'Donoghue, Bernard, 'On the Road … from Cork', *Poetry Ireland Review*, no. 39, Autumn 1993, pp. 97–101

Ó Dúshláine, Tadhg, *Anois Tacht an Eala: Filí Chorcaí Innti agus an réabhlóid chultúrtha* (An Daingean: An Sagart, 2011)

— agus Caitríona Ní Chléirchín (eag.), *Filí INNTI go hIontach* (Maigh Nuad: An Sagart, 2011)

Ó hAnluain, Eoghan, 'Cor Nua san Fhilíocht', in Seán Ó Mordha (eag.), *Scríobh 1* (Baile Átha Cliath: An Clóchomhar Tta, 1974)

— 'Nua-fhilíocht na Gaeilge 1966–1986: Úire agus buaine', *Léachtaí Cholm Cille XVI* (Maigh Nuad: An Sagart, 1986)

— *Sunday Miscellany*, RTÉ Radio 1, 1 October 2006

Ó Héalaí, Pádraig, 'Gnéithe de Bhéaloideas an Linbh ar an mBlascaod', *Léachtaí Cholm Cille XXII* (Maigh Nuad: An Sagart, 1992)

Ó Muirthile, Liam, 'The Gaeilgeoir, Modern Style', *The Irish Times*, 21 Aibreán 1977

— *Tine Chnámh* (Baile Átha Cliath: Sáirséal Ó Marcaigh, 1984)

— *Dialann Bóthair* (Loughcrew: Gallery Books, 1992)

— *An Peann Coitianta 2* (Baile Átha Cliath: Cois Life, 1997)

— *Walking Time agus Dánta Eile* (Indreabhán: Cló Iar-Chonnacht, 2000)

— 'An Déine Shéimh: Michael Davitt 1950–2005', *Comhar*, iml. 65, uimh. 7, 2005, pp. 9–11

— *Ar an bPeann* (Baile Átha Cliath: Cois Life, 2006)

— *Sanas* (Baile Átha Cliath: Cois Life, 2007)

— agus Liam Carson, 'Fortnight Interview with Liam Ó Muirthile: Mo theanga', *Fortnight* no. 451, March 2007, p. 20

— 'Offshore on Land: Poetry in Irish now', in Caoilfhionn Nic Pháidín and Seán Ó Cearnaigh (eds), *A New View of the Irish Language* (Dublin: Cois Life, 2008)

— *An Fuíoll Feá: Rogha dánta* (Baile Átha Cliath: Cois Life, 2013)

Ó Murchú, Máirtín, 'Focal Tiomnaithe', in Pádraigín Riggs, Breandán Ó Conchúir agus Seán Ó Coileáin (eag.), *Saoi na hÉigse: Aistí in ómós do Sheán Ó Tuama* (Baile Átha Cliath: An Clóchomhar Tta., 2000)

Ó Ríordáin, Seán, 'Nuafhilíocht', *The Irish Times*, 28 Aibreán 1973

— 'Scoil Filíochta', *The Irish Times*, 26 Eanáir 1974

— 'File Nua', *The Irish Times*, 2 Feabhra 1974

— 'Scríobh 1', *The Irish Times*, Eanáir 1975

— *Seán Ó Ríordáin: Na dánta* (Indreabhán: Cló Iar-Chonnacht, 2011)

Ó Séaghdha, Barra, 'The Tasks of the Translator', *The Irish Review*, no. 14, 1993, pp. 143–7

Ó Snodaigh, Colm, *Dún Chaoin: Oscail an scoil* (Baile Átha Cliath: Coiscéim, 2017)

Ó Tuama, Seán, 'Cloch ina Leacht', *Feasta*, Nollaig 1949

— (eag.), *Nuabhéarsaíocht 1939–1949* (Baile Átha Cliath: Sáirséal agus Dill, 1950)

— *An Grá in Amhráin na nDaoine* (Baile Átha Cliath: An Clóchomhar, 1960)

— *Moloney agus Drámaí Eile* (Baile Átha Cliath: An Clóchomhar, 1966)

— 'Pleanáil don Ghaeilge agus don Ghaeltacht', *Comhar*, iml. 42, uimh. 3, 1983, lgh 21–8

— '"Slabhraí Óir ...": Comhrá le Seán Ó Tuama', *Innti 9*, 1985, lgh 27–54

— 'Filíocht Nuala Ní Dhomhnaill: An mháthair ghrámhar is an mháthair ghránna', in *An Nua-Fhilíocht: Léachtaí Cholm Cille XVII*, 1986, lgh 95–116

— *An Grá i bhFilíocht na nUaisle* (Baile Átha Cliath: An Clóchomhar, 1988)

— *Cúirt, Tuath agus Bruachbhaile: Aistí agus dréachtaí liteartha* (Baile Átha Cliath: An Clóchomhar, 1990)

— *Repossessions: Selected essays on the Irish literary heritage* (Cork: Cork University Press, 1995)

— 'A View from the Nineties', *Aguisíní* (Baile Átha Cliath agus Gaillimh: Coiscéim & Ionad Léann na hÉireann, OÉG Gaillimh, 2008)

Qui, Fangzhe agus Nuala Ní Dhomhnaill, 'Litríocht: Iarthar duibhneach, oirthear na háise', *Comhar*, iml. 76, uimh. 6, 2016, lgh 25–6

Quinn, Justin, *The Cambridge Introduction to Modern Irish Poetry 1800–2000* (Cambridge: Cambridge University Press, 2008)

Ramzani, Jahan, *The Hybrid Muse* (Chicago: Chicago University Press, 2001)

Revie, Linda, 'Nuala Ní Dhomhnaill's "Parthenogenesis": A bisexual reading', in Michael Kenneally (ed.), *Poetry in Contemporary Irish Literature* (Gerrards Cross: Colin Smythe, 1995)

Riordan, Maurice, *A Word for the Loki* (London: Faber & Faber, 1999)

— *The Holy Land* (London: Faber & Faber, 2007)

— *The Water Stealer* (London: Faber & Faber, 2013)

Rosenstock, Gabriel, *Méaram!* (Baile Átha Cliath: An Clóchomhar, 1981)

— 'Comhar-rá: Cathal Ó Searcaigh agus Michael Davitt', *Comhar*, iml. 42, uimh. 10, Deireadh Fómhair 1983, lgh 18–21, 23–4

— *Om* (Baile Átha Cliath: An Clóchomhar, 1983)

— 'Athdhúchas agus Treochtaí Eile', *Comhar*, iml. 43, uimh. 8, 1984, lgh 42–5

— *Oráistí* (Indreabhán: Chló Iar-Chonnacht, 1991)

— 'Review of *Spíonáin is Róiseanna* (1993)', *Poetry Ireland Review*, no. 39, 1993

— *Ní Mian Léi an Fhilíocht Níos Mó* (Indreabhán: Cló Iar-Chonnacht, 1993)

— *Syójó* (Baile Átha Cliath: Coiscéim, 2001)

— *Eachtraí Krishnamurphy* (Baile Átha Cliath: Coiscéim, 2003)

— *Krishnamurphy Ambaist* (Baile Átha Cliath: Coiscéim, 2004)

— *Tuairiscíonn Krishnamurphy ó Bhagdad* (Baile Átha Cliath: Coiscéim, 2007)

— *Susanne sa Seomra Folctha* (Baile Átha Cliath: Original Writing Limited, Athchló, 2012 [1973])

— *Margadh na Míol in Valparaíso/The Flea Market in Valparaíso* (Indreabhán: Cló Iar-Chonnacht, 2013)

— 'An Nua-Fhile Ársa ar Ghluaiseacht Ann Féin É', *Comhar*, iml. 78, Iúil 2018, lgh 24–7

Ryan, Vera, *Dan Donovan: An everyman's life* (Cork: The Collins Press & Everyman Palace Theatre, 2008)

Shay, Cary A., 'Of Mermaids and Others: Remarkable revelations in "The Fifty Minute Mermaid"', *Nordic Irish Studies*, vol. 9, 2010, pp. 1–12

Theinová, Daniela, '"Who Owns the Game": The Gallery Press and poetry in Ireland now', *Litteraria Pragensia: Studies in literature and culture*, vol. 28, no. 55, July 2018, pp. 11–20
— 'Language and Crisis in Contemporary Irish-language Poetry', *Litteraria Pragensia: Studies in literature and culture*, vol. 30, no. 59, July 2020, pp. 26–47
Turner, Victor, *The Ritual Process: Structure and anti-structure* (Oxford: Routledge, 2017 [1969])

Uí Cheallaigh, Máirín, 'Cor Úr-Staidéar ar Fhilíocht Chomhaimseartha na Gaeilge', tráchtas PhD neamhfhoilsithe, Ollscoil Uladh, Cúl Raithin, 1997

United Nations, Secretary General, '"May we all learn and act on the lessons of Srebrenica," says Secretary-General, in message to anniversary ceremony', SG/SM/9993UN, 11 Iúil 2005, https://www.un.org/press/en/2005/sgsm9993.doc.htm [Léite 20 Márta 2019]

Van Gennep, Arnold, *Rites of Passage* (Chicago: University of Chicago Press, 2019 [1909])

Welch, Robert, Réamhrá le *Rogha Dánta/Death in the Land of Youth*, Seán Ó Tuama (Cork: Cork University Press, 1997)
Woolf, Virginia, *Mr Bennett and Mrs Brown* (London: Hogarth Press, 1924)

Buíochas | Acknowledgements

Is mian leis na heagarthóirí buíochas ó chroí a ghabháil le húdair na n-aistí go léir a ghlac go fonnmhar leis an gcuireadh an chéad lá; ní bheadh leabhar ar bith againn murach iad. Ár mbuíochas mór le Leslie Doyle as cead a thabhairt dúinn grianghraf a hathar Bill Doyle a úsáid, agus leis an ealaíontóir Noelle Noonan as an saothar a thug dúinn clúdach an leabhair.

Ár mbuíochas le cóipeagarthóirí an leabhair Fidelma Ní Ghallchobhair, Brian Ó Donnchadha agus Aonghus Meaney, a chuir slacht ar an leabhar. Táimid faoi chomhaoin freisin ag na léitheoirí anaithnide as an aiseolas luachmhar a chuir siad ar fáil dúinn, aiseolas a chuir barr feabhais ar an saothar trí chéile.

Ba mhaith linn ár mbuíochas a chur in iúl do na leabharlanna agus na cartlanna a thug cúnamh dúinne agus do na húdair ar fad agus muid i mbun taighde.

Táimid faoi chomaoin ag Micheál Ó Conghaile as a chomhairle agus a chuid cineáltais, agus le Cló Iar-Chonnacht.

Ghlac beirt d'fhilí *Innti* páirt in agallamh leis na heagarthóirí agus táimid buíoch de Nuala Ní Dhomhnaill agus Gabriel Rosenstock as a gcuid ama agus as a gcuid cuimhní a roinnt linn.

Táimid buíoch de RTÉ Raidió na Gaeltachta agus den Cheannasaí Gearóid Mac Donncha as an gcár faisnéise *Innti: Iris agus Ardán a Linne* a chraoladh.

Ba mhaith leis na heagarthóirí buíochas ó chroí a ghabháil lenár gcéilí Billy agus Sadhbh as a gcuid tacaíochta uile.

Agus, ar deireadh, tá buíochas ar leith ag dul do Maria O'Donovan as an gcomhairle agus tacaíocht leanúnach a thug sí dúinn agus muid ag tabhairt faoin saothar seo.

Innéacs | Index